图灵程序设计丛书

[日] 山崎泰史 三绳庆子
 畔胜洋平 佐藤贵彦 / 著
[日] 小田圭二 / 审
何润民 / 译

图解
IT基础设施

人民邮电出版社
北 京

图书在版编目(CIP)数据

图解IT基础设施 /(日)山崎泰史等著；何润民译
. -- 北京：人民邮电出版社，2023.12
（图灵程序设计丛书）
ISBN 978-7-115-62572-4

Ⅰ.①图… Ⅱ.①山…②何… Ⅲ.①IT产业－基础设施－图解 Ⅳ.①F49-64

中国国家版本馆CIP数据核字(2023)第166217号

内 容 提 要

本书从基础设施架构入手，运用丰富的图例，从微观和宏观两个角度全面介绍了IT基础设施的必备知识，旨在帮助读者通过了解这些知识，加深对IT系统的理解，全面提升迅速理解技术本质的能力，从而灵活应对层出不穷的新技术。

◆ 著　　[日]山崎泰史　三绳庆子　畔胜洋平　佐藤贵彦
　 审　　[日]小田圭二
　 译　　何润民
　 责任编辑　魏勇俊
　 责任印制　胡　南

◆ 人民邮电出版社出版发行　北京市丰台区成寿寺路11号
邮编　100164　电子邮件　315@ptpress.com.cn
网址　https://www.ptpress.com.cn
北京天宇星印刷厂印刷

◆ 开本：787×1092　1/16
印张：18.75　　　　　2023年12月第1版
字数：349千字　　　 2023年12月北京第1次印刷
著作权合同登记号　图字：01-2020-1753号

定价：89.80元

读者服务热线：(010)84084456-6009　印装质量热线：(010)81055316
反盗版热线：(010)81055315
广告经营许可证：京东市监广登字20170147号

序

写在新版出版之际

自本书第一版出版以来，IT 基础设施已迎来重大的发展和变革，目前正向着云计算大幅转舵。各位参与构建的系统，想必有一部分或是全部都上云了吧？

通过活用云，能够将硬件领域、网络领域，或是数据库及中间件领域中的绝大多数设计、管理、运用交给云服务商负责。在云化不断被推进的当下，是否就不再需要掌握 IT 基础设施相关的知识了呢？

对许多工程师来说，或许是这样。不过，云本身就处在中间件技术与自动化技术的延伸线上，其内部运转的 IT 基础设施与传统 IT 基础设施相比并没有本质上的不同。当我们利用云服务构建系统时，注意背后的细节，同时结合自身了解的 IT 基础设施知识，应该就能够更加高效地构建出可用性更高、成本更低的系统。

希望通过阅读本书，你能够对 IT 基础设施技术产生兴趣。

各位参与构建的 IT 系统现在已是社会基础设施的一部分，其内部机制越来越复杂。为了支撑这种复杂性，工程师们的技能变得越发专业和细分，直接导致工程师们能够俯瞰 IT 系统整体的机会越来越少。同时，所需技能专业性的提高，使得接触专业技术的门槛也越来越高。

不过，在实际职场中，不仅是 IT 系统的规划、设计，在性能调优、故障排除等方面，也需要有俯瞰 IT 系统整体、把握全栈技术的能力。试着解开 IT 系统的"扣子"，你会发现，内部其实是由许多普遍的常识支撑着的。每一个在专业领域使用的技术原理及理论，实际上在其他领域也能见其身影。

本书以普遍的常识为基础，用简单易懂的图从微观、宏观的角度来说明 IT 基础设施的全貌。掌握 IT 基础设施的常识（要点）能够加深你对 IT 系统的理解，使你获得接触自己专业之外的或是新技术时理解其本质的基础能力。

本书由以下内容构成。

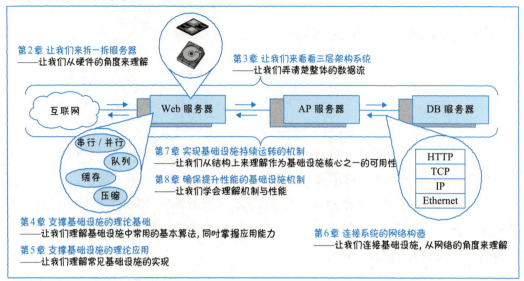

本书的目标读者是从事 IT 相关工作 5 年左右的工程师，特别是那些自身领域经验渐深，想从整体上学习 IT 基础设施的读者。从事应用开发的工程师或程序员读者，在本书里也能见到日常使用的算法，是不是倍感亲切？另外，如果能给各位资深工程师带来新的发现，是我的荣幸。

对初学者来说本书也不会太难，本书以"虽然有例外，但基本上可以这样简单理解"的方针进行写作。对于各种技术实现的差异及例外，请单独查阅相关专业书籍，以加深理解。

谢词

在写作本书时，我得到了许多人的帮助，在这里再次表示感谢。以下仅为其中一部分人，请允许我怀着感激之情在此列出。

○伊藤忠技术解决方案株式会社的林慎也，提供网络技术实现相关内容的检查及建议。

○日本甲骨文公司的佐久间康弘，提供 Web 服务器、AP 服务器机制相关内容的检查及建议。

○日本甲骨文公司的丸山毅，提供服务器机制相关内容的检查及建议。

○石桥贤，提供内核内部动作相关内容的检查及建议。

○堀明子，帮助大幅提高例图的质量。

○ Dell 的松田雄介，提供 Dell EMC PowerEdge R740 服务器相关建议。

○日本甲骨文公司的谷地田纪、大曾根明、泽藤高雅，许可拍摄服务器部件照片。

目　录

第 1 章　让我们来看看基础设施架构……1

1.1　什么是IT基础设施……2

1.2　集中式架构与分布式架构……4

    1.2.1　集中式架构……4

    1.2.2　分布式架构……6

1.3　垂直分布式架构……8

    1.3.1　客户端服务器架构……8

    1.3.2　三层架构……9

1.4　水平分布式架构……11

    1.4.1　简单水平分布式架构……11

    1.4.2　共享式架构……13

1.5　地理分布式架构……15

    1.5.1　主备式架构……15

    1.5.2　灾难恢复式架构……16

第 2 章　让我们来拆一拆服务器……19

2.1　物理服务器……20

    2.1.1　服务器外观和安装位置……20

    2.1.2　服务器内部结构……22

2.2　CPU……24

2.3　内存……26

2.4　I/O设备……29

    2.4.1　硬盘……29

    2.4.2　网卡……31

    2.4.3　控制 I/O……32

2.5 总线……34

2.5.1 带宽……34

2.5.2 总线带宽……35

2.6 小结……37

第 3 章 让我们来看看三层架构系统……39

3.1 图解三层架构系统……40

3.2 主要概念的说明……41

3.2.1 什么是进程和线程……41

3.2.2 什么是内核……44

3.3 Web 数据流……48

3.3.1 从客户端 PC 到 Web 服务器……48

3.3.2 从 Web 服务器到 AP 服务器……51

3.3.3 从 AP 服务器到 DB 服务器……53

3.3.4 从 AP 服务器到 Web 服务器……56

3.3.5 从 Web 服务器到客户端 PC……57

3.3.6 小结……58

3.4 虚拟化……59

3.4.1 什么是虚拟化……60

3.4.2 OS 也是虚拟化技术之一……60

3.4.3 虚拟机……61

3.4.4 容器的历史……62

3.4.5 Docker 的登场……62

3.4.6 云与虚拟化技术……63

第 4 章 支撑基础设施的理论基础……65

4.1 串行与并行……66

4.1.1 什么是串行和并行……66

4.1.2　所用之处……68

4.1.3　小结…………70

4.2　同步和异步……71

4.2.1　什么是同步和异步……71

4.2.2　所用之处……73

4.2.3　小结……77

4.3　Queue……78

4.3.1　什么是 Queue……78

4.3.2　所用之处……79

4.3.3　小结……83

4.4　排他控制……84

4.4.1　什么是排他控制……84

4.4.2　所用之处……85

4.4.3　小结……87

4.5　有状态和无状态……88

4.5.1　什么是有状态和无状态……88

4.5.2　让我们再深入一点……90

4.5.3　所用之处……90

4.5.4　小结……92

4.6　可变长度和固定长度……93

4.6.1　什么是可变长度和固定长度……93

4.6.2　所用之处……95

4.6.3　小结……97

4.7　数据结构（数组与链表）……97

4.7.1　什么是数据结构（数组与链表）……97

4.7.2　所用之处……99

4.7.3　小结……101

4.8　搜索算法……101

4.8.1　什么是搜索算法……101

4.8.2 所用之处……102

4.8.3 小结……106

第 5 章 支撑基础设施的理论应用……109

5.1 缓存……110

5.1.1 什么是缓存……110

5.1.2 所用之处……111

5.1.3 小结……112

5.2 中断……114

5.2.1 什么是中断……114

5.2.2 让我们再深入一点……114

5.2.3 所用之处……115

5.2.4 小结……117

5.3 轮询……117

5.3.1 什么是轮询……117

5.3.2 所用之处……118

5.3.3 小结……120

5.4 I/O 大小……121

5.4.1 什么是 I/O 大小……121

5.4.2 所用之处……122

5.4.3 小结……126

5.5 日志记录……127

5.5.1 什么是日志记录……127

5.5.2 所用之处……128

5.5.3 小结……129

5.6 复制……132

5.6.1 什么是复制……132

5.6.2 所用之处……133

5.6.3 小结……135

5.7 主 / 从……136

    5.7.1 什么是主 / 从……136

    5.7.2 所用之处……138

    5.7.3 小结……139

5.8 压缩……139

    5.8.1 什么是压缩……139

    5.8.2 让我们再深入一点……140

    5.8.3 所用之处……142

    5.8.4 小结……144

5.9 错误检测……144

    5.9.1 什么是错误检测……144

    5.9.2 让我们再深入一点……145

    5.9.3 如何检测错误……146

    5.9.4 所用之处……147

    5.9.5 小结……148

第 6 章 连接系统的网络构造……149

6.1 网络……150

6.2 分层结构……151

    6.2.1 拿公司来比喻分层结构……151

    6.2.2 分层结构分担任务……152

    6.2.3 分层模型的代表——OSI 7 层模型……152

    6.2.4 分层结构并非网络独有……153

6.3 协议……154

    6.3.1 人与人之间沟通的语言也是协议……154

    6.3.2 协议对计算机来说必不可少……155

    6.3.3 协议对服务器内部来说也必不可少……157

6.4 TCP/IP 联通了今天的网络……158

    6.4.1 互联网的发展与 TCP/IP 协议套件……158

6.4.2　TCP/IP 的分层结构……158

6.5　应用层协议HTTP……160

6.5.1　HTTP 的处理流程……161

6.5.2　请求与响应的具体内容……161

6.5.3　应用层协议的处理在用户空间进行……163

6.5.4　套接字以下的处理在内核空间进行……163

6.6　传输层协议TCP……165

6.6.1　TCP 的作用……166

6.6.2　内核空间中的 TCP 处理……167

6.6.3　根据端口号转发数据……169

6.6.4　连接的建立……170

6.6.5　数据保证与重传控制……171

6.6.6　流量控制与拥塞控制……173

6.7　网络层协议IP……176

6.7.1　IP 的作用……176

6.7.2　内核空间中的 IP 处理……176

6.7.3　以 IP 地址标记的目的地为终点的数据传输……178

6.7.4　私有网络与 IP 地址……180

6.7.5　路由……181

6.8　链路层协议Ethernet……183

6.8.1　Ethernet 的作用……183

6.8.2　内核空间中的 Ethernet 处理……184

6.8.3　同一链路内的数据转发……186

6.8.4　VLAN……187

6.9　在TCP/IP通信之后……189

6.9.1　网络交换机的中继处理……189

6.9.2　传输终点的接收处理……191

第 7 章　实现基础设施持续运转的机制……193

7.1　容错性与冗余化……194
7.1.1　什么是容错性……194
7.1.2　什么是冗余化……195

7.2　服务器内部冗余化……197
7.2.1　电源、设备等的冗余化……197
7.2.2　网络接口的冗余化……198

7.3　存储冗余化……202
7.3.1　HDD 的冗余化……202
7.3.2　路径的冗余化……207

7.4　Web服务器冗余化……209
7.4.1　Web 服务器的内部冗余化……209
7.4.2　服务器冗余化……211

7.5　AP服务器冗余化……215
7.5.1　AP 服务器的冗余化……215
7.5.2　数据库连接的冗余化……217

7.6　DB服务器冗余化……220
7.6.1　DB 服务器的冗余化（主 – 备）……220
7.6.2　DB 服务器的冗余化（主 – 主）……222

7.7　网络设备冗余化……226
7.7.1　L2 交换机的冗余化……226
7.7.2　L3 交换机的冗余化……229
7.7.3　网络拓扑……231

7.8　站点冗余化……235
7.8.1　站点内部冗余化的整体图……235
7.8.2　站点间的冗余化……236

7.9　监测……237
7.9.1　什么是监测……237
7.9.2　存活监测……238

7.9.3 日志监测……239

7.9.4 性能监测……240

7.9.5 SNMP……240

7.9.6 内容监测……243

7.10 备份……244

7.10.1 什么是备份……244

7.10.2 系统备份……245

7.10.3 数据备份……247

7.11 总结……248

第 8 章 确保提升性能的基础设施机制……251

8.1 响应与吞吐量……252

8.1.1 造成性能问题的两类原因……252

8.1.2 响应问题……255

8.1.3 吞吐量问题……256

8.2 什么是瓶颈……257

8.2.1 瓶颈是制约处理速度的要因……257

8.2.2 瓶颈应该如何消除……258

8.2.3 瓶颈将永远存在……259

8.3 从三层架构系统图上发现的瓶颈……261

8.3.1 CPU 瓶颈的例子……261

8.3.2 内存瓶颈的例子……270

8.3.3 磁盘 I/O 瓶颈的例子……273

8.3.4 网络 I/O 瓶颈的例子……278

8.3.5 应用程序瓶颈的例子……282

8.4 总结……286

第1章

让我们来看看基础设施架构

下面将从具有代表性的基础设施架构开始介绍，以其历史为开端，并在文中穿插每一个架构的诞生理由。需要各位读者留心一点，不同构造都必定有其优缺点。

1.1 什么是 IT 基础设施

提到"Infrastructure（基础设施）"，你会想到什么？

或许很多读者想到的是提供水、电、气的公共设施，或是地铁、公交车这样的公共交通。"Infrastructure"直译为"基底"，指支撑大家生活的基础。虽然"基础设施"自身的构造很复杂，但是由专业人士进行管理，使用者并不需要深入理解便能轻松地使用它。

"IT 基础设施"同样如此。作为 IT 系统的基底，它支撑着大家生活的方方面面。试着回想一下平时利用互联网搜索引擎的情形，你首先输入搜索关键字，然后单击"搜索"按钮，搜索引擎瞬间便返回了大量的搜索结果。然而，如此庞大的数据是怎样管理的，你是否好奇过呢？支撑它的，便是 IT 基础设施。

那么，"Infrastructure Architecture（基础设施架构）"又是指什么呢？

"Architecture"直译为"构造"。这里选用列车来举例。仅在日本就有多家铁路公司，但是列车本身并没有多大的差别——使用电力驱动、有车轮、车厢内有座椅、有吊环，列车有着既定的"构造"或者"架构"，各家都按此进行制造。

"基础设施架构"指的便是 IT 基础设施的"构造"。比如互联网搜索系统、航空公司的机票预订系统、便利店的收银系统等，虽然它们的使用方法和用户各不相同，但均运行于 IT 基础设施之上。它们的"基础设施架构"实际上惊人地相似，以相同的工作方式运作。

本章将采用图 1.1 所示的顺序讲解常用的基础设施架构。

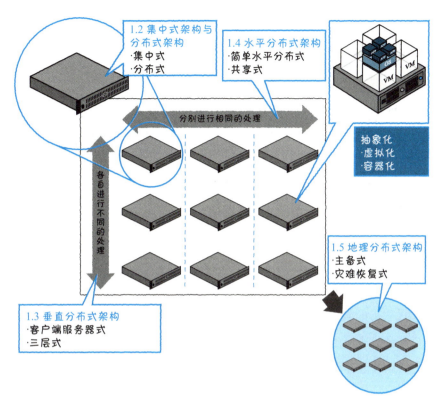

图 1.1 常用基础设施架构

> **小专栏**
>
> **终极的、完美的架构存在吗?**
>
> 本书内容涵盖了"各类架构组成""技术组成要素""冗余性"及"性能观点"。随着阅读的深入,读者应该会产生疑问:"不论怎样的系统,其构成要素应该大致相同。那么,选用一个架构,不就能应对一切了?""要是有一个终极的、完美的架构,那就没必要再进行设计了吧?"。
>
> 答案是"并非如此"。因为在架构和设计要素中,必定会同时存在优缺点。仅有优点的话,或许取最大公因数就好,不过很难使缺点取最小公倍数,因此必定会有取舍。
>
> 其中系统的部署成本就是一大制约因素。举例来讲,百万用户数的大型 Web 服务和公司内部 10 人使用的系统,总预算就不同。但从重要性这一角度来看,对使用者来说都是一致的。眼下,很多项目在实际部署时,对成本的控制越来越严格,因此我们在设计系统时,应力求为该系统的关键点分配更多的预算,并尽可能地减少不能接受的缺陷。

> 各位,即使有人对你说"设计?全都没啥区别吧?",也请抓住设计系统时需重视的关键点,并进行更加合适的设计。

1.2 集中式架构与分布式架构

IT 基础设施由计算机构成,其架构通常可分为"集中式"与"分布式"两大类。下面我们来比较一下这两类架构的优缺点。

1.2.1 集中式架构

在老电影中,一提到计算机,画面中就会出现几乎占据了整个房间的神秘机器,宛如巨大卡式磁带的装置,闪烁着蓝、绿、黄等颜色的灯管,以及大量戴着眼镜的科学家。如今,企业所使用的计算机虽说没电影里那么夸张,但在 IT 系统发展初期,主流形式便是使用大型计算机集中进行业务处理(见图 1.2)。

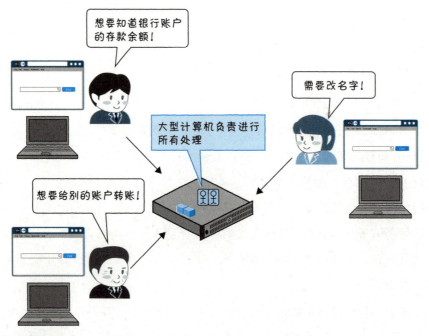

图 1.2 集中式架构

这些大型计算机被称作"通用计算机""主机""大型机"等。从系统架构的角度来看,因为是采用一台计算机进行所有处理,所以我们可以称它为"集中式架构"。集中式架构最大的优点就是结构简单。

在采用集中式架构的企业中，由于核心业务均在一台主机上进行处理，为保证机器出现故障等情况不对业务造成影响，需不断对系统进行优化。例如，可以像图 1.3 那样，对组成计算机的主要部件均采用冗余设计。如此一来，即使发生单点故障，业务处理也能持续进行。关于包含 CPU 在内的硬件组成要素，将在第 2 章进行详细说明。

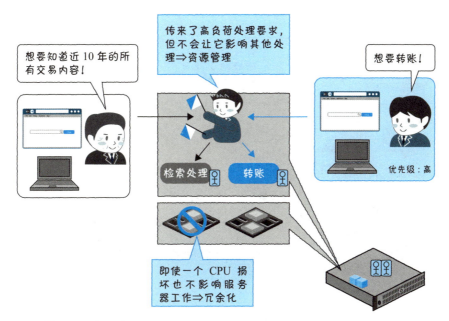

图 1.3　大型计算机的冗余设计

另外，为了能够同时进行多个不同的业务处理，需管理有限的系统资源。这就保证了即使某个处理给计算机增加了负担，比如意外请求了大量数据等，影响也不会扩散。虽说只有一台计算机，但是给人一种里面有很多人在协同工作的感觉。

现在，采用集中式架构的企业仍旧很多，并且多将其用于企业的核心业务系统，即"关键业务系统"中。例如，银行的"核心银行系统"就是采用集中式架构。

然而，大型计算机的导入和维护成本往往会越来越高，同时还有着可扩展性差的缺点。在大型计算机性能无法满足当前需求的情况下，只能重新再购置一台，导致成本变高。近来，越来越多的企业开始采用分布式架构。相比集中式架构，分布式架构有着低成本、高扩展性的优势。关于此架构，将在下一节说明。

优点

- 由一台大型计算机构成，结构简单。
- 通过优秀的资源管理、硬件冗余等，实现高可靠性、高性能。

缺点

- 大型计算机的导入和维护成本高。
- 可扩展性差。

1.2.2 分布式架构

分布式架构是指将多台计算机组合，构成一个整体系统，如图 1.4 所示。

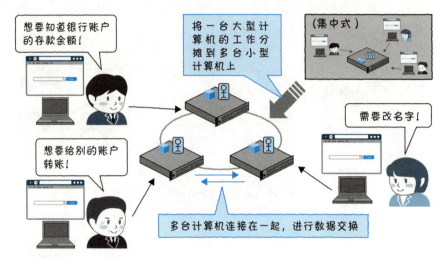

图 1.4　分布式架构

过去，大型计算机拥有高可靠性和高性能，但现在，即使是小型计算机也具有足够的性能。而且，与大型计算机相比，小型计算机的购买成本具有压倒性优势，两者价格相差可达百倍。不过，其作为单机的可靠性不如大型计算机。为了弥补这一缺陷，分布式架构使用多台计算机，以确保在其中一台发生损坏时整体的可靠性。

分布式架构因使用通用的操作系统（Operating System，OS）和编程语言，所以也被称作"开放式系统"。同时，因其将多台计算机组合起来使用，故也被称作"分布式系统"[※1]。

分布式架构的优点是，因为不要求单台计算机具有高可靠性，所以能够通过降低单台价格来控制整体成本。另外，通过增加计算机的数量能够提升系统的整体性能，所以分布式架构还具有高可扩展性。

然而，随着机器台数的增加，架构的运行和管理也更加复杂。此外，为了尽量缩小服务器出现故障时的影响范围，有必要更加详细地划分每台服务器的作用。划分服务器的常见方式有两种：垂直式和水平式。这些都会在下文中说明。

※1 分布式系统这一术语还有更多的含义，有兴趣的读者可以研究一下。

优点

- 降低系统构建成本。
- 高可扩展性,通过直接增加服务器数量来实现。

缺点

- 管理机制会随着服务器数量的增长变得更复杂。
- 要将单台服务器故障的影响降到最低,有必要研究讨论具体机制。

物理服务器与逻辑服务器的区别

分布式架构使用的计算机被称为"Server",中文意思为"服务器"。服务器既能指计算机本身(硬件),也能指在计算机上运行的软件。

在英语中,Server 本指"侍者",即餐厅里的服务员。IT 基础设施中的服务器同样接收请求,提供服务。

例如,当用户访问互联网的时候,负责接收用户输入及生成 HTML 页面的是在服务器上运行的软件"Web 服务器";提供数据库功能,负责保存大量数据,并根据请求提供相应数据的是"DB 服务器",如图 1.5 所示。

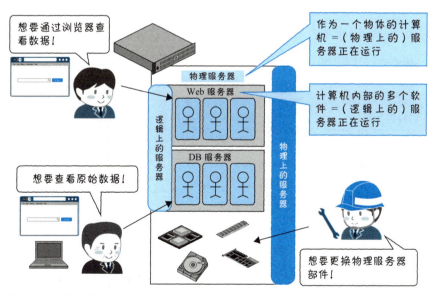

图 1.5　服务器一词的不同含义

如果是指计算机本身,我们一般使用"物理服务器"。尤其是英特尔公司的 x86 服务器,因为采用 Intel Architecture(英特尔架构),所以被称为"IA 服务器"。大家使用的个人电脑(Personal Computer,PC),基本都是英特尔架构。对服务器没有什么概念的读者，可以将其想象为没有显示器的个人电脑。

这些 Web 服务器和 DB 服务器，有在同一台物理服务器上运行的情况，也有单独分配在不同的服务器上运行的情况。

1.3 垂直分布式架构

在分布式架构中，有必要考虑服务器的分布方式，即任务分担方式。也就是说是给多个服务器委派完全不同的任务，还是分配相似的任务。

本节将对每台服务器承担不同任务的"垂直分布式架构"进行介绍。写作"垂直型"是基于位置关系的考虑，从特定服务器角度来看，拥有不同任务的服务器以"上""下"两层结构进行排列。

1.3.1 客户端服务器架构

客户端服务器架构是垂直分布式架构的一个实例。业务应用程序、中间件、数据库等软件均运行于"物理服务器"之上，如图 1.6 所示。用户通过使用被称为"客户端"或者"终端"的小型计算机来访问、利用这些软件。客户端和服务器的英语为"Client""Server"，因此客户端服务器架构也被简称为"C/S 架构"。

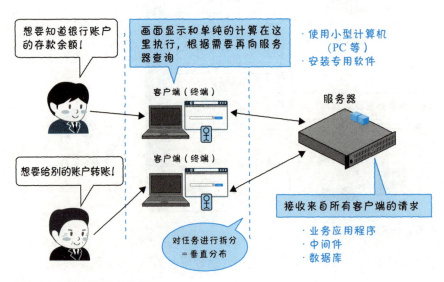

图 1.6　客户端和服务器的角色分担

客户端服务器架构的特征是必须在客户端安装专用软件。通常是使用个人电脑作为客户端（终端），但现在连智能手机和平板电脑也能作为终端来使用。举例来讲，在股票交易系统中，大多用户使用个人电脑进行 K 线图显示及股票价格趋势分析，同时根据需要从服务器上获取股票价格。在这种方式下，因为服务器仅负责数据的输入输出，单次处理的负担很小，所以同时出色地处理大量个人电脑传来的请求成为可能。

但是，特别是在企业 IT 系统中，由于有业务应用程序的功能添加及 Bug 修正等情况，必定少不了定期的更新（Update）。在客户端服务器架构下，每当有业务应用程序的变更，客户端的软件也随之更新。就连大家的个人电脑上，也有微软公司的定期系统更新和甲骨文公司的 Java 更新，大家会不会也觉得很麻烦，直接跳过呢？从用户的角度来看，这严重影响了使用体验，用户也不一定都会进行更新，还会给系统带来风险。同时，服务器内进行的处理过于集中，有可能带来扩展性的瓶颈。接下来介绍的三层架构曾试图改进这些不足。

优点

- 由于能够在客户端进行多数处理，因此使用少量服务器就能应对大量客户端的请求。

缺点

- 客户端的软件需要定期更新。
- 服务器的可扩展性受到限制。

1.3.2 三层架构

三层架构是垂直分布式架构的另一个实例，它从客户端服务器架构发展而来。三层架构由"表示层""业务逻辑层""数据访问层"三层构成，如图 1.7 所示。

图 1.7 中明确指出了每一层的作用。

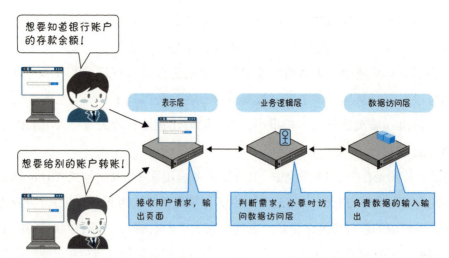

图 1.7　三层架构下服务器的角色分担

表示层

- 接收用户的输入。
- 向客户端的 Web 浏览器输出画面。

业务逻辑层

- 响应用户请求，进行业务处理。

数据访问层

- 根据业务逻辑层传来的请求，进行数据输入输出。

在三层架构系统中，用户使用 Web 浏览器对系统进行访问。这里以互联网搜索系统为例，用户在 Web 浏览器中的输入，首先会被传输到表示层的 Web 服务器。Web 服务器再把请求转交给后端属于业务逻辑层的应用服务器（AP 服务器）。AP 服务器通过用户提交的搜索关键字确定搜索目标，再向后端属于数据访问层的数据库服务器（DB 服务器）提交数据请求。关于处理流程，将在第 3 章详细介绍。

与客户端服务器架构相比，三层架构解决了特定服务器负载过于集中的问题，同时客户端也没必要随着业务应用程序的更新而更新，用户也仅需要准备好 Web 浏览器即可。

而且，在这个架构中，并不是所有的处理都需要用到 AP 服务器和 DB 服务器。例如，仅需要读取图像文件的话，Web 服务器就能独立处理完毕并返回处理结果，不会增加其他服务器的负担。

需要注意，从系统整体的构造来看，与客户端服务器架构相比，三层架构可以说更加复杂。

优点
- 改善了服务器负载过于集中的问题。
- 无须定期更新客户端。
- 根据需求确定参与处理的服务器从而降低负载。

缺点
- 结构比客户端服务器架构更加复杂。

大家今天使用的互联网门户网站、面向移动终端的网站、公司内部业务系统，大多采用了三层架构或者其衍生形式。想必作为工程师的读者，在日常的工作中早已了解了吧。本书也将以三层架构作为原型，对各种算法、特性进行讲解。

1.4 水平分布式架构

上一节讲解了采用垂直分布式架构的系统是如何分担任务的。为了实现更高的可扩展性，有必要将其和本节即将介绍的另一架构搭配使用。

本节讲解的"水平分布式架构"采用增加相同用途服务器的方式，降低单台服务器对系统整体的影响，提高可靠性。另外，增加可负载的服务器数量还能提高系统整体的性能。

需要注意的是，垂直分布式架构和水平分布式架构两者并不互斥，在多数系统中两者结合起来使用。

1.4.1 简单水平分布式架构

在图 1.8 所示的水平分布式架构中，东京总公司和大阪分公司的系统完全独立。在身处东京总公司时要查询大阪分公司的信息，可以直接访问大阪分公司的系统。在日本有时也被称为"Sharding（分片）"或"Partitioning（分区）"。

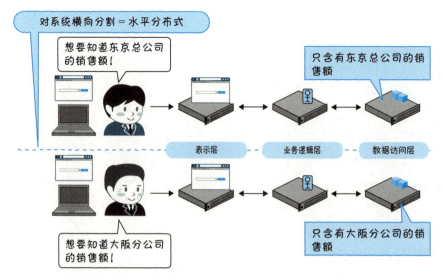

图 1.8　简单水平分布式架构下具有相同功能的系统

在这种架构下，由于系统被一分为二，系统整体的处理性能也有望提高一倍。此外，划分为两个独立的系统，意味着即使东京总公司的系统发生故障，大阪分公司的系统也完全不会受到影响，从而提高了系统的独立性。

不过，如果东京总公司和大阪分公司使用相同的业务应用程序，那每当应用程序需要更新时，都必须在两个系统进行更新。同时由于数据独立存放于东京总公司和大阪分公司，所以不能同时（当作整体）使用两方的数据。

还需要注意，理想情况是东京总公司和大阪分公司的用户数量大致相同。但如果用户大多使用东京总公司的系统，那就会使东京总公司的系统超负载，而大阪分公司的系统却白白浪费资源。因此很难说系统整体性能提高了一倍。

这种架构经常用于地理上相距较远的系统中，同时也适用于像工厂这样的，各基地有着完全独立运作机制的环境。例如，在拥有大量用户的社交网络服务等 Web 服务中，往往会按用户 ID 实现服务器分片（Sharding）。

优点

- 采取横向方式增加服务器，提高了扩展性。
- 分割后的系统相互独立，互不影响。

缺点

- 不能把数据作为一个整体来看待。

- 当应用程序更新时，所有系统均有必要进行更新。
- 如果负载不能均分，会导致一方压力过大。

1.4.2 共享式架构

如果是一个普通的企业，只要不是内部组织间关系太差，就不太可能在东京总公司和大阪分公司使用不同的业务应用程序。共享架构与简单分布式架构不同，它只有部分层是相互连接的（见图1.9）。

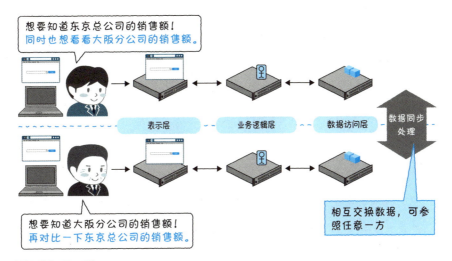

图 1.9　数据访问层互联

在这种架构下，即使使用东京总公司的系统，在必要时也能访问大阪分公司的数据，反之亦然。数据访问层是数据的保管库，它经常处理敏感信息。集中管理比分散在各地更有利于数据的安全和维护。这种架构还有一个好处，即可以汇总数据进行对比，比如总部的商品管理部门可以对比所有分支机构的产品信息。

优点

- 采取横向方式增加服务器，提高了扩展性。
- 可以在任意一个被分割的子系统上访问其他子系统的数据。

缺点

- 降低了子系统的独立性。
- 降低了数据访问层的可扩展性。

> **小专栏**
>
> ### 集中→分布→集中→分布
>
> 笔者即将步入中年,在这接近半辈子的人生中都与 IT 有着千丝万缕的联系。笔者看到了架构从去主机化/开放化(分布式),到虚拟化/云端化(集中式),再到现今的边缘计算(分布式)!
>
> 边缘计算(Edge Computing)是最近的一个热词。由于使用虚拟化技术对数据中心进行整合,以及各个系统向云端迁移,网络带宽的不足和成本费用的增加逐渐成为企业的枷锁。为解决这些问题,有人提出了这一架构:将数据处理分散到地理位置相较于用户更近的地方,仅把处理结果反馈回中心服务器(见图 1.A)。
>
> 这让人想起客户端服务器架构的时代。
>
> 虽然集中和分布的概念反复出现,但使用的技术越来越低成本、低门槛,加之还有新亮点可以研究,实在是一件愉快的事。
>
> 集中的优势是架构简单,也就是易于管理,而分布刚好与之相反。为此,边缘计算的关键便是如何在不增加管理负担的前提下,将服务器分散开来。
>
> - 想对分布部署的网络设备进行集中管理(路由配置分发和状态监控)= 软件定义广域网(Software-Defined Networking in a Wide Area Network,SD-WAN)。
> - 想对设备和处理装置进行集中管理(任务控制和状态监控)= 物联网(Internet of Things,IoT)要素之一。
>
> 当听到边缘计算、SD-WAN、IoT 这些热词的时候,或许有读者会感觉不好理解,但架构转型背后的动机很简单。
>
>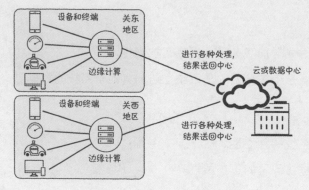
>
> 图 1.A　边缘计算

1.5 地理分布式架构

到目前为止，已经讲解过垂直分布式架构和水平分布式架构。组合这些架构，可以创建更符合目的的架构。

在本节中，将讲解以地理位置来进行划分的架构，以提高业务的连续性及系统的可用性。

1.5.1 主备式架构

图 1.10 显示的架构被称作主备式架构、高可用性（High Availability，HA）架构等。其工作方式是配备至少两台物理服务器，当其中 1 台发生故障时，使运行中的软件在另 1 台物理服务器上重新启动。这种自动进行程序再启动的机制也被称为"Failover（故障转移）"。还有些人称其为"fail""F/O"。（关于故障转移，将在第 7 章详细讲解。）

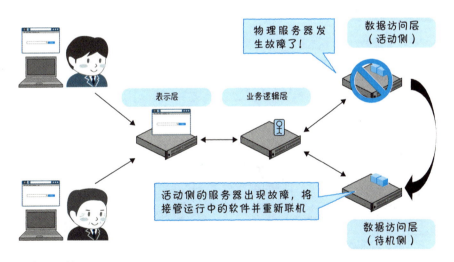

图 1.10　主备式架构

这种架构可以保护系统不受物理服务器故障的影响，但因为平时作为故障转移节点的服务器（待机状态）处于空闲状态，所以从资源的角度来看产生了浪费。同时投资回报率低也会引起 CIO（首席信息官）的愤怒。为了解决这一问题，很多情况是不设定待机服务器的，两方同时使用，交叉进行任务处理（当一方出现故障，另一方全面接管任务）。

另外，如果使用的不是物理服务器，而是虚拟服务器的话，还有一种方式可以选择，即不仅是虚拟服务器上的软件，连同虚拟服务器本身也转移到其他物理服务器里。

1.5.2 灾难恢复式架构

在基础设施架构领域，采用灾难恢复式（Disaster Recovery）架构的系统越来越多。具体而言，它指的是当运行于特定数据中心（站点）上的生产环境变得不可用时，能够使用其他站点中的灾备环境重启业务处理。

将硬件服务器以最低要求——生产环境相同的配置放置在不同的站点，同时将软件设定为与生产环境一致，如图 1.11 所示。当发生灾害时，如图 1.12 所示，可以通过别的站点获取完整数据。

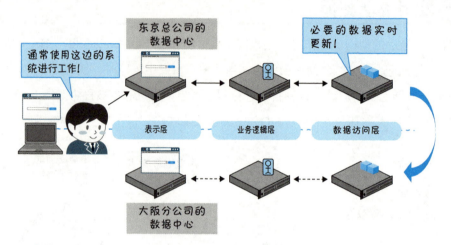

图 1.11　正常情况下拥有灾难恢复式架构的站点的数据流动

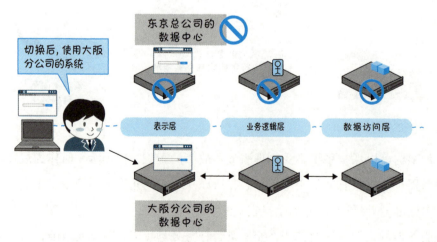

图 1.12　在发生灾害时

在这里需要重视的是，如何能够使架构内的应用程序和数据保持一致。特别是由于数据每天都在更新，有必要根据对数据实时性的要求，在各个站点之间进行数据同步。同步的方法有好几种可供选择，在存储设备、OS、数据库等中都有提供相应的功能。在选择同步方法时，有必要考虑每一种的成本、要涵盖的数据，以及对同步时延迟的要求。

> **小专栏**
>
> **继承中的技术**
>
> 硬件和软件方面的新技术每天都在出现，但令人惊讶的是，基本原理似乎没有改变。
>
> 例如，像多进程系统、虚拟内存系统和文件系统这样的功能，在使用时对用户透明得就像空气一样，但它们原本是在大型机时代就开发出的机制。大型机、商用 UNIX、Linux、Windows 等 OS，尽管它们在使用上和外观上都不一样，但它们的核心显示出相似性，很明显，它们继承了过去的技术。
>
> 据说，现代计算机同冯·诺依曼[※2]和他的同事多年前设计的原理相比，没有发生根本性的变化。笔者喜欢阅读老旧的技术书籍，以了解其根源和设计理念。这只不过是个人爱好，但如果你了解了最初的设计理念，它可以拓宽你的视野，在意想不到的地方发挥作用。

※2 约翰·冯·诺依曼是一位美国的数学家。据说，许多计算机架构都是基于他设计的方法设计的。

第 2 章

让我们来拆一拆服务器

本章将介绍硬件设备，并对它们内部的数据流动进行讲解。

2.1 物理服务器

2.1.1 服务器外观和安装位置

上一章介绍了具有代表性的系统架构。希望您已经明白，当考虑整体架构时，应该首先从服务器方面考虑。本章将更详细地研究物理服务器的内部结构。

各位读者有没有去过数据中心或服务器机房？那是一个内部安装了大量服务器，室温设定得很低，同时保持通风，不被阳光直射的环境。这样有利于服务器散热，是一个仅对服务器友好的场所，如图 2.1 所示。

图 2.1 机房实景（图片来自：sdecoret/Shutterstock.com）

服务器安装在被称为机架的物体上。此外，机架里还安装有搭载了大量硬盘的存储设备，以及用于连接互联网和局域网的交换机等（见图 2.2）。

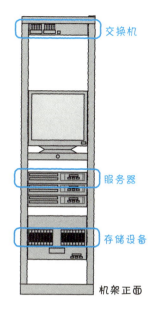

图 2.2　机架正面

大家有没有觉得很神奇呢？为什么服务器能够很合适地安装在机架里？实际上，服务器机架也有规格。大多数机架的标准宽度为 19 英寸（1 英寸 ≈ 2.54 厘米），高度使用刻度进行标记，一个刻度称为 1U，高约 4.5 厘米，整体高度为 40U～46U，服务器的厚度便遵从这一标准。举例来说，2U 服务器就是指厚度为两个刻度（大约 9 厘米）的服务器。

另外，电源和网络的配线都在机架背面（见图 2.3）。

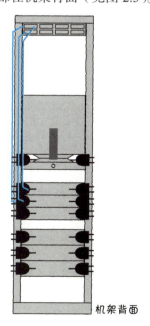

图 2.3　机架背面

在添置服务器时，以下信息很重要。

- 服务器大小（U）。
- 耗电量（A）。
- 重量（kg）。

接下来介绍具有代表性的服务器架构，它使用英特尔公司的 CPU，称作 IA 服务器。

首先，让我们看一下服务器的图片（见图 2.4）。这是一张 Dell Technologies 公司的型号为 Dell EMC PowerEdge R740（以下简称 PowerEdge R740）的服务器正面的图片。之后，我们将以这台服务器为例进行讲解。

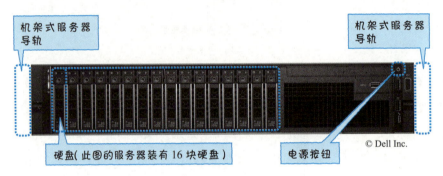

图 2.4　服务器的正面（PowerEdge R740）

服务器的外形通常都如图 2.4 所示，是一个长方形。在两端的外侧装有机架式服务器导轨，方便用户能像拉抽屉一样拉出服务器。

前面有硬盘和电源按钮，并且设计成方便更换硬盘的构造，用户可以直接抽出硬盘进行更换。

2.1.2　服务器内部结构

像 PowerEdge R740 这样的服务器，可以打开其系统护盖。图 2.5 是取掉了系统护盖的服务器内部图。

内部装有许多与个人电脑相同类型的部件。

那么，各个部件是如何连接在一起的呢？图 2.6 是使用英特尔至强可扩展处理器的服务器内部总线连接的常见示例图，这种连接方式也用于 PowerEdge R740 中使用的处理器。

2.1 物理服务器 | 23

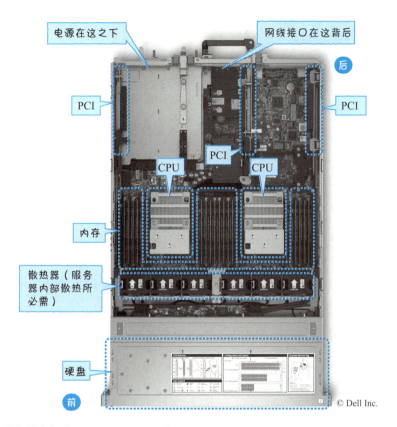

图 2.5　服务器内部（PowerEdge R740）

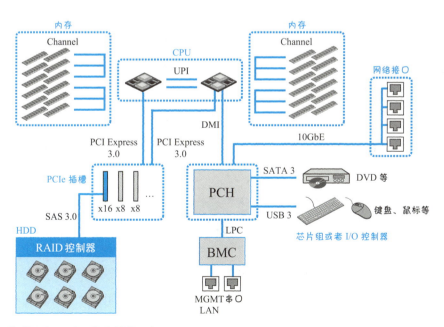

图 2.6　部件之间通过总线连接在一起

通过此图我们可以看出 CPU、内存、硬盘等部件之间的所属关系。将各部件连接在一起的线路被称为"总线"。

图 2.6 左上方有两个 CPU 相连，旁边配置有内存。可以得知 CPU 和内存是直连在一起的。

图 2.6 左下方有一个叫作 PCIe 插槽的硬件，这是连接外部设备的地方。在至强可扩展处理器架构中，CPU 直接对 PCIe 进行控制。

通过图 2.6 右上方可知，在该服务器中，芯片组可以直接控制多达 4 个网络接口。如果以 CPU 为中心来看，网络接口和 USB 的位置相比内存要远一些。这样做是有原因的，将在后面讲解。

图 2.6 下方还有一个叫作 BMC（基板管理控制器）的部件。它独立于服务器硬件系统运行，对服务器硬件状态进行监控。比如，即使服务器硬件出现故障，也可以通过 BMC 控制面板对硬件状态进行确认，加上拥有网络连接功能，还可以远程重启服务器。

服务器中还有其他许多部件，但本书将围绕主要角色——CPU、内存、网络接口、总线进行讲解。

这里需要注意的是，服务器和个人电脑在物理结构上基本相同。不同之处在于，服务器使用冗余电源，有较强的抗故障能力，同时能对硬件状态进行监控，还可以选配高性能 CPU 及大容量内存。然而，原则上它与个人电脑没有什么不同。因此，硬件制造商们通过改进 CPU 和内存等部件本身、在部件的搭配和总线设计上下功夫，以及开发驱动硬件的固件，最终提升性能等方面的优势，使自己脱颖而出。

在后面的内容中，我们将以本节介绍的服务器为例，讲解服务器内部有哪些巧妙设计，以及要怎样利用这些设计进行部件搭配。

由于硬件技术的发展日新月异，本书记载的技术构成、带宽，特别是总线布局等将很快过时，所以请读者留心"为什么要这样设计"以及"怎样实现这样的设计"。

2.2 CPU

CPU 是 Central Processing Unit 的缩写。它处于服务器的核心位置，进行算术逻辑运算。图 2.7 是一张至强可扩展处理器家族 Gold 处理器的正面图片，PowerEdge R740 可以选配。

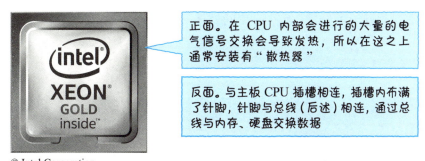

图 2.7　CPU（至强可扩展处理器，Intel Xeon Gold 5115）

CPU 接收指令，对数据进行运算，并返回结果。指令和数据来自存储设备和 I/O 设备。

CPU 可以在一秒钟内执行超过 10 亿次运算！

目前，大家习惯性称 CPU 为"核心"，同时在一个 CPU 内部设计大量内核的"多核化"正在不停的发展中。每个"核心"都可以独立进行工作。

都说指令和数据都在存储设备中，那"是谁发出的指令"呢？毋庸置疑，当然是 OS 软件。那又是谁给 OS 下的指令呢？当然是在 OS 上运行的"进程"，它们是 Web 服务器、数据库等软件的实体，或者是来自用户键盘、鼠标等的输入。CPU 不会主动地进行任何计算。图 2.8 显示了原则上计算机内部的数据流动。

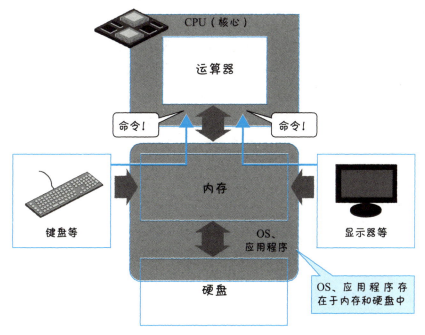

图 2.8　计算机内部的数据流动

键盘和鼠标执行的处理，称为"中断处理"。关于"中断处理"，将在第 5 章详细讲解。

2.3 内存

内存，顾名思义，是指内部存储器（见图 2.9）。它位于 CPU 旁，主要功能是保存需交由 CPU 处理的任务和数据，并接收处理结果。

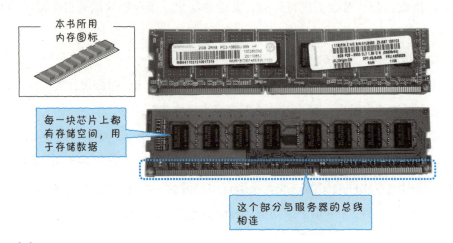

图 2.9 内存

内存中存储的数据是非持久性的。非持久性意味着服务器的重启会导致数据丢失。人类的记忆会随着时间的推移而淡化，但我们不希望这种情况发生在系统上。

即使内存有这样的缺点也要使用内存的原因是，内存的访问速度非常快。在数据存取过程中不靠物理驱动，仅通过给系统供电来储存数据，当系统断电时，数据将丢失。

顺便说一下，CPU 自身也拥有存储空间，位于 CPU 内部，被称为"寄存器""一级缓存（L1）""二级缓存（L2）"。它们的速度要远远高于内存，但容量却小得多（"缓存"这一概念，将在第 5 章中详细讲解。目前，请把它看作比内存更高速的硬件）。

图 2.10 显示了英特尔至强金牌 5115 处理器的缓存架构，能看出这是一个多级的结构。在这种架构中，L2 缓存直接从内存中读取数据，L2 缓存里存不下的数据由 L3 缓存接管。因此，L2 和 L3 缓存持有不同的数据，而且核心之间的数据也不会共享。

在本书旧版（2012 年出版）记载的至强 5500 系列架构中，L2 和 L3 缓存内部持有相同的数据，并且 L3 缓存中的数据可以在每个核心之间共享，这十年的变化可真是大呢！为了能够进行更多、更快的处理，英特尔公司长期在缓存上不断下功夫进行改良，力求消除瓶颈。这也让我们对未来的动向充满期待。

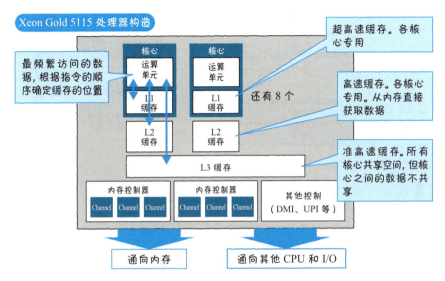

图 2.10　多级缓存架构

为什么要准备多个存储空间呢？从图 2.10 中可知，想要使用内存，必须借由内存控制器与处于 CPU 外部的内存进行数据交换。对于高速的 CPU 来说，由此带来的延迟（Iatency）完全是一种浪费。为了尽可能地减少延迟，可以把最频繁使用的指令 / 数据放在靠近核心的区域。

将高速缓存设计成多级结构的目的是加快访问速度。一般来讲，缓存容量越大，访问速度就越慢。并且，缓存速度越快，价格越昂贵。事实上人们一直尽可能地在 CPU 周围设计更多的高速缓存。因此，设计出了多级缓存架构，将需要超高速访问的数据暂存在 L1 缓存，需要高速访问的数据暂存在 L2 缓存。

同时还设计出了"内存交叉存取"这一功能，提前将数据传送到 CPU 以减少延迟。至强金牌 5115 处理器的内存交错机制如图 2.11 所示。

图 2.10 的左下角为内存控制器和通道（Channel）。通道是内存和 CPU 之间的数据通路。

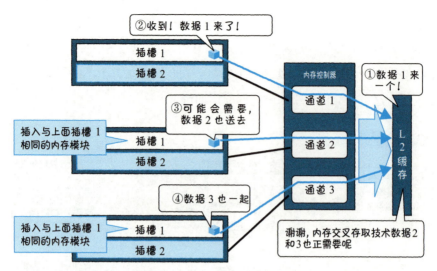

图 2.11　通过预读减少内存访问延迟（Intel 三通道模式）

图 2.11 详细分解了这一通路。每一个内存控制器最多控制 3 条通道，在要求获取数据 1 时，数据 2 和数据 3 也会同时送来。这种机制是根据在进行读取时通常会取连续的数据这一假设设计出来的。通过预读，减少了整体的延迟。要使这一功能生效，请把内存插入与之相同编号或颜色的插槽。这样还可以更好地利用通道的带宽。即使是不同厂商的 CPU 和内存，其技术原理也没有差别，请试着去确认一下不同的硬件规格。

内存采取多级的结构，根据不同的访问速度来使用。为了不影响 CPU 获取数据的速度，需要进行一系列的改进。

> **小专栏**
>
> ## CPU 代号的真相
>
> 　　CPU 厂商的代表英特尔为其 CPU 的开发项目赋予代号。目前主流 CPU 的开发代号为"Broadwell"和"Skylake"。这些代号是有来历的，它们实际上是地名。
>
> 　　"Broadwell"是伊利诺伊州的一个地名，"Skylake"是佛罗里达州的一个地名。或许它们是以项目开发者所在之地命名的吧。

2.4 I/O 设备

这一节开始,将对负责输入输出的 I/O 设备进行讲解。

2.4.1 硬盘

我们先从作为存储空间的硬盘(Hard Disk Drive,HDD)开始。在服务器中,硬盘比内存距离 CPU 更远。它主要用于存放需长期保存的数据。内存和硬盘同为存储空间,但它们在访问速度、数据易失性方面有所不同。断电时内存里的数据会丢失,但硬盘里的数据不会。

让我们来看一下硬盘的内部如图 2.12 所示。硬盘内部有好几片磁盘,它们通过高速旋转来进行读写操作,其构造和 CD/DVD 相同。由于采用旋转的方式,因此它的速度受制于物理定律,不能像内存那样瞬时进行读取,通常访问数据的时间需要花费几毫秒到几十毫秒(内存为几微秒到几十微秒)。

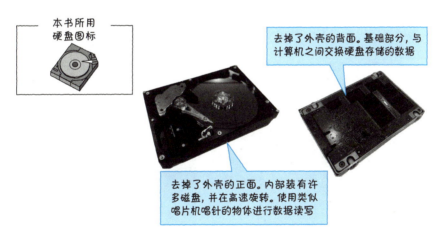

图 2.12 硬盘(HDD)

在 PowerEdge R740 中,最多可插入 8 块 3.5 英寸硬盘和 16 块 2.5 英寸硬盘,接口类型支持 SAS 或 SATA。个人电脑的话,可安装的硬盘数量通常只有一两块,两者的差距挺大的。

尽管还有许多系统在使用这种机械硬盘,但眼下固态硬盘(Solid State Dive,SSD)是主流,固态硬盘是一种省去了物理旋转要素的设备。固态硬盘使用和内存相同的半导体材料制成,但与内存不同的是,即使不通电,其内部数据也不会丢失。随着固态硬盘的出现,存储设备和内存之间的速度差异大幅度地缩短。再过几年,磁性光盘类设备可能会消失。

另外，安装了大量硬盘的硬件被称为"存储"。存储是一个可以被描述为 I/O 子系统的设备，内部同时拥有 CPU 和缓存，提供的不仅仅是存储空间，还有大量基于空间设计的高级功能。

在进行 I/O 处理的过程中，存储内的硬盘不直接与服务器交互，经由缓存来进行。存储设备的缓存的使用方式如图 2.13 所示，这与 CPU 缓存的使用方式相同。关于"缓存"的概念，将在第 5 章详细讲解，所以在这里请把它看成可以比硬盘更快地进行 I/O 处理的硬件。

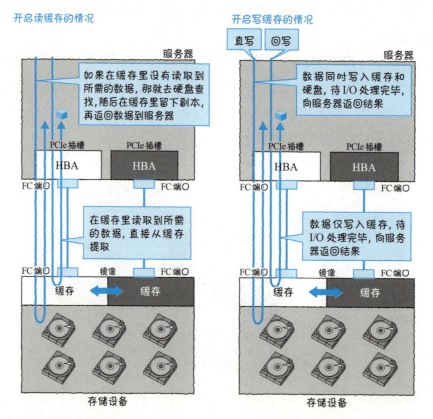

图 2.13　与拥有缓存的存储设备进行 I/O

与大型存储相连，大多采用存储区域网络（Storage Area Network，SAN）架构，各个节点通过光纤通道（Fibre Channel，FC）连接。用于连接到存储区域网络的 FC 接口被称为 FC 端口。通常情况下，服务器硬件自带的端口并不包含 FC 端口，所以需要在 PCIe 插槽中插入叫作"HBA"的扩展卡。

图 2.13 显示了两种方式的 I/O 操作。一种是经由叫作缓存的内存空间来进行读写的方式。在读取时，缓存中存在所需数据的副本，直接提取便视为读取完成。但在写

入时，仅将数据写入缓存后便视为写入完成，这意味着万一出现故障，将有可能丢失数据。这种方式的好处是仅向缓存写入数据就完成了写入操作，因此可以实现快速的 I/O 操作。这种写 I/O 操作称为"回写"。在许多存储产品中，设计有两块缓存并以镜像模式工作，以提高容错性。

另一种是同时对缓存和硬盘都进行读写的方式。在读取时，缓存中不存在所需数据的副本，便会继续对硬盘进行读取。在写入时，会在缓存和硬盘中都进行写入，与"回写"相比，更加可靠。不过在这种方式下，写缓存就失去了其优势。这种写 I/O 操作称为"直写"。

通常为了有效利用缓存的性能优势，都设定为"回写"模式。对于两种 I/O 操作的差异，你理解了吗？

2.4.2 网卡

下面，让我们来看看网卡（Network Interface Controller，NIC）。网卡是一个与外部连接用的接口，它将服务器和外部设备连接起来。图 2.14 是一个以太网网络适配器。

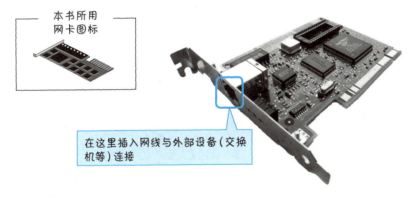

图 2.14　网络适配器

服务器的外部设备包括连接到网络的其他服务器和存储设备等。图 2.14 是一张局域网（Local Area Network，LAN）适配器的图像，当然还有用于其他网络的适配器，如用于存储区域网络的适配器。

在 PowerEdge R740 中有专用的网卡插槽，允许安装最多拥有 4 个 1Gbit/s/10Gbit/s 接口的以太网网卡，或者最多拥有两个 25Gbit/s 接口的以太网网卡（当然也可以使用 PCIe 接口类型的网卡进行扩容）。

2.4.3 控制 I/O

那么讲完硬盘和网卡,自然该讲讲 I/O 的话题了。这一小节将对 I/O 控制进行讲解。讲解中将出现少许专业术语,虽然是不太常见的术语,但它们并不难,请放轻松试着读下去。I/O 控制技术的改良近来取得了突破性发展,它本身不是一个通用的构造。在采用至强可扩展处理器的服务器中,主板上会搭载名为平台控制中枢(Platform Controller Hub,PCH)的芯片组,接管除 CPU 直接控制的内存和 PCIe(PCI Express)以外的,相对慢速的 I/O 的控制。

图 2.15 是一个至强可扩展处理器的典型总线连接示意。

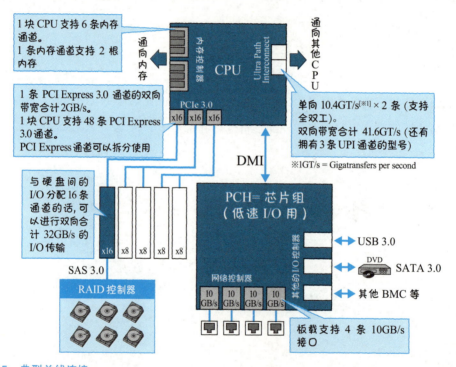

图 2.15　典型总线连接

在图 2.15 中,描述了各条总线的 I/O 带宽,有关数据的流动将在后续章节讲解。我们现在来看看 I/O 具体使用哪一条总线,以什么样的形式进行连接。拆开个人电脑主机箱,经常能看见插槽边标有 PCIE x8、PCIE x16 这样的文字,要说它们的含义,指的是这个 PCIe 插槽中捆绑了多少条 PCIe 通道。如果是 x8,那就是捆绑了 8 条 PCIe 通道。不同 CPU/ 芯片组架构所支持的 PCIe 通道数都各不相同。对于至强可扩展处理器,单块 CPU 支持 48 条 PCIe 通道。但是,由于服务器内部组件间的连接会占用通道数,所以可用于与外部设备连接的 PCIe 通道数会少于 CPU 能控制的总数。以

PowerEdge R740 服务器为例,其 PCIe 通道可以配置成多种模式,由于最多支持两块 CPU,所以最多可使用的 PCIe 通道数有 96 条,能够将它们以两条 x8 与 3 条 x16 的组合,或者仅仅 4 条 x8 的组合分配给 PCIe 插槽。这就是可用的 PCIe 通道数,它会随着安装的 CPU 数量而变化。

在本书上一版出版时的 CPU 架构中,对 PCIe 等外部设备的控制还是平台控制器中枢这样的控制芯片的职责,如今变为由 CPU 直接负责,我想是因为服务器处理的 I/O 及通信的数据量日益增大,要防止控制芯片成为瓶颈。

正如你所看到的,除了 CPU 之外,还有其他控制硬件的控制器。其他控制器存在的原因,可以说是让 CPU 更专注于它应该执行的运算。CPU 和芯片组各自承担着不同的任务,随着技术的发展,其任务分担也发生了变化。比如,在显卡上搭载了 GPU 这一运算芯片,对 CPU 的任务进行卸载(Offload),这样的机制在不久的将来也可能会改变。

图 2.16 显示了几种 I/O 的具体示例。可以看出,来自硬盘的 I/O 和来自 DVD 的 I/O 的物理路径是不同的。

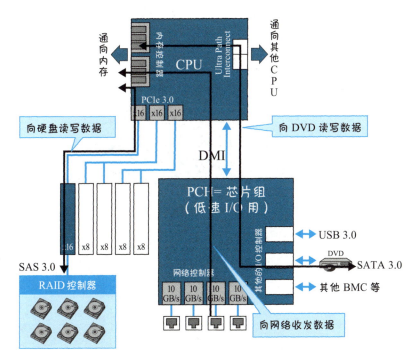

图 2.16　不同 I/O 的具体示例

> **小专栏**
>
> ### 攒机的小建议
>
> 终于读到了这里,想必你还想了解更多的服务器知识吧!那强烈推荐你自己动手组装一台。在想了解更多关于硬件的知识时,笔者也曾自己动手组装。回想起来,笔者也是在不断的失败中学到了很多,像是芯片组必须与CPU的型号兼容啦,增加硬盘会导致电源功率不足之类的。
>
> 这里要多嘴一句,在攒机时,最好别购买准系统(半成品电脑),从零开始自己来搭配部件吧,这样才会有收获。具体可以参考下面的步骤。
>
> (1)决定想要使用的CPU型号(确定预算并向专业人士请教,然后暂定。在确定了其他配件后,或许有必要再调整)。
>
> (2)研究能与备选CPU兼容的主板型号(选出几种)。
>
> (3)研究并确定与主板大小匹配的机箱规格(同时散热器和电源也要考虑进去)。
>
> (4)研究并确定与主板兼容的内存的规格。
>
> (5)确定可选配件(显卡、阵列卡等)。
>
> (6)确定显示器。
>
> (7)电脑城欢迎您!
>
> 组机不需要什么复杂的IT理论知识,请一定尝试一下。

2.5 总线

总线是连接服务器内部各部件的线路。图2.6"部件之间通过总线连接在一起"中已经展示了服务器整体的总线连接示例。思考一下,设计总线的要点是什么?

答案就是,这条总线具有多大的数据传输能力,就有多大的带宽。

2.5.1 带宽

什么是带宽?原本它指的是调制载波占据的频率范围,但在IT基础设施的领域略有不同,它指的是传输数据的能力,如图2.17所示。带宽是由

"1次能发送的数据宽度(传输宽度)×1秒能发送的次数(传输次数)"

所决定的。

传输次数是由

"1 秒 ÷1 次处理所需的时间（响应时间）"

来表示的。同时带宽也被称为"吞吐量"。这些术语将在与性能有关的第 8 章中详细讲解。

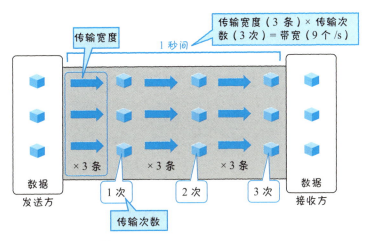

图 2.17　传输宽度 × 传输次数 = 带宽

我们拿 PCI Express 3.0 总线规范来抽象地比喻一下。其中 1 条通道的传输速率大约是 2GB/s（单向 1GB/s）。x8/x16 代表着通道的数量，x8 表示同时使用 8 条通道（宽度 8）传输数据，x16 表示同时使用 16 条通道传输数据（宽度 16）。

2.5.2　总线带宽

PowerEdge R740 服务器的总线带宽以大致单位标示在图 2.18 中。这些数值会随着技术的发展而迅速改变，所以没有必要记住它们，对整体有个印象即可。

从图 2.18 可以看出，越靠近 CPU，每秒的数据传输量就越大。例如，内存要与 CPU 进行大量的数据交换，因此必须要有超高速的传输能力，并且放置在非常靠近 CPU 的位置；相反，USB 3.0 规范下的单一端口传输能力大约有 500MB/s，相比之下属于低速设备，所以将其连接到 PCH 也不会有任何问题。

举两个身边常见的与带宽有关的例子，在某商用光纤专线中，可以以最大 1GB/s= 125MB/s 的带宽进行通信。在多路 CPU 环境中，两个 CPU 之间的具体带宽为单向 10.4GT/s。GT 可能是一个相对陌生的单位。近来，有这样的说法，数据的收发速度和电信号的速度并不相等，导致在总线传输速度的单位上，舍弃 GB（Gigabyte），使用 GT（Gigatransfer）的例子多了起来。在这里我们省略掉复杂的计算步骤，换算后的结果是 CPU 之间的总线带宽为 20.8GB/s，与互联网接入速度相比，大约是其速度的 170 倍。

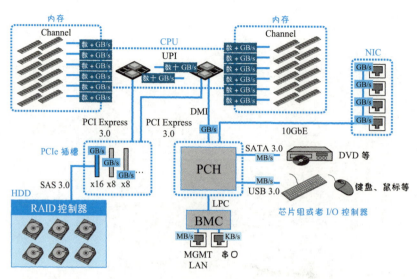

图 2.18　离 CPU 越近总线带宽就越大

对于总线的数据流来说，最重要的莫过于 CPU 与内部设备间不能有"瓶颈"。"瓶颈"即数据传输途中出现阻塞。

在设计服务器硬件系统时，尤其容易被忽视的是与外部设备相连的总线的带宽。

例如，PCI Express3.0 x16 插槽（单向约 16GB/s）、x8 插槽（单向约 8GB/s），两者的传输能力足有 1 倍的差距。由于 SAS 3.0 规范下的单一通道数据传输能力约为 1200MB/s[※1]，我们单纯按理论来计算一下，一个 PCIe 接口的 SAS-HBA 以 x8 模式运作，如果对其上连接的超过 7 块硬盘同时进行 I/O 操作的话，那与 PCIe 总线之间的接口将成为瓶颈，如图 2.19 所示。当然，硬盘并非全部同时进行 I/O 操作，以上只不过是举个例子，但在考虑服务器硬件系统设计时，特别是考虑与外部设备之间的连接时，需要像这样把总线等的 I/O 能力计算进来。

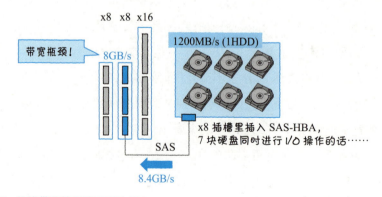

图 2.19　PCIe 总线带宽的瓶颈（理论值）

※1 通常，即使接口规格为 SAS 3.0，硬盘的实际传输能力也因厂家不同而异。这里需要留意。

> **小专栏**
>
> ### 在 SAS 技术之后
>
> SSD 的接口规格过去有两种，目前开发出了第三种。这三种接口规格分别是 SATA（Serial ATA）、SAS（Serial Attached SCSI）、NVMe（NVM Express），速度从左至右由慢到快。
>
> SATA 3.0（6GB/s）、SAS3.0（12GB/s）、PCIe 3.0x4/NVMe4（32GB/s），光是看着这些数字难有实感，不过 NVMe 的传输速度确实是 SATA 的 5 倍多。
>
> SSD"的数据读写性能"与"数据的传输性能"两者，后者更容易形成瓶颈，因此开发出了 NVMe 标准。当然，这样的改进也体现在了价格上。
>
> 近来，或许已经有读者接触到了名为"全闪存阵列"的产品，一个由清一色 SSD 组成的存储设备。尽管全由 SSD 组成，但一想到不同接口的传输速度足有 8 倍的差距，果然还是需要在接口规格选择上下功夫呢。
>
> 另外，还有"我干公有云的，因此选购硬盘时更看重 IOPS"这样的读者，对于 IOPS（处理量）和延迟（Latency）的要求也是不同的。
>
> 由于 NVMe 改善了延迟，所以也请试着研究确认一下 NVMe 适用的场景。

2.6 小结

至此，就讲解完了从 CPU 到 I/O 设备（如硬盘等）的整体数据流动。这一连串的数据流动，通过图 2.20 展示了出来。由于 CPU 内部集成 PCIe 控制器，所以例图略微复杂了些。目前的架构设计在不久的将来也会改变吧。

从图 2.20 可以看出，硬盘数据要到达 CPU 路途非常远，要经过各种总线，被数次缓存，最终才达到 CPU 核心。同时也可以看出，离 CPU 越近传输速度越快，离得越远存储容量越大。

硬件是整个系统的基础，像应用程序、OS，可以说是在硬件之上运作的程序群。笔者认为，一个真正的 IT 工程师，要能够想象程序运行时硬件是如何工作的，并可以基于此来创建新的架构和系统。笔者每日也在努力学习，提升专业能力。希望本章能够帮助大家理解硬件层面的数据流动，即使只理解一点点也是我的荣幸。

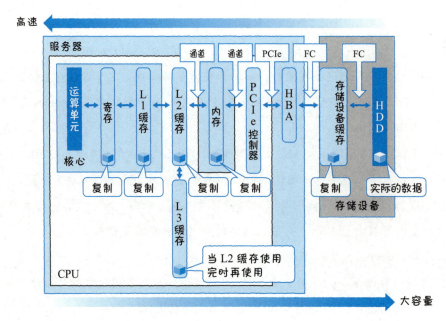

图 2.20　CPU 到 I/O 设备的整体数据流动

第 3 章

让我们来看看三层架构系统

上一章讲解了组成系统或服务器的物理设备。但可惜的是，系统的用户鲜有机会实际接触到服务器及其硬件，通常都是与"数据"打交道。本章将以第 1 章介绍的"三层架构"为中心，重点关注此架构下系统处理的"数据"，以及其在系统内部具体的流动。

3.1 图解三层架构系统

对于第 1 章介绍过的三层架构，我们试着将其主要的构成要素——Web 服务器、应用（AP）服务器和数据库（DB）服务器总结成一张图（见图 3.1）。

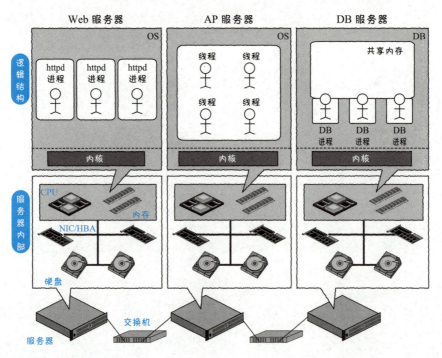

图 3.1　三层架构系统的整体视图

首先映入眼帘的是火柴小人。它具体是什么，将在下一节说明。本书中将无数次出现它的身影，所以请习惯它、喜欢它。

让我们自下而上进行观察。这里有 3 台服务器，通过交换机互联在一起。放大这些服务器，你能看到它们由 CPU、内存、硬盘、NIC/HBA 这些硬件所构成。它们都是上一章介绍过的物理部件。

再往上，是一个放大了 CPU 和内存空间的框架，这个框架是 OS 的作用范围。

这一部分便是本章的中心主题：逻辑结构。关于火柴小人和内核（Kernel），在下一节说明。

在开始观察数据的流向之前，先来看看逻辑结构的主要构成要素。

3.2 主要概念的说明

本节简要地对进程、线程、内核进行说明，这些是我们理解 OS 所必知的概念。

3.2.1 什么是进程和线程

先从显眼的火柴小人开始讲解。大家应该都有过从互联网下载程序，然后将其安装在计算机里的经历。首先安装程序，接着双击图标启动程序，随后将显示程序窗口。再双击一次，还会出现新的窗口。这些就是进程和线程，如图 3.2 所示。

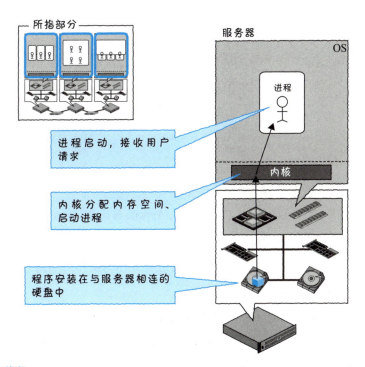

图 3.2 进程和线程

进程和线程并不是可执行文件本身。它们在 OS 上启动后，独立于文件并各自活动着。正如许多书中也将其作为"人形"记载，进程和线程的启动，就像是赋予了火柴小人生的气息，使其宛如真人一般开始活动。当你读完本书时，每当程序启动，你的脑中都会映出火柴小人搬砖的模样。

闲话就讲到这里。进程和线程必须要有内存空间才能运行，而所需内存空间的分配依赖于内核（后述）。被分配的内存空间属于火柴小人自己的，可以说是火柴小人的"私人空间"，它们利用这个空间进行各种处理与数据交换。从图 3.2 可知，这个空间是在进程启动时分配的。

现在，让我们来看看在三层架构系统中，每台服务器上具体运行着什么样的进程（见图 3.3）。

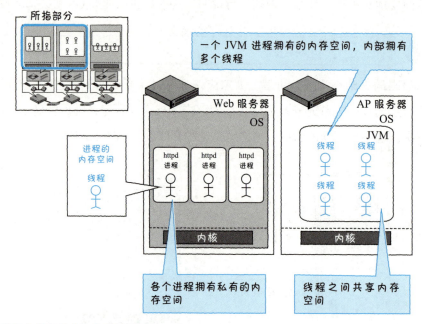

图 3.3　进程和线程的内存空间的差异

首先，让我们来看看 Web 服务器。这里以 Apache HTTP Server（后文均简称 Apache）为例进行讲解。贴有"httpd 进程"标签的火柴小人就是进程，环绕在小人四周的白色空间表示分配给进程的内存空间。后面再来讲进程具体的动作，当前我们只需要关注一点，即每一个火柴小人都有独立的内存空间。

再来看看 AP 服务器。贴有"线程"标签的火柴小人就是线程。与 Web 服务器不同，AP 服务器中的火柴小人共享一个内存空间。这就是进程和线程的主要区别。进程主要使用私有的内存空间进行活动，而线程与线程作为命运共同体对内存空间进行共享。

形象地举个例子。进程是同为上班族的夫妻，各自都有自己的钱包。而线程恰好相反，先生负责挣钱养家，家庭共用一个钱包，随着孩子们的接连出生，家庭成员越来越多，但能够使用的钱包还是只有一个。两个家庭的结构虽然不同，但都是为了"生活"这一共同目的。进程和线程的关系也就是如此。

是采用进程还是线程，由程序开发者决定。不过，有必要在充分理解两者特性的情况下，再进行设计、编程。进程拥有独立的内存空间，在创建过程中 CPU 的负担比创建线程时 CPU 的负担要大。因此，多进程程序会在启动时预先派生多个子进程，以降低进程创建开销。这方面有一个实际例子叫作连接池，第 7 章将详细讲解。

表 3.1 简要地总结了同时启动多个进程或线程的优缺点。

表 3.1　进程和线程的比较

	进程	线程
优点	每一个处理的独立性高	创建时 CPU 负担小
缺点	创建时 CPU 负担大	由于共享内存空间，容易发生意外的数据读写操作

然而，这并不意味着进程之间不能共享内存空间。例如，在 Oracle 数据库中采取的架构如图 3.4 所示，多个进程共同利用"共享内存空间"。除此之外，每个进程还有私有的内存空间，根据用途进行划分。需要在各进程之间共享的数据，如作为缓存存储的数据（第 4 章中详细讲解），就放在共享内存中。相反，仅限于各进程独自使用的数据，如进程自身的计算结果，就放在私有的内存空间。

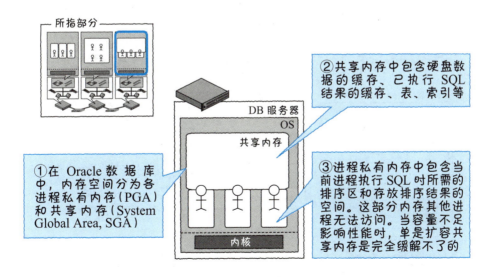

图 3.4　共享内存式的内存管理

> **小专栏**
>
> ### 火柴小人的冒险
>
> 火柴小人在英语中是"Stickman"或"StickPerson"。它是"世界级英雄",并非仅在日本被使用。
>
> 在 IT 领域,它被用于统一建模语言(UML)这一规范的应用程序用例图中。对于从事软件开发的读者来说,或许印象更深刻。
>
> 本书把它比作 OS 上的"进程",请大家习惯并接受它。

3.2.2 什么是内核

对于 OS 来说,内核是其心脏、大脑和脊髓。内核是 OS 的精髓,其他的组件说是豪华的赠品也无妨。请将内核本身想象成 OS 的"基础设施"。内核有多个主要作用,事实上最重要的作用是"隐藏内部具体的动作,对外提供便利的接口"。正因为内核的存在,开发人员在设计程序时,无须详细了解硬件的运作机制,也无须过于担心对其他程序造成影响。

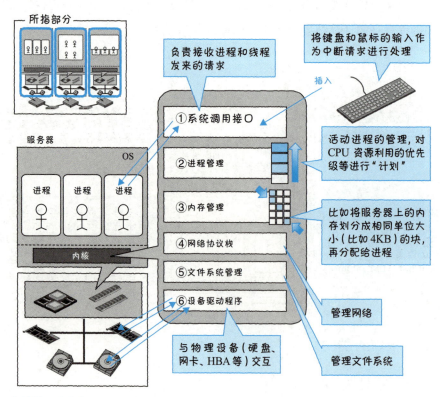

图 3.5 内核的 6 个角色

OS 中的处理，原则上是由内核来进行的。内核的作用多，图 3.5 中列出了其中 6 项。在本章，我们选择其中 5 项（①②③⑤⑥）进行讲解（剩下的④留到第 6 章进行讲解）。

①系统调用接口

该功能指进程、线程与内核之间的接口。

当一个应用程序想要通过 OS 完成某些任务时，它会通过使用系统调用接口，向内核发出系统调用请求。或许可以将它想象成银行和政府办事大厅的窗口。

例如，当你想要读写硬盘中的数据、进行网络通信、创建一个新的进程时，向内核发出对应的调用请求就能实现。对进程来说，无须了解背后的具体运作过程。

以进程的角度来看，硬盘访问和网络请求均是向内核发送调用请求，如图 3.6 所示。

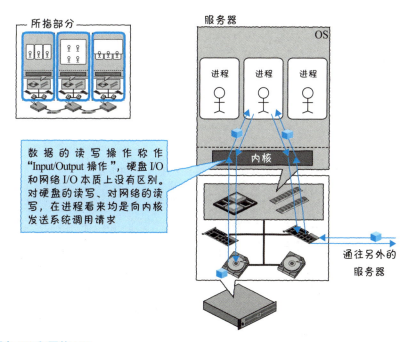

图 3.6　硬盘 I/O 和网络 I/O

②进程管理

该功能用于管理进程。

一个 OS 中可以运行几十个、几百个，甚至几千个进程。相比之下，物理服务器中的 CPU 核心数量再多也只有几十个。什么时候？哪个进程？能够利用多少 CPU 资源？处理优先级是怎样的？对这些进行管理的便是"进程管理"功能。它就像带领学生郊游中的老师，说"同学们，大家来排好队""男生和女生交叉着坐"等。可以说，这是 OS 中最重要的功能，失去了这个功能，OS 便无法工作。

③内存管理

该功能用于管理内存空间。

要说进程管理关注的是 CPU 核心数，那内存管理关注的便是内存的物理空间总量。同时，确保进程有可以使用的独立内存空间，并对独立性进行管理，禁止访问不应该被进程间引用的内存地址范围，也是内存管理功能的职责。如果缺少了这项功能，各进程还需掌握除自身以外其他进程所使用的内存地址范围，除非开发者对硬件极其精通，否则难以进行程序开发。

④网络协议栈

该功能与网络相关，将在第 6 章详细讲解。

⑤文件系统管理

该功能提供访问文件系统的接口。

请看图 3.7。

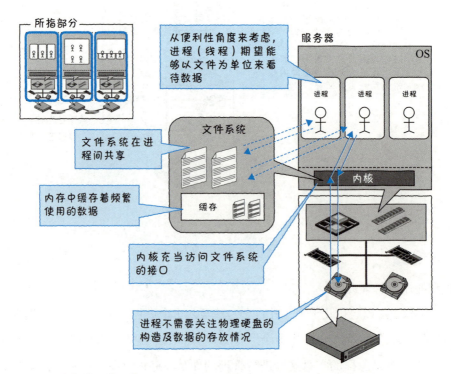

图 3.7　进程"眼中"的文件系统

文件系统管理是 OS 提供的功能之一，对存储在物理硬盘中的数据进行管理。

大家平常使用的"Word 文档""Excel 文档"便是文件。写入物理硬盘的数据只是一些"01011110……"数值的集合，数字间没有分隔，这样的原始数据是非常难以处理的。而有了文件系统，应用程序就可以以"文件"为单位，对数据进行新建、更新、删除等操作。

主要的管理功能包括提供目录（文件夹）结构、访问控制、高速化和容错机制。

⑥设备驱动程序

该功能提供访问硬盘、网卡等物理部件的接口。

像硬盘和网卡，各厂商的设计制造规格各不相同，要应用程序去单独适配它们并不现实。因此，内核使用设备驱动程序来隐藏下层的物理设备。每个设备厂商通过提供与 OS 对应的设备驱动程序，便能使物理设备作为该 OS 的通用设备，通过内核来使用它。

> **小专栏**
>
> ### 内核绝非固定不变
>
> 内核的设计思想和实现主要分为两种："宏（Monolithic）内核"和"微（Micro）内核"。英语单词"Monolithic"是整体的意思，"micro"是微小的意思。
>
> 宏内核指在单一的内存空间提供 OS 的所有主要构成要素。恰如其字面意思，宏内核如全能选手一般，提供所有功能。在微内核中，内核只提供最低限度的必需的功能，其余功能由内核之外的部件提供，由此内核得以更小，结构更加简单。前者的代表是 UNIX 和 Linux，后者的代表是苹果公司的 macOS。
>
> 尽管如此，两者各有优缺点，所以现在 OS 的主流架构设计都采取集两者之长的策略。例如，Linux，可以通过使用内核模块来实现额外的功能，所以它也具有微内核的特点。
>
> 总的来说，凡事都要具体情况具体考虑。

3.3 Web 数据流

本节将对三层架构系统中的 Web 数据流进行讲解，这应该是大家最为熟悉的部分。让我们沿着图 3.8 中的箭头来看一看。

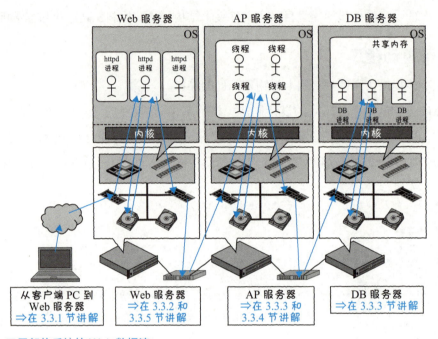

图 3.8　三层架构系统的 Web 数据流

3.3.1 从客户端 PC 到 Web 服务器

图 3.9 中显示了一条数据流，从启动客户端 PC 上的 Web 浏览器开始，到用户请求在 Web 服务器上被执行，再到 Web 服务器对 AP 服务器进行查询请求。让我们来仔细看看每一步骤执行了什么。

整个过程如下。

① Web 浏览器生成请求。
② 执行域名解析。
③ Web 服务器接收请求。
④ Web 服务器对请求内容进行识别——判断内容是静态还是动态的。
⑤ 通过必要的渠道获取数据。

3.3 Web 数据流 | 49

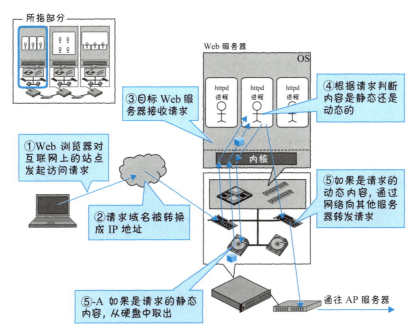

图 3.9 从客户端 PC 到 Web 服务器的数据流

首先，在一个连接了互联网的环境中启动 Web 浏览器。

注意，图 3.10 是一个客户端 PC 上的处理流程图解，非服务器。从硬盘读取程序文件、启动进程、分配内存空间，这个动作顺序无论是在 PC 还是在服务器上都基本相同。请留意，这里用到了上一节讲解过的系统调用。

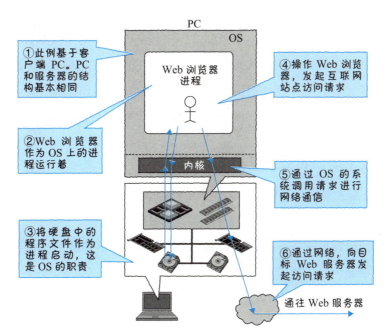

图 3.10 客户端 PC 中 Web 浏览器的启动

在网络浏览器的地址栏中输入任意一个网址，然后按下 Enter 键。这时，要先进行域名解析再访问 Web 服务器。

然而，Web 浏览器并不知道这个服务器的位置，因此需要像图 3.11 所示那样进行查询。这种机制被称为"域名解析"。

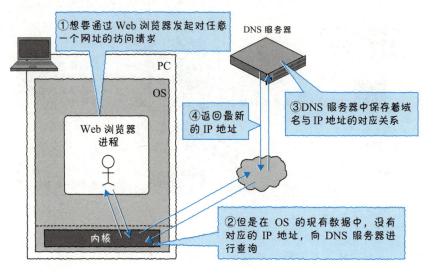

图 3.11　域名解析机制

之所以需要这样一个机制，是因为互联网上的地址是由称为"IP 地址"的数值表示的，如果不把作为一串文字的 URL 与 IP 地址联系起来，就无法进行通信。这些网络相关细节，将在第 6 章详细讲解。

辛苦了，我们终于讲到了 Web 服务器。Web 服务器的作用是根据 HTTP 请求返回匹配的文件和内容。HTTP 的全称是"Hyper Text Transfer Protocol（超文本传输协议）"。协议的意义将在第 4 章详细讲解，目前请把 HTTP 当作"为了收发文本数据所做的约定"。现阶段的 HTTP 也被用来传播图像和视频数据，但说到底它们的原始数据仍旧是文本数据。

在前面的图 3.8 中，Web 服务器上运行着"httpd 进程"，它们可以对 HTTP 进行处理。在 Apache 服务器中，原则上主进程和子进程共同分担处理任务[※1]。根据配置可以选择多种处理方式，但不管选择哪一种，通常都是由子进程负责接收 HTTP 请求。

请求的响应内容包括文本数据（HTML 文件）和二进制数据（如图像和视频），它们可以分为"静态内容"和"动态内容"。

"静态内容"是不需要实时变更的数据，比如公司的 Logo 文件。要是公司每天都

※1 也可以采取在子进程内部启动多个线程的方式。

更换 Logo 那就头疼了呢。Web 服务器会把这种不经常更新的数据存放在硬盘中，当有请求需要读取它们时，通过 HTTP 返回给用户的 Web 浏览器。

"动态内容"是指变化频率很高的数据。例如，客户的银行账户余额信息、最新的天气预报数据、购物网站的购物车数据等。明明去银行存了钱，但账户余额却没有变化，那就使人困扰了呢。动态内容处理对性能的影响将在第 8 章进行讲解，这里简要说明一下，如果把这样的数据存放在服务器内部的硬盘中，由于更新频率过高，硬盘性能成为瓶颈的情况也不是没有。其实一开始把数据作为文件形式存储本身就是低效的。上述的动态内容通常都是让 AP 服务器以 HTML 文件形式动态生成的。Web 服务器直接把收到的动态内容请求原封不动地抛给 AP 服务器，然后等待结果。

3.3.2 从 Web 服务器到 AP 服务器

处理对动态内容的请求是 AP 服务器的职责。让我们通过图 3.12 来看看具体的处理过程。

整体流程如下。

①收到 Web 服务器传来的请求。
②线程接收请求，判断自身能否进行计算，是否需要连接 DB 服务器。
③需要与 DB 服务器进行连接时，访问连接池。
④～⑤向 DB 服务器抛出请求。

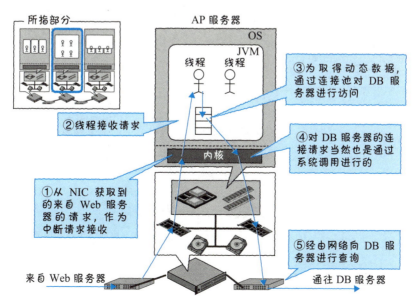

图 3.12　从 Web 服务器到 AP 服务器的数据流

对于对动态内容的请求，需要尽可能快地创建还不存在的内容。负责这项任务的就是"AP 服务器"。

在使用 Java 的 AP 服务器上，运行着一个 Java 虚拟机（Java Virtual Machine，JVM）。这个 JVM 实际上也是一个巨大的进程，正如虚拟机其名，这个巨大的进程就像一个 OS，具备各种各样的功能。进程内部运行的一个线程负责接收请求。

例如，这是一个"求 1+1 等于几"的请求，如此单纯的请求在 JVM 内部进行处理即可，对应的线程进行计算，并返回结果。

再例如，这是一个"查询用户账户余额"的请求。由于 AP 服务器并不持有这些数据，在处理这样的请求时，AP 服务器中的线程向 DB 服务器发送查询请求，再将得到的结果集中整理后返回 Web 服务器。一家银行拥有的用户账户数是以十万、百万计的，让 AP 服务器管理所有数据很不现实，DB 服务器更加适合管理大量数据。

AP 服务器对 DB 服务器的访问也需要借由"驱动"来执行。它类似于前面讲到的内核设备驱动，作为其背后的数据库的接口，隐藏了数据库本身。

通常数据都是存放在 DB 服务器中的，但这并非高效的方式。对于不会频繁更新的数据，完全没必要每次都从数据库获取。小规模且更新频率不高的信息，如图 3.13 所示，作为缓存存放在 JVM 内部，收到请求时直接返回，这样更高效。

这些数据不仅可以存放在 JVM 内部，还可以考虑使用专用的缓存服务器。这时将通过网络进行进一步查询。

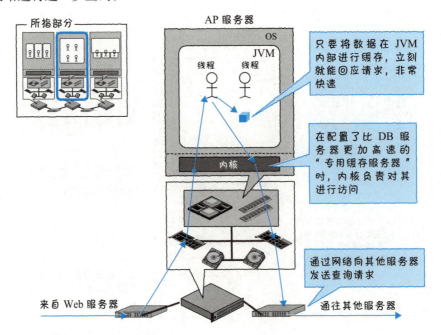

图 3.13　除 DB 服务器之外的其他选择

> **小专栏**
>
> **与数据一同，传递我的思念**
>
> 大多数的 Web 系统中，都部署了内容分发网络（Content Delivery Network，CDN）。可以说起因是 Web 系统的特征，如"使用同一个系统的用户数量非常多""许多业务需要引用大量的数据"。CDN 通过在全球放置数据副本（缓存），活用动态加速，强化了大量数据的分发，使之更高效。
>
> 相反，在面向企业的系统中很少使用类似 CDN 这样的机制。可以说起因是面向企业的系统有着与 Web 系统不同的特征，如"使用同一个系统的用户数量有限""并非单纯引用，对数据进行更新的业务很多"。

3.3.3 从 AP 服务器到 DB 服务器

在图 3.14 所示的 DB 服务器中，如果使用的是 Oracle 数据库，那就由服务器进程负责接收请求。请求是通过结构化查询语言（Structured Query Language，SQL）传来的。数据库的主要工作就是解析 SQL，决定数据的访问方式，并从硬盘或内存中只收集必要的数据。

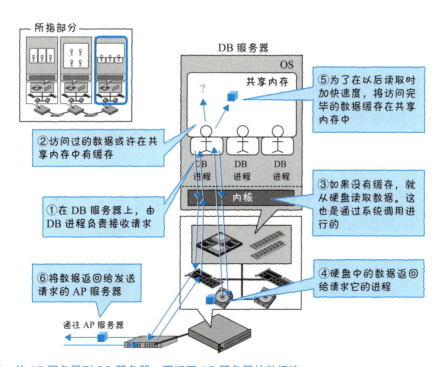

图 3.14 从 AP 服务器到 DB 服务器，再返回 AP 服务器的数据流

整体流程如下。

①收到 AP 服务器传来的请求。

②进程接收请求并检查请求的数据是否有缓存。

③如果没有缓存，则访问硬盘。

④从硬盘读取数据。

⑤将数据作为缓存存储。

⑥将结果返回给 AP 服务器。

DB 服务器能够选择的数据库软件也有很多。比如在 Web 系统中，MySQL 和 PostgreSQL 受到欢迎；在面向企业的系统中，有甲骨文公司的 Oracle 数据库和微软公司的 SQL Server 可供选择。在这里，我们使用 Oracle 数据库进行讲解。

DB 服务器是一个数据存储库。由于管理的数据量非常巨大，因此高效地进行访问尤其重要。在大多数方案中，首先是向服务器的内存确认是否存在缓存。如果不存在，则继续访问硬盘，提取必要的数据。关于缓存的具体技术细节，请见第 5 章。

上述例子基于 Oracle 数据库，像是在内存数据库中原本就很少使用硬盘，所有处理都在内存中完成。通过这样的架构，实现数据处理的高速化。

通过前文的示例，我们了解到 Web 服务器中的进程都是相互独立运作的，但在 DB 服务器上情况稍有不同，进程间可以对任务进行分工。例如，在 Oracle 数据库中，可以像图 3.15 所示那样对任务进行分工。有负责接收 SQL 请求、解析请求内容、访问请求数据的进程，也有负责将内存中作为缓存存储的数据与硬盘上的数据进行"定期同步"的进程。通过这样的分工方式，可以使处理并行化，提高"吞吐量"。关于性能优化，将在第 8 章进行详细讲解。

到目前为止所列举的示例图中，都简化了 DB 服务器的硬盘访问部分，这并非多数企业系统的实际情况。就现实来讲，DB 服务器内部的硬盘在容错性方面是比较差的，所以选择直接使用这些硬盘的方案很少。在大多数方案中，都采取访问外部存储设备的方式，如图 3.16 所示。

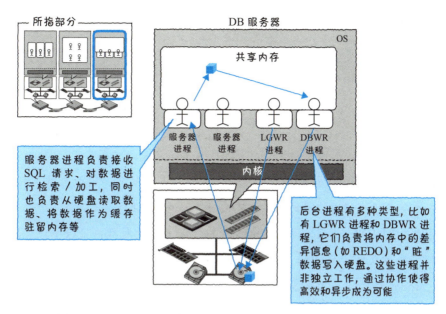

图 3.15　Oracle 数据库进程之间的任务分工

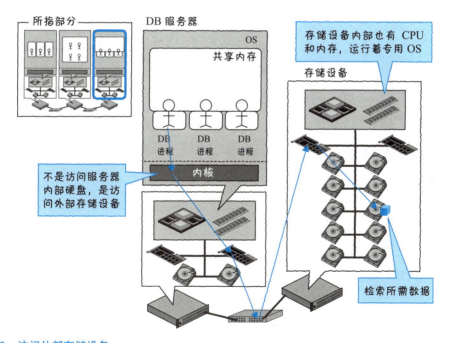

图 3.16　访问外部存储设备

在一个外部存储设备中包含大量的硬盘。然而，其架构的本质与前文讲过的 Web 服务器、AP 服务器、DB 服务器并没有太大的区别，同样拥有 CPU 和内存，运行着 OS。同样外部存储设备也将数据作为缓存驻留在内存中。请把它想象成一个专用的服务器，强化了对大量数据的高速访问。关于外部存储设备的使用，将在第 8 章讲解。

小专栏

与 RDBMS 的无仁义之战

每当有新的数据和事务的管理机制产生时，如键值存储、区块链等，必定会把关系数据库管理系统（Relational Database Management System，RDBMS）卷入话题的中心，出现诸如"RDBMS 的时代已终结，现在开始是 ×× 型的天下"的说法。正因为如此，能看出大家对 RDBMS 多么喜爱。

但 RDBMS 并非万能的。所有技术本身都存在优缺点，因此在做项目设计时，我们需要根据不同技术的特性，来做出更合适的选择。

比如，RDBMS 使用"表"来表现数据，必然需要对数据进行整理。同时，关系模型也定义了表之间的关系。相比其他类型的数据库管理系统（Database Management System，DBMS），RDBMS 更加重视对数据一致性的管理，所以数据在更新上相对较慢。其有着"整理整顿、条理井然、相比速度更加重视稳定"的特性。

其他类型的数据库管理系统没有这些"束缚"，所以存储的数据类型更加自由，特定的更新作业更加快速。然而这种自由也可能使得管理变得更加复杂。有能够快速执行的作业，那自然也会有执行得很慢的作业。

人们期冀随着硬件和网络的发展，能够逐渐克服速度方面的缺点，出现更加跨时代、更加万能的架构。但是，这实现起来却非常难。回望历史，人总是贪心的，每当处理速度加快时，想要处理的数据就会变得更多。

3.3.4 从 AP 服务器到 Web 服务器

这一节让我们来看看数据流的回程情况。现在我们已经收到了 DB 服务器返回的数据，计算结果将被转交给 AP 服务器上先前发出请求的线程。这一流动非常简单，根据请求内容对数据进行汇总等，之后将结果数据返回给 Web 服务器即可，如图 3.17 所示。

整体流程如下：

①收到 DB 服务器返回的数据。
②线程将返回的数据与先前准备好的数据进行合并，生成文件数据。
③将结果返回给 Web 服务器。

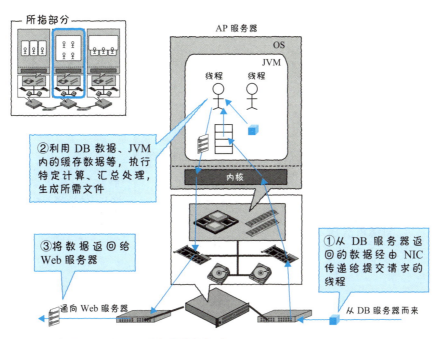

图 3.17 从 AP 服务器返回到 Web 服务器的数据流

加工后的数据如果是文本数据的话，通常为 HTML 或 XML 格式的文件。当然也有其他类型的数据，比如动态生成的二进制图像数据等。只要是可以通过 HTTP 传递的数据，生成什么类型都可以。

3.3.5 从 Web 服务器到客户端 PC

从 AP 服务器返回的数据，由 Web 服务器上的 httpd 进程返回给客户端 PC 上的 Web 浏览器，如图 3.18 所示。

整个流程如下。

①收到 AP 服务器返回的数据。
②进程将收到的请求结果原封不动地返回 PC。
③Web 浏览器收到请求数据，显示在屏幕上。

路途真是遥远，不过请求数据顺利地返回到了 Web 浏览器。

基本上一个请求对应一个响应。一个典型的网页由 HTML 页面文件和许多图像文件构成，它们会被分割成多个请求提交给 Web 服务器，Web 服务器分别对每一个请求返回数据。

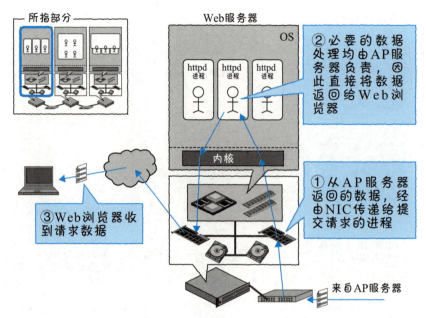

图 3.18 从 Web 服务器返回到客户端 PC 的数据流

3.3.6 小结

虽然不同服务器部署的角色都不同，但它们都有以下几个共同点。

- 进程或线程负责接收请求。
- 对自身能力范围内的请求进行处理，无法处理的，根据情况向其他服务器发送请求。
- 进行响应。

在三层架构系统中，作为起点的是用户的请求，这些请求被接二连三地传递给不同的服务器。三层架构系统有这么一个特征，对于自身无法处理的请求，将它转发给能够处理的服务器。虽说叫作三层架构系统，但实际情况大都使用了更多的层次。

另外，这些服务器通常都是处于"等待用户发来请求"的状态。会发来怎样的请求，在收到之前服务器是不知道的。这就是在 IT 基础设施中容易发生性能问题的一个点。当读到第 8 章与性能相关的讲解时，请把这一点放在心上。

小专栏

鸟瞰图

大家听说过鸟瞰图这个词吗？对飞翔在天空中的鸟来说，再大的系统也是渺小的。系统架构图可以说就是 IT 系统的鸟瞰图。

我们常看到在许多项目中，按层来指定负责人，他们只关心自己的职责范围，这实在是一个可悲的现状。有人会说："着眼全局是架构师的工作。"或许是这么回事，但是如果提前掌握了系统的整体情况，就有可能规避一些的故障。

这里举一个例子，假定在研讨会上听见了这样的发言："从 Web 用户发起的 DB 会话数也就总计 100 个左右，目前通过连接池来处理它们。"诚然，这样的话或许目前的内存容量足以应对。但是进行系统整体检查后，发现好像漏掉了公司内部用户发起的连接，它们没有通过连接池，每次都需要新建连接。再次与相关负责人进行确认，对方辩解："啊，确实那一块没有划进连接池，不过用户数不多，没多大关系。"详细调查后，发现原来在这一个点，实际用户数就超过了 100 人。这意味着在极端情况下，同时访问系统的用户数是当初计划的两倍。此外，现有 AP 服务器两台，问及今后是否有计划要接入新业务？或许你会收到如此回复："到时容量不够了，给 DB 服务器增加内存不就好了。"但是，硬件也是有物理限制的。到底能不能对硬件扩容，这有必要在前期设计时考虑进去。

自己职责外的部分是如何设计的？做了怎样的扩容计划？只要有一张系统架构图，掌握上述信息就会变得相对容易一些。

所以，回到前文，为防范风险，请大家随时留心对系统全局的掌握。

3.4 虚拟化

当前在企业内部的本地部署环境中，普遍采用了虚拟化技术。对大量计算机进行集中管理的"云"，其底层技术便是虚拟化。当下"虚拟化"发展势头猛烈，随处可见其身影。关于它的历史和优势，将在本节讲解。

3.4.1 什么是虚拟化

虚拟化，简而言之就是"计算机系统的物理资源抽象化"。物理资源包括"服务器""网络""存储"等，但这里我们将重心放在服务器的虚拟化上。在服务器虚拟化中，我们将对"把一台服务器伪装成多个逻辑资源"的技术进行讲解，这项技术在20世纪70年代的大型机时代就已经存在。

3.4.2 OS 也是虚拟化技术之一

让用户无须了解硬件的工作机制，就能执行应用程序的 OS，也是虚拟化技术的应用之一，如图 3.19 所示。在 OS 出现之前，编程时需要直接与硬件打交道，这非常费时费力。OS 的内核将硬件抽象化，使得编程时再也不需要考虑下层硬件环境，也能同计算机直连的存储设备交换数据，或通过网络进行通信。

另外，如果每次只运行一个程序的话，那 OS 的作用就不会如此重要了吧？但如今，在一台计算机内同时运行着大量程序。如果没有 OS，想要同时执行多个程序，那将是非常麻烦的事情。假设在这种情况下，其中一个程序出现 Bug，那可能会使整个计算机陷入停滞状态。相反，如果有 OS，通过虚拟内存将进程和 OS 内核的内存空间隔离开来，这样即使一个程序崩溃，系统整体也不会受到影响。

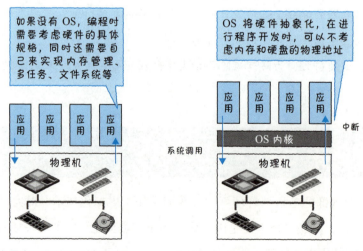

图 3.19　OS 也是虚拟化技术的应用之一

3.4.3 虚拟机

服务器虚拟化的方式可以分为两种，寄居型和裸金属型（见图 3.20）。寄居型是在 Windows 和 Linux 等主机 OS 上安装虚拟化软件（Hypervisor），以应用程序的形式提供虚拟化服务，代表软件有 VMware Server、Microsoft Virtual Server 等。由于虚拟机硬件是由软件仿真的，因此存在性能低下的问题，作为改进，裸金属型登场了。裸金属型是直接在硬件之上运行虚拟化软件，在虚拟化软件之上再运行虚拟机的技术，其代表软件有 VMware vSphere、Hyper-V、Xen、KVM 等。因为不需要借助主机 OS 来运行，所以裸金属型性能更好，是目前主流的服务器虚拟化技术。

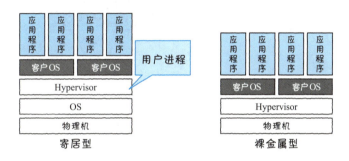

图 3.20　服务器虚拟化的方式（寄居型和裸金属型）

在裸金属型虚拟化的架构中，有全虚拟化和半虚拟化之分（见图 3.21）。全虚拟化的优点是，在物理机上运行的 OS 和驱动程序，可以不经修改直接作为客户 OS 使用，但由于是靠软件进行仿真，因此有性能低下的缺点。为解决这一问题，开发出了半虚拟化技术。半虚拟化技术并非模拟真实的硬件，而是以软件形式仿真出虚拟环境使用的虚拟硬件。同时，在虚拟环境中运行的每一个客户 OS，都必须使用半虚拟化专用驱动及修改过的相适配的内核。后来，Intel 和 AMD 等处理器制造商开发出了硬件辅助功能（Intel VT-x/VT-d/VT-c、AMD V/Vi 等），同时加入了对裸金属型的支持，现在，全虚拟化已经成为主流。

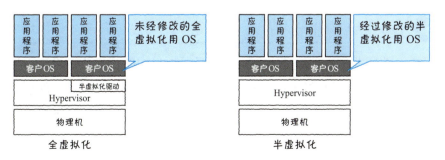

图 3.21　虚拟化的类型（全虚拟化与半虚拟化）

3.4.4 容器的历史

Docker 面世后，容器迅速流行起来。这一节将介绍何为容器以及容器有何优势。

什么是容器？简单来讲就是"隔离了资源的进程"。与服务器虚拟化技术中的虚拟机不同，在一个 OS 上能够同时运行多个容器，每个容器都有独立的根文件系统、CPU 和内存、用户空间等，如图 3.22 所示。

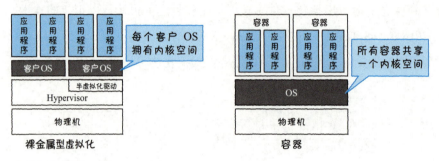

图 3.22　虚拟机与容器

追溯容器的起源，据说是由著名开发者威廉·纳尔逊·乔伊（William Nelson Joy，曾开发过 BSD UNIX、TCP/IP、vi 等）在 20 世纪 70 年代开发的 Chroot 变化而来。在那个年代计算机非常昂贵，想要同时拥有生产环境和开发环境，需要非常高昂的费用。但在一台计算机上共存两套环境，又存在意外更改、删除文件的风险。为解决这一难题开发出的 Chroot 功能，允许进程以 OS 根目录下特定目录为起点向下访问。现在这个功能依旧在各个方面被应用。例如，它被实际用于 Linux 的救援模式，限定 FTP 中每个用户的访问范围，以及限制 Postfix 和 BIND 等服务的可访问目录。

20 世纪 90 年代，FreeBSD jail 面世，其中加入了 Chroot 的概念——"把某一目录看作根目录"，使应用程序进程间也能相互隔离了。随后，Bill Joy 的公司 SUN Microsystems 在 21 世纪初提供了被称为 Solaris 容器的功能（在 Oracle Solaris 中称为 Oracle Solariszones）。

3.4.5 Docker 的登场

容器技术的开发在后来的商用 UNIX 和开源项目中继续稳步推进，不过使其一跃成名的是在 2013 年登场的 Docker。它在容器技术基础上加入了文件系统和进程隔离功能，使得文件系统镜像的打包与版本控制成为可能，同时容器镜像也能进行分享。

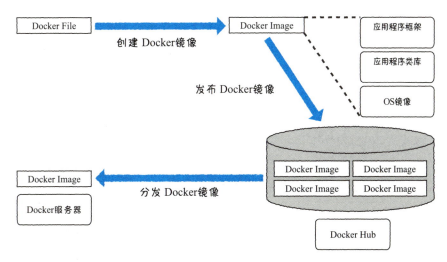

图 3.23　Docker 的基本功能

2014 年 Google 公开表示，其所有的服务及公司内部使用的所有工具，在 Docker 出现以前就已经构建于容器型虚拟化技术之上，如图 3.23 所示。

开发 Docker 的公司在改名之前叫 dotCloud，成立于 2008 年，旨在建立一个不依赖特定编程语言的 PaaS。dotCloud 的 PaaS 可以将已开发的应用程序在云端部署后即刻执行，但是，由于与应用程序相关的框架、类库版本不一致等情况，导致在本地能够启动的程序在云端却不能启动的问题经常出现。所以，作为原本为云端内部机制所开发的、"将应用程序的执行环境自动构建后固化进镜像"的技术，为了让云端以外的环境也能使用，dotCloud 公开了其源代码。加上谁都可以在一个叫作 Docker Hub 的公共注册中心上分享 Docker 镜像，其人气获得了爆发式增长。相比虚拟机，Docker 有以下几个优势。

- 容器与主机 OS 共享内核，因此启动和停止容器的速度很快。
- 由于主机 OS 的内核是共享的，与仅使用虚拟机的情况相比，一台实体主机可以执行的容器数量远远大于虚拟机的数量，提高了资源的集中度。
- Docker 可以把类库和框架等固化进 Docker 镜像进行分享，使运行环境差异导致的程序运行问题得以缓解，使高效地进行程序测试成为可能。

3.4.6　云与虚拟化技术

Hypervisor 和容器等虚拟化技术被用于 Google、Facebook、Amazon 等大型 Web 服务器的内部。在 AWS（Amazon Web Services）、GCP（Google Cloud Platform）、Azure

（Microsoft Azure）等公有云中，它们也作为服务供大家使用，比如虚拟机服务、容器服务、Function as a Service（FaaS）等[※2]，或者作为支撑其他服务的功能，如图 3.24 所示。

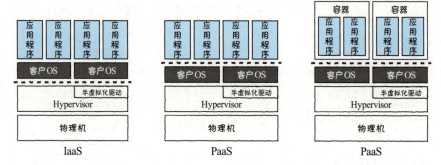

图 3.24　云与虚拟化技术

※2 将功能 / 函数（Function）的执行环境作为服务提供的产品。

第 4 章

支撑基础设施的理论基础

上一章讲解了三层架构系统的概要及其硬件构成，以及内部的数据流。本章为加深读者对基础设施的理解，将具体讲解三层架构系统的基础概念及内部机制。

4.1 串行与并行

4.1.1 什么是串行和并行

最近感觉工程师们能接触到并行处理的机会比以往更多了。比如 CPU 的核心数量，服务器自不用说，连 PC 搭载的 CPU 核心也越来越多。这源于 CPU 制造商们改变了技术线路，由原本成倍提升时钟频率改为了增加核心数量[※1]。其背后原因之一，就是功耗和发热问题无法解决。

我们将视点从 CPU 这一微观角度转移到系统整体的宏观角度，可以看到，在大型 Web 服务中通过架设大量的服务器进行并行处理来应对庞大数量的用户访问。就像这样，身边的并行处理越来越多，但并不是胡乱并行一通就能改善性能问题的。比如在 CPU 核心或服务器的并行化中，关键在于并行化后的硬件是否充分发挥出了其性能。下面将以何为串行、并行为开端，对并行处理中的要点进行说明。

多个物体依次排在一条直线上是串行，有两条这样的直线就是并行。举例来讲，单车道的公路就是串行，两车道及以上的公路就是并行，如图 4.1 所示。公路会从单车道分流成多车道，再从多车道合流为单车道。如高速公路的收费站，就是一个车辆通过速度缓慢且容易造成拥堵的地方，所以通过增加出入口数量来提高通行效率。

在图 4.1 中，一条三车道的公路中途合流为单车道，随后又分流为三车道。自合流点到单车道的这一路段很容易发生拥堵，同时，也成了事故高发地段。合流而成的单车道影响了整个车道的速度，也就是成了"瓶颈"。

怎样才能摆脱拥堵的状况呢？将三车道扩为四车道也解决不了问题。将单车道区间限速提高到三车道的 3 倍，或许可以缓解。假设三车道的区间限速是每小时 60 公里，3 倍就是每小时 180 公里，这就超过了法定限速。再进一步推算，五车道合流时提高到 5 倍，就成了每小时 300 公里，完全超过了普通汽车能跑出的速度极限。

※1 多核是一种技术，在一个 CPU 内部集成大量的处理器核心（算数逻辑运算电路的骨干部分）。

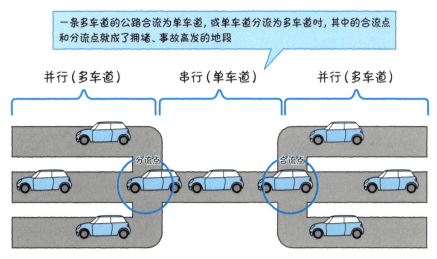

图 4.1　单车道的公路为串行，双车道及以上的公路为并行

对计算机世界来说也是如此。由于规格的不同，CPU 和硬盘等硬件存在着性能差异，性能再强的硬件，单体能执行的工作量也是有限的。

请看图 4.2，在给定的时间内，虽然单个 CPU 的工作量是有限的，但可以通过多个 CPU 同时工作来增加工作量。不过，前提是这些处理能够由多个 CPU 分工进行。如果不能够被分工和并行，那无论增加多少个 CPU 核心也带来不了任何效果。这时，需要通过提高 CPU 的时钟频率，也就是提高串行处理速度来实现高速处理。

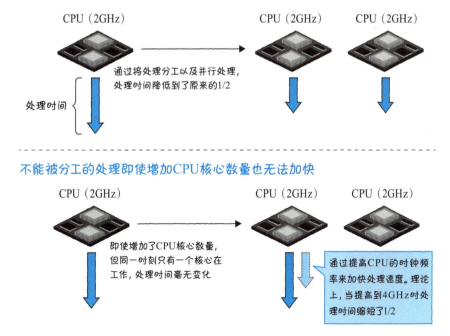

图 4.2　是增加 CPU 核心还是提高时钟频率

另外，因处理带有不同的特性，所以某些处理并不能被并行化。与公路的例子相同，串行处理时而拆分变成并行处理，时而又合并还原成串行处理，期间产生的合流点、串行化区间、分流点往往就是导致性能瓶颈、发生故障的部分。在进行并行处理时，重点是要尽可能保证全程并行，提高整体效率，如非必要请不要随便转换为串行。需注意，在并行化的过程中，首先需要将处理分工，然后 CPU 各自进行处理，最后还需要集中处理结果，这就产生了开销。强行并行化，可能会导致出现比串行处理还慢的情况。所以在考虑并行化时，估算开销，看清哪一部分更加适合并行化是很重要的。

串行与并行的关键点总结如下。

- 提高串行处理的速度是有"天花板"的。
- 将处理并行化，虽然不能提高处理速度，但可以增加单位时间内的处理量。
    → 在并行处理中，合流点、串行化区间、分流点很容易成为瓶颈。
    → 在并行化时，首先需要将处理分工，然后各自进行处理，最后还需要集中处理结果，这就产生了开销。是否并行化，需要考虑带来的效果是否值得这些开销。

4.1.2 所用之处

Web 服务器和 AP 服务器中的并行化

图 4.3 简要地展现了 Web 服务器和 AP 服务器内部处理的大概过程。由于多名用户正在访问 Web 服务器，所以这些访问被分到多个进程中并行处理。不过 AP 服务器中只有一个 JVM 进程，但它通过多个线程来负责并行处理。Apache 除了支持我们讲过的多进程模式，还支持集合多进程和多线程的混合模式。JVM 进程也可以通过启动多个来变相支持多进程甚至多线程。

在图 4.3 所示的例子中，Apache 的一个进程包含一个线程，JVM 的一个进程包含 4 个线程，不过一个线程在同一时刻只能使用一个 CPU 核心。例如，在一个只有单 CPU 核心的服务器中，不管增加多少 Apache 进程，同一时刻只能执行一个。所以在调整进程或线程的数量时，需要参照 CPU 的核心数量来进行。就如同便利店，在只有一台收银机的情况下，安排再多的收银员也无济于事。

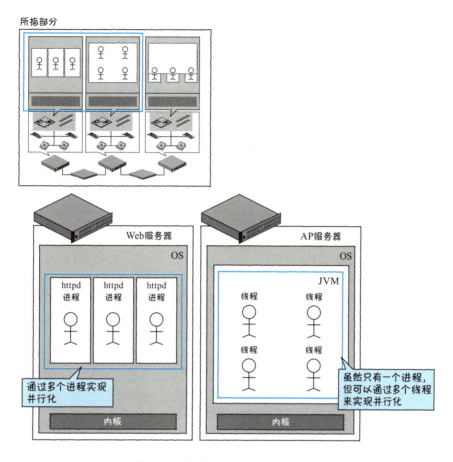

图 4.3 Web 服务器和 AP 服务器的并行处理

DB 服务器中的并行化

DB 服务器也可以通过增加进程的数量来实现并行处理，如图 4.4 所示。

在 Oracle 数据库中，服务器进程作为与客户端交互的窗口，其数量是根据客户端传来的连接成对创建的。例如，如果有 10 个来自客户端的连接，那服务器进程的数量也是 10，这仅限专用服务器模式。关于服务器进程，除了以多进程的形式运行外（专用服务器模式），还有多进程和多线程的组合方式（共享服务器模式）。

另外，向数据文件的写入成为瓶颈时，如果使用的是 Oracle 数据库，也可以通过增加 DBWR 进程的数量，以并行的方式发起 I/O 操作来缓解。DBWR 是负责将内存中缓存的脏数据写入硬盘的进程。关于 DBWR 进程，除了增加进程的数量以外，还有使用异步 I/O 在 OS 中将写入并行化的方法。异步 I/O 是在发出 I/O 请求后不等待执行完毕的回应，接连不断地发出请求的方式，具体将在后面的 4.2 节进行讲解。

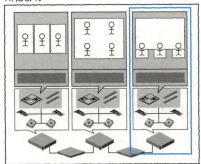

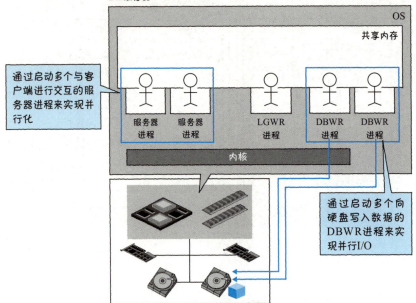

图 4.4　DB 服务器中的并行处理

4.1.3　小结

串行和并行的优劣势如表 4.1 所示。

表 4.1　串行和并行的优劣势

	优势	劣势
串行	结构简单，设计和实现难度低	不能有效利用多个资源（多机及多处理器等）
并行	能够有效利用多个资源（多机及多处理器等），与串行相比，增加了同一时刻能够处理的工作量。同时，即使其中一个资源发生故障也能够不中断处理	存在处理分流、合流所带来的开销。因为需要考虑多处理的排他控制等，结构会变得复杂，所以设计和实现难度高

此外，在进行并行化时应注意以下几点。

- 并行化并不能直接提高处理速度，但可以增加单位时间内的工作量。
- 在并行处理中，合流点、串行化区间、分流点很容易成为瓶颈。
- 并行化需要用在必要的地方，否则无法带来效果。因其在处理过程中会产生额外的开销，同时使结构变得更加复杂，所以只有在能得到大幅盖过上述缺点的好处时，才考虑并行化。

在前文中，我们只举出了并行化能提高处理能力的优点，除此之外它还能提高冗余性。比如在 Linux 中，有一个叫作 Bonding（NIC 绑定）的功能，它将多个 NIC 捆绑起来使用。如果使用了这个功能，即使一个 NIC 发生了故障，处理也能够不中断。关于 Bonding 的细节，将在 7.2.2 节介绍。

> **小专栏**
>
> **并行和并发**
>
> 并行（Parallel）和并发（Concurrent）看起来相似，但意思完全不同。
>
> 在一个完全相同的单位时间内，并行是多个处理一起执行，并发是多个处理处于执行状态。也就是说，并发是涵盖了并行的一个概念。简单来讲，一个人同时兼任多项工作是"并发"，多个人同时进行多个工作是"并行"。
>
> 因此，严格来说并发和并行的意思不同，但在本书中我们不将它们区别使用。
>
> 参考《并发计算技巧 —— 多核/多线程编程实践》O'Reilly Japan,Inc. ISBN：978-4-87311-435-4。

4.2 同步和异步

4.2.1 什么是同步和异步

自 2005 年以来，出现了许多使用异步 JavaScript 和 XML（Asynchronous JavaScript and XML，AJAX）的 Web 服务，如 Google Map 等。此后，"异步"这一关键词似乎越发引人注目。AJAX 中的"A"取自 Asynchronous 的首字母，意思就是"异步"。不过近来很少再听到 AJAX 这个词了，异步通信已经成为 Web 浏览器内部的常规机制。

在上一节讲了并行，笔者认为异步的本质或许就是并行。从街头随处可见"云计算"，出现越来越多像 Google、Facebook、Twitter 这种并行处理大量数据的大规模 Web 服务，为解决机器的发热和耗电问题进而推进多核化的硬件发展历史可以看出，工程师们将有比以往更多的机会接触到"异步并行处理"技术。

回到主题，那到底什么是同步、异步？简单来说，同步就是委托他人帮忙做事，在事情完成之前在一旁"老老实实"地等待。而异步是委托他人后，便去干其他事了。异步的话就可以同时推进事物向前发展。

让我们继续用身边的例子来说明，请看图 4.5。

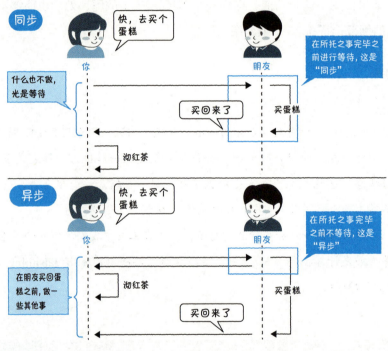

图 4.5　同步和异步

比方说，你让你的朋友买个蛋糕回来。首先告诉朋友自己想吃蛋糕，然后在朋友买回来之前什么事也不做，光等他回来，就是"同步"。而在朋友出门买蛋糕期间，进行沏红茶等事就是"异步"。

同步和异步的特征可以归纳为以下几点。

- 同步：从委托他人做事到事情完毕期间，只是等待，虽然期间什么也不能做，但还是可以对所托之事的情况进行确认。

- 异步：因无须等待事情完毕，所以原本等待的这个时间段可以去做其他事情，但是对于所托之事完成与否，还需另行确认。

4.2.2 所用之处

上一小节开头提到的 AJAX 可以通过异步通信来实现并行处理。在 AJAX 出现之前，我们在进行网页访问时，每当单击链接或按钮后都必须等待整个页面的刷新[※2]，而当 Web 页面使用了 AJAX 这样的异步处理后，通信也变得可以异步进行了。在查看页面输入信息的同时，就能够实时刷新需要更新的部分。

请看图 4.6。在 Google 搜索引擎中输入"xxx"，随即出现了一个下拉框，框中显示了多条候补条目。这一处理的流程如图 4.7 所示。

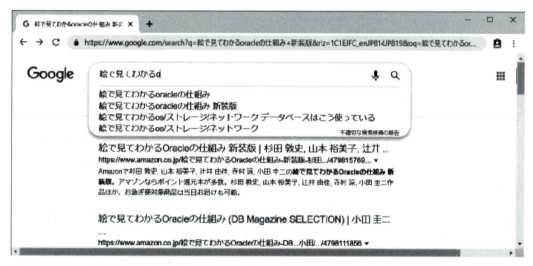

图 4.6　Google 搜索中的异步通信

随着输入关键词这一动作的开始，输入中的关键词便会被 AJAX 发送到 Google 搜索引擎服务器，服务器随后又将候补数据返回给浏览器，浏览器收到返回的数据则更新部分页面。如果是对整个页面进行刷新，那在刷新完成之前只能等待，但是有了这种机制，因为只需要更新输入区域下方的候补结果下拉框，所以"输入关键词"和"显示候补结果"这两个动作能够同一时刻进行了。

※2 除了 AJAX 之外，还有其他技术能够实现相同的功能，但这里不会涉及它们，因为脱离了本书的主题。

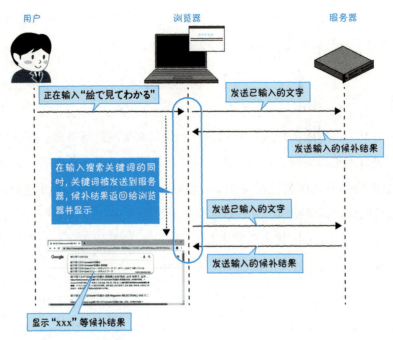

图 4.7　Google 中的异步通信的流程

DBMS 中使用的异步 I/O

接下来介绍 DBMS 中的异步 I/O，它是异步处理的一个经典示例。DBMS 可以通过异步处理向硬盘等存储设备写入数据，这就是异步 I/O。下面以 Oracle 数据库为例，如图 4.8 所示。

在同步 I/O 中，如果当前 I/O 没有完成，进程就没法执行下一步处理。但在异步 I/O 中，即使当前 I/O 没有完成，进程也可以继续执行下一步处理。

异步 I/O 面向希望高效执行大量 I/O 的 DBMS。当进程将共享内存中的多个数据写入硬盘时，同步 I/O 必须等待当前 I/O 执行完毕才能继续发起新的 I/O，但异步 I/O 无须等待，可以接连发起新的 I/O，充分利用了存储的性能。

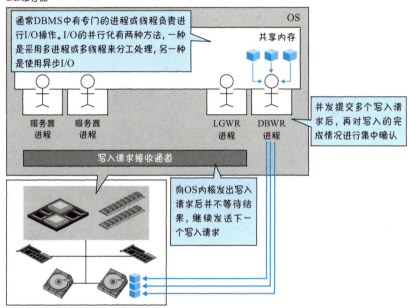

图 4.8　DBMS 中的异步 I/O

将图 4.8 中 DBMS 进程和 OS 的一部分在图 4.9 中进行放大。

图 4.9 上方为同步 I/O。DBMS 进程向 OS 内核发出 I/O 请求，在处理完毕之前进行等待，之后再发出新的 I/O 请求。在同步 I/O 下想要让 I/O 并行化，可以通过增加 DBMS 的进程来实现。

图 4.9 下方为异步 I/O。DBMS 进程在发出 I/O 请求后，不等待处理完毕接连发出新的 I/O 请求，进而实现了 I/O 的并行化。此刻可能会有读者产生疑问："在 DBMS 中使用异步 I/O 没问题吗？""在没有确认写入是否完毕时，连续写入没问题吗？"

实际上，DBMS 以异步形式发出 I/O 请求后，会对 I/O 完成情况进行确认。比如，通过使用 OS 的异步 I/O 库或系统调用发出多个异步 I/O 请求后，再对 I/O 完成情况进行确认。似乎有些 DBMS 并不进行确认，因为 DBMS 对 OS 的函数库和系统调用的使用方式不同，所以这一块的具体技术细节会有差异。

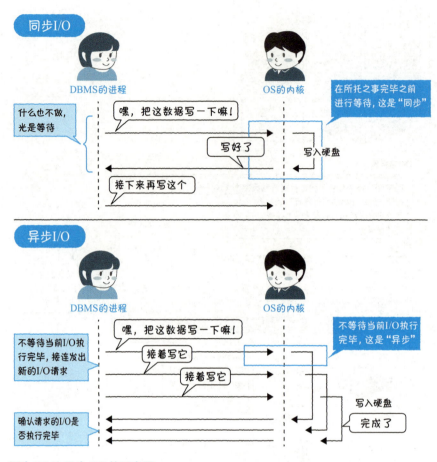

图 4.9　同步 I/O 和异步 I/O 的示意图

如此，DBMS 也可以通过使用异步 I/O 来实现 I/O 的并行化了。

不过，即使通过异步 I/O 接连不断地发起 I/O 请求，也快不过存储设备的性能上限。所以很早以前业界就已开始着手提高存储设备硬件的 I/O 性能了，比如增加缓存功能、将硬盘换成 SSD 等。当然，从软件层面上来提高 I/O 的异步 I/O 等，想必会越来越受到重视。

通常，异步 I/O 是通过 OS 提供的函数库和系统调用来实现的，不同的 OS 会有差异。同时，在 DBMS 中是否使用异步 I/O，大多可以在 DBMS 侧自主设定，根据设定的不同，传递给 OS 函数库和系统调用的参数也不同。

4.2.3 小结

同步和异步的优缺点如表 4.2 所示。

表 4.2　同步和异步的优缺点

	优点	缺点
同步	容易确认请求的处理是否已经完成，结构简单、实现难度低	在请求的处理完成之前只能等待，无法有效利用这个等待时间
异步	在等待请求的处理完成的期间，可以合理利用这个时间来进行并行处理	不对请求的处理状态进行确认，就无法得知是否完成，增加了开销。结构变得复杂、实现难度高

正如本节开头所讲，笔者认为异步的本质就是并行。为实现并行化而使用异步处理时的注意点，同上一节总结（4.1.3 节）中讲到的注意点相同。除此之外，还有以下几点需要注意。

- 以异步方式请求的处理还未完成之前，进行下一个处理是否会带来问题？
- 以异步方式发出的处理请求，随后是否需要对完成情况进行确认？

除了当前举出的例子外，异步处理还用于其他各种不同的地方。例如，在进行 DBMS 复制时，通常就有同步模式和异步模式可以选择。像执行消息队列的中间件等也是采用的异步处理。

在 DBMS 的异步复制或消息队列中间件中，源端通常发出处理请求后便不再过问，继续不停地执行其他处理，而且也不对处理完成与否进行确认。这将导致出现即使处理已失败也注意不到，持续不断地执行处理的情况。

举一个身边的例子，对于重要事情的沟通，通常我们都是采用电话或口头的方式（同步的联络手段）进行，并非采用发送邮件的方式（异步的联络手段）。如果采用电子邮件来沟通，在没有收到回信，或者没有经其他渠道进行确认的情况下，对方到底有没有收到邮件我们无从得知。异步就如同这个例子。

相反，如果全都采用同步的方式进行处理，那等待时间将变得过长，某些情况下无法满足实际的要求。因此我们在选择同步或异步时，重要的是需要根据两者的特性来区别使用。例如，在 IT 系统的设计中，我们在设计事务的范围时，虽然需要在性能、容错性、可靠性三者中进行权衡，但一个事务的运作其内部是同步的，外部是异步的，因此我们可以套用同步、异步的概念来思考它。

小专栏

C10K 问题

随着互联网的普及，访问 Web 服务的用户数量变得庞大起来，以至于出现了 "C10K 问题"。不过，提及这个问题的报道在 1999 年，这早已经是过去的事了。C10K 问题是指客户端的数量变得过于庞大时，即使服务器硬件并没有性能上的问题，也会被挤爆。这里要提一下，C10K 是从 "一万个客户端同时进行连接" 引申而来，其中的 C 是指客户端，10K 是 10000 的意思。如果配合客户端的连接成对生成进程的话，那将会创建大量的进程，有可能让 OS 的文件描述符或进程的数量达到上限。同时，单一进程对内存的消耗虽然不起眼，但要是进程数量达到了数万，积少成多，将消耗大量的内存。此外，由数万个进程所带来的上下文切换等造成的 CPU 开销也不可忽视。再进一步，如果进程的数量变得过多，OS 内核中用于管理进程的数据也会随之变大。

要解决 C10K 问题，可以采取用一个进程来处理多个连接的办法。正因为一个进程处理多个连接，所以只有在真正需要时才处理与客户端的通信。再拿现实来举个例，一个进程对应一个连接的话，进程就像我们请的家教；一个进程对应多个连接的话，那进程就是补习班的老师。与补习班的老师一样，要让一个进程处理多个连接，那同各个客户端通信时，只有在真正需要的时候通过切换来进行。

这样的手法被称为非阻塞式 I/O，它由内核进行具体实现，通过系统调用来使用。需要注意，非阻塞式 I/O 并不能同时对所有连接进行处理，因此需要考虑同时处理的数量。此外，如果一个处理耗时过长或者崩溃了，其他连接将会受到影响。相反，在持有大量的连接，但不需要同时对它们进行处理的情况下，这种机制非常有效率。

4.3 Queue

4.3.1 什么是 Queue

"Queue" 翻译成中文是 "等候的队列"。在人气拉面店里、超市收银台前，随处可见队列的存在，如图 4.10 所示；计算机的世界也是如此，Queue 无处不在。它是一种机制,从硬件、OS、数据库到应用程序,都有应用。学习它,能帮助我们更好地进行设计及性能调优等。

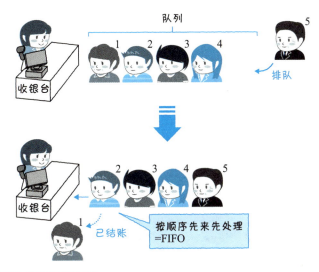

图 4.10 便利店收银台前结账的队列

我们在便利店购物时,如果去结账,就需要排在收银台前等候结账的队列末端。店员会按顺序从首位顾客开始结账,结账完毕首位顾客离开后,第二位顾客便成了首位,后面排列着的顾客依次前进一位。当然,插队、越位都是不行的。像这样按顺序从头依次处理的工作原理,在 Queue 中叫作"先进先出队列(First In First Out,FIFO)"。

Queue 的特征可以归纳为以下几点。

- 列队时排在末尾,处理时从首位开始按顺序进行。
- 数据的先进先出机制叫作 FIFO。

4.3.2 所用之处

如本节开头提到的,计算机的世界同现实世界一样,随处可见 Queue 的存在,举例如下。

- 等待 CPU 处理的进程或线程组成的队列。
- 等待向硬盘等存储设备进行读写的 I/O 请求组成的队列。
- 等待在网络中建立连接的连接请求组成的队列。

以上几种情形也与便利店收银台的状况相同。下面以 Apache 的进程为例来进行说明，它也正等待着被 Web 服务器的 CPU 处理。

图 4.11 是 Web 服务器软件 Apache 的内部工作简化图。

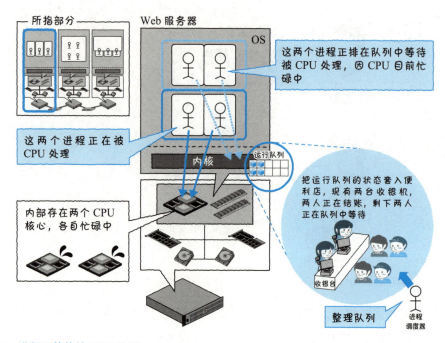

图 4.11　进程正等待被 CPU 处理

从图 4.11 可知，有一块 CPU 搭载了两个核心，Apache 的进程有 4 个，其中两个正在被 CPU 处理，剩余两个处于等待状态。这种状况是否表示处理正处于延迟中？

要是便利店的收银台也成了这种状况，那要怎么办啊？如果等待的顾客只有一位，那还算可以接受的范围吧？在计算机世界中也同样如此。等待着 CPU 资源的进程队列叫作"Run Queue（运行队列）"。有这样的说法："运行队列中积压的进程数除以核心数的结果如果为 1 那就没有问题。"拿便利店的收银台来讲，就是前面一人正在结账，随后就轮到自己了，如图 4.11 那样。

另外，对于正在 CPU 中处理的进程，到底要不要算进运行队列？这因 OS 不同而异。对于 Linux，正在 CPU 中执行的进程是会被算进运行队列的。像图 4.11 所示的状态，对于 Linux，值为 4；对于不把执行中的进程计入运行队列的 OS，其值是 2。在 OS 的内核中存在一个叫作进程调度器的功能，它负责对运行队列等进行管理。

那我们要从何处才能获取到这个正等待着 CPU 处理的进程或线程的数量呢？对于 UNIX，可以通过 vmstat 命令结果的 r 列来确认；对于 Windows，可以通过性能监视器的 System/Processor Queue Length 项来确认，如图 4.12 和图 4.13 所示。这些工具引用的数据实体均存在于 OS 的内核之中。

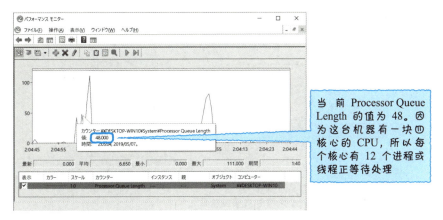

图 4.12　5 秒间隔的 Linux vmstat 数据

图 4.13　Windows 的性能监视器数据

数据库的硬盘 I/O

下面将从数据库硬盘 I/O 的方面来讲一下队列。基本思路与使用 CPU 相同，不过只是把进程或线程的使用对象换成了硬盘而已。

图 4.14 是一个运行在 DB 服务器中的 Oracle 数据库的工作简化图。在左边的硬盘中，服务器进程和 DBWR 进程正在执行 I/O。在右边的硬盘中，LGWR 进程正在执行 I/O。由于在左边的硬盘中发生了同时访问，因此 DBWR 进程的请求被迫进行等待。这是由硬盘的物理特性所致，它的数据是分割存放的，读取时需要花费时间搜集它们，所以不能像 CPU 那样，只要一有空闲就能进行不同的处理。因此，对于追求高速 I/O 的操作，可以通过使用专用硬盘来避免产生队列。在图 4.14 所示的例子中，LGWR 进程在写 REDO 日志时就需要采用高速 I/O，这就像商店为特定商品（如圣诞节蛋糕）设立专用收银台一样。

另外，对于内置硬盘的例子，其情况与图 4.14 类似，但在采用单独的存储设备时，情况略有不同。比如在共享存储中，通常都内置了称作缓存的内存，当收到写 I/O 请求时，直接将数据存入缓存随即返回，这样进程就不必再花时间等待数据写入硬盘，从而实现了高速化。若你忘记了存储设备的缓存机制，请复习一下第 2.4.1 小节。

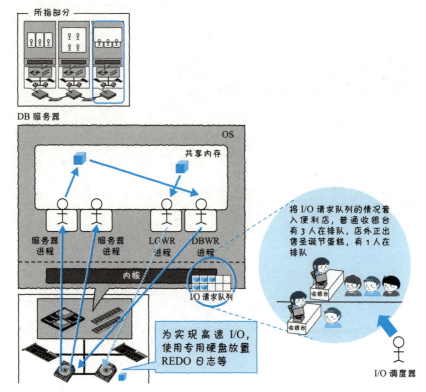

图 4.14　数据库的硬盘 I/O 等待

那我们要从何处才能获取到正等待着给硬盘发送 I/O 的进程或线程的数量呢？对于 UNIX，可以通过 vmstat 命令结果的 b 列来确认；对于 Windows，可以通过性能监视器的 Avg. Disk Queue Length 项来确认，如图 4.15 和图 4.16 所示。另外，虽然本书不会介绍，但如果想要查看详细的 I/O 性能统计信息，对于 UNIX，可以通过 iostat 等命令进行确认。

```
$ vmstat 5
   procs            memory          swap       io      system       cpu
 r  b  w    swpd    free   buff   cache  si  so  bi  bo   in    cs  us sy id
 0 10  0   48,628  64,124 162,532 476,356  0   0   0   0    1     4  11  3 11
 0 10  0   48,628  64,112 162,540 476,356  0   0   0   4  102 1,768  98  2  0
```

当前等待 I/O 的进程数为 10，表示有 10 个 I/O 请求正等待读写硬盘，处理有变慢的可能

图 4.15　5 秒间隔的 Linux vmstat 数据

图 4.16　Windows 的性能监视器数据

4.3.3　小结

Queue 的特征是从头至尾按顺序进行处理。在一个执行多个处理的点上，大多都会存在 Queue，它存在于各种层面的各个点。在性能问题上，可以通过观察 Queue 的长度来判断具体是哪一个层面的哪一个点发生了堵塞。比如数据库的性能问题，可以通过观察数据库的 Queue、OS 的 Run Queue、I/O 的 Request Queue 等来判断处理具体堵在了哪儿。因此，想要让处理依照顺序进行，或者是能够进行列队的地方，便是 Queue 的用武之地。另外，CPU、存储等设备的多任务特性，使得它们在获取某个资源时，通常也都会产生 Queue，进而成为性能问题的易发之处。总之，要解决性能问题，对 Queue 的长度，也就是队列的长度进行确认是非常重要的。比如在检查 CPU 性能时，不能只查看使用率，确认 Run Queue 的长度也很重要。

上面只讲到了 CPU 的 Run Queue 和 I/O 的 Queue 这种微观的例子，宏观的例子也存在，比如消息队列。使用消息队列可以改善应用程序之间的互操作性，同时还能提高系统整体的容错性。这是因为使用了消息队列后，当系统某处出现故障时，系统不会整体宕机。

通过减少"等待时间"，以及使用缓存技术使资源消耗降低，进而使性能提高的例子也是存在的。比如在异步处理中，进程在发出处理请求后并不等待其完成接着向前处理，不过这些处理会在接收方堆积并按顺序进行等待，也是使用了 Queue。例如，电子邮件也是消息队列的一种，在发送电子邮件时，送信方不用考虑收信方的状况，也不会被对方的状况影响。

4.4 排他控制

4.4.1 什么是排他控制

排他控制，就是字面意思"排他的控制"。当多人使用一个共有物时，某人使用期间他人均无法使用，他人强行使用可能会导致出现问题。不过，独自使用的物品就没必要进行排他控制，仅当物品由多人共享时才有必要。

计算机的世界也同样如此，如果是串行处理的话，就没有必要进行排他控制，但并行处理的话就有必要了。实行排他控制的地方很容易成为性能瓶颈。当你能够在脑中厘清并行处理及排他控制的机制时，就可以更好地进行故障排除及性能调优。

比如，现在来回想一下会议室的使用情况（见图 4.17）。

图 4.17 会议室的排他控制

有人正在利用会议室举行会议时，会把挂在会议室门上的牌子翻到"使用中"的一面，其他人一看到牌子就清楚会议室目前不可用。会议一结束，再把牌子翻回"空闲"的一面，大家就知道没有人使用会议室了，可供有需求的人继续使用。这也是排他控制。

通常，OS 和 DBMS 如要采取并行的处理方式，自然少不了排他控制，这也严重地影响着并行处理的性能。不仅是 OS 和 DBMS，为了更好地对所有并行处理进行性能调优，同时在设计时尽可能减少出现性能问题的点，我们需要提前深入理解排他控制。

实行并行处理时，各个处理相互之间如没有关系便不需要排他控制，但是多数情况是相互之间存在共享的数据，处理的一部分不得不以串行方式来执行。正因为如此，排他控制成了必须的，同时，这里也成了最容易发生问题的地方。

排他控制的特征可以归纳为以下几点。

- 多个处理流同时对共享资源（CPU、内存、硬盘等）进行访问（主要是更新）会导致资源不一致，必须通过排他控制来进行保护。
- 共享资源正被某个处理使用期间，为防止不一致发生，排他控制会禁止别的处理使用共享资源。
- 比如，在一个三车道公路即将合流为单车道的地方 —— 因为分散于三车道的汽车需要汇入单车道，所以当一辆汽车正准备进入单车道时，实行排他控制防止其他车道的车辆驶来。这样的场所是容易成为瓶颈的地方（用车来比喻，瓶颈 = 进行排他控制时，产生了等待车辆）。

4.4.2 所用之处

DBMS 中使用的排他控制

下面将说明用于 DBMS 的排他控制，如图 4.18 所示。

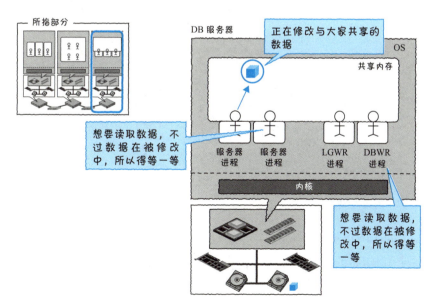

图 4.18　DBMS 中的排他控制

在 Oracle 数据库中，多个进程正并行地被处理，但当某一个进程开始修改共享数据时，要避免其他进程对相同的数据进行读取或修改，这时就需要用到排他控制。

在 DBMS 的排他控制中，存在称作"闩锁（Latch）"的机制，用于在极短时间内对资源进行锁定，获得锁定前不会释放 CPU 资源，循环进行请求。也有称作"锁（Lock）"的机制，用于相对比较长时间的资源锁定，通过队列对锁定请求进行管理，获得锁定前以休眠状态进行等待。具体执行何种机制，由系统根据受保护的共享数据特性及执行的操作自动进行选择。另外，进程在获取闩锁时也会出现两种状态——"自旋（Spin）"和"休眠（Sleep）"。自旋时循环提交闩锁请求，当达到阈值时仍未获取到所需资源的闩锁将转为休眠状态，释放 CPU 资源。所以，当需要在极短时间内锁定资源时，通常会采用自旋的形式来获取资源锁。如果进程每次申请不到资源锁都转而休眠，将产生大量的上下文切换，这是一个性能开销很大的操作。

OS 内核中使用的排他控制

接下来将介绍 OS 内核中采用的排他控制，如图 4.19 所示。

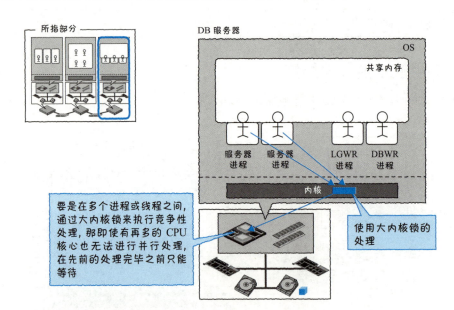

图 4.19　Linux 中的大内核锁

曾经，Linux 内核是被一个自旋锁保护着的，它叫作大内核锁（Big kernel Lock，BKL）。在使用 BKL 的地方，处理会被串行化，导致同一时刻只能有一个 CPU 执行内核代码，因此很容易成为性能瓶颈。为使计算机能够有效利用多个 CPU，以及增加更多能够采用并行方式的处理，如今已经重写了 Linux 内核中被 BKL 所保护的内核代码。

4.4.3 小结

排他控制的优缺点如表 4.3 所示。

表 4.3 排他控制的优缺点

	优点	缺点
使用排他控制	能够保护共享数据的一致性	无法进行并行处理
不使用排他控制	能够以并行方式快速处理	有可能出现数据不一致（在同一时刻修改了共享数据）的情况

通过多个 CPU 进行并行处理时，必须使用排他控制来保护共享数据，但如果过多地使用排他控制，将导致即使有再多的 CPU 也无法有效利用，同一时刻只能使用其中一个。因此，只有在切实需要的地方进行排他控制，尽可能增加能够采用并行处理的地方，才能有效利用 CPU 实现快速处理。

数据库集群中的排他控制

本节从微观的角度介绍了用在 DBMS 与 OS 中的排他控制，另外，像是将多个 DB 服务器组合起来当作一个数据库来使用的 "Active/Active 数据库集群"，其中的排他控制也与本节讲的类似。把前面例子中的 "CPU" 换成 "服务器"，"进程或线程" 换成 "应用程序" 来看一看。在各台服务器上执行并行处理，能够让处理很快完成，但是因服务器间的排他控制会导致等待产生，当等待中的处理变多时，即使有再多的服务器，并行处理也将变得不再并行。在数据库集群中，关键就在于如何减少由服务器之间的数据交换和排他控制所导致的处理等待。

> **小专栏**
>
> **多处理器系统中的排他控制很难**
>
> 在一个只有单 CPU 核心的计算机中，同一时刻只能有一个进程或线程可以使用这个 CPU。如果是搭载了多 CPU 核心的计算机，那同一时刻就能执行多个进程或线程了，但也因此产生了排他控制，导致整个系统的构造变得复杂起来。
>
> 由多个 CPU 核心构成的多处理器系统，其排他控制通常是通过硬件来实现的。比如在 CPU 中就存在用于排他控制的 "test and set" "compare and swap（CAS）" 等功能（命令）。这些机制可靠地保证了多个 CPU 间的排他控制，同时，也用于协调各个 CPU 核心之间的动作，防止数据不一致情况的发生。

像 DBMS 的例子中提到的闩锁这样的排他控制，通常也是通过这些功能来实现的。

另外，Linux 曾使用过一个叫作 BKL 的自旋锁来保护整个内核。后来为提高并行度，重写了使用 BKL 的内核代码，细化了锁的粒度。这里顺便讲一下什么是自旋锁（Spinlock），它是指进程或线程在等待获取资源锁时，在 CPU 中循环进行无意义的操作。当只有一个 CPU 核心时，同一时刻只有一个进程能被处理，当然其他的进程也无法使用 CPU，因此也就不需要自旋锁。

不过，对于在多个处理器上并行执行，并且需要保证共享数据一致性的 OS 和 DBMS 这样的软件，每天都在进行排他控制的同时提高并行度。

4.5 有状态和无状态

4.5.1 什么是有状态和无状态

有状态（Stateful）和无状态（Stateless）是在 IT 系统和计算机中随处可见的概念。了解它们虽然不能直接帮助我们解决故障，但可以帮助我们找到故障的根本原因，比如通过对进程状态的确认来排除应用程序的故障。由于它是一个常见的概念，所以可以在各个方面发挥作用。

本小节将对持有状态信息的"有状态"和不持有状态信息的"无状态"进行说明。持有大量信息的有状态，虽然能够进行细粒度控制，但机制变得复杂。相反，无状态虽然功能不多，但相对简单。两者各有所长，所以需要因地制宜进行选择。举一个具体的例子，安全外壳（Secure Shell，SSH）协议属于有状态的协议，HTTP 属于无状态的协议。那现在让我们来看看具体什么是有状态和无状态。

当我们在进行某项工作时，会关心"目前进度如何"这样的"状态"吧？系统在执行处理的时候，通常也必须考虑这样的"状态"。那在计算机的世界中，具体是怎么来考虑这个"状态"的？首先我们先来看一个日常的例子。

请试着想象一下你去医院看病的情形，如图 4.20 所示。首先需要挂号，挂好号的你就处于"已挂号"状态，随后需要在等待区等候叫号，当叫到你时，便前往诊室接受医生诊断。诊断完后，你的状态变成了"已诊断"，随后需要拿着医生开具的处方笺去药房取药缴费。

如果你没有挂号就去诊室，你的状态就不是"已挂号"，医生当然不会给你看病。

图 4.20　在医院需要考虑"状态"

再来想象一下在超市等场所购物时的场景，如图 4.21 所示，通常是不需要关心处于什么"状态"的，选好所需品，前往收银台结账就好。

图 4.21　购物不需要考虑"状态"

这两个例子之间有什么区别呢？初次去医院看病时，需要先办理就诊卡，填写必要的个人基础信息。在就诊时，医生必须将你的病情经过等信息记录在案。也就是说，去医院看病，必须将首次就诊时填写的当前个人信息交给医生，再将本次的诊断结果交给下次就诊时的医生。

持有"状态"意味着将过去获取到的"信息"先行存储，在下次需要时能够进行传递。相反，不持有状态就没法将过去的信息传递。超市收银员并不用考虑你昨天在店里买了什么。

4.5.2 让我们再深入一点

有状态考虑现在的状态，无状态不考虑现在的状态。

对于有状态，其"状态"随获取的信息而迁移，表现这一过程的图叫作"状态迁移图"。图 4.22 所示是一个将先前医院的例子进行简单表现的状态迁移图。因为能够承接过去的信息，所以有状态机制的优点是可以配合信息实现复杂的处理，缺点是大大增加了系统的复杂程度，导致必须考虑对原本不该出现的"状态"的对策等。

图 4.22　状态迁移图

对于不考虑状态的无状态机制，简单是其显见的优点。正因为简单，所以比有状态更容易提高性能、更强健。不过无状态也不是没有缺点，它本就无法承接过去的信息，所以想要执行复杂的处理不太容易，每次处理都必须提交完整的信息。

假设先前医院的例子是无状态，会变成什么情况？因为无法承接过去的信息，所以即使是去医院复诊，但没有留下上次的就诊记录，又得从头开始诊断："你叫什么名字？目前有哪些症状出现？上次进行了怎样的治疗？"

综上所述，有状态和无状态的特征如下。

- 有状态，因考虑状态，所以或许能够进行复杂的处理，但相应会增加系统的复杂性。
- 无状态，因不考虑状态，所以简单，同时在性能和强健方面多有优势。

4.5.3 所用之处

作为计算机内部的机制

在计算机的内部，有状态无处不在。为实现复杂的处理，有状态是必不可少的。下面我们来看一个进程处理的例子。

面对大量需要处理的进程，通常 CPU 是靠内核一点一点处理的。因此，在某一瞬间实际正在执行处理的进程，每一个核心只有一个。暂时没有执行处理的进程，必须进行某种形式的等待。为高效处理这些进程，在进程中进行着图 4.23 所示的状态迁移。

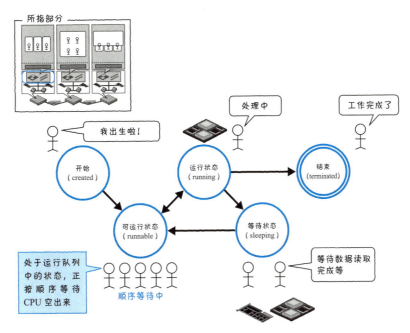

图 4.23　进程的状态迁移（进程的处理是有状态的）

当你执行某条命令或者运行某个应用时，就会创建相应的进程，这就开始了进程的处理。但是，进程并非立马就能进行处理。首先，必须在被称作运行队列的顺序排队区进行等待，这时的状态叫作"可运行状态"。顺序轮换，当轮到当前进程时，便向"运行状态"迁移，应用的处理便开始了。一个进程并不独占 CPU 资源，执行一定量的处理后便让出，重新回到运行队列中排队等待。假设执行了一个发生 I/O 等待的处理，比如访问硬盘等，将向"等待状态"迁移。进程在这 3 种典型的状态之间迁移，当全部处理完成便转为"结束"状态。

作为网络通信中的机制

现在让我们把目光转向网络通信。当使用浏览器等对 HTTP 服务器进行访问时，会使用到一个叫作 HTTP 的协议。HTTP 基本上算是无状态的协议。

当 HTTP 服务器收到一个来自浏览器的请求"请给我 ×× 数据"，由于不存在状态，所以每次都返回相同的数据。拿购物网站来讲，想要给会员展示专属页面，但若不清楚过去的状态，则无法区分访问用户是否会员。要是采取强硬的手段，比如会员在每次访问页面时都必须输入账号和密码，这样做没多久顾客就会都跑了吧。

虽然 HTTP 基本算是无状态的，但还是存在上面这样想要控制状态的情况。要是能控制状态，只需要会员在首次访问时输入一次账号密码进行认证，然后保持这个认证状态就好。HTTP 使用"会话"这一概念来实现这一机制。在进行了登录等认证后，服务器将保存当前的状态，同时返回通过认证的会话信息。为保护这个会话信息的内容不被简单地推测出来，通常使用非常长的英文加数字来表示。此后，用户只需要在通信时将这个会话信息一同提交给服务器，就能保持前面的状态进行访问了，如图 4.24 所示。

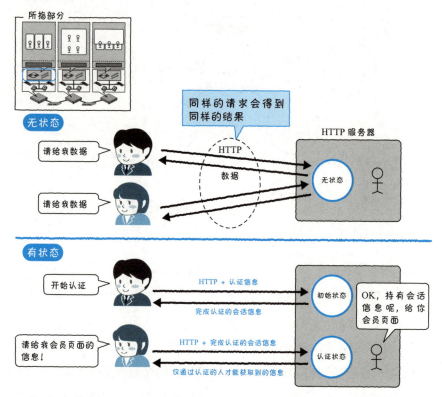

图 4.24　HTTP 虽然无状态，但能够实现有状态

4.5.4　小结

最后，总结一下有状态和无状态。

有状态是指接收方在执行处理时能够意识到状态的迁移，同时在理解了过去的经过的基础上给出相应的应答。相反，无状态是指接收方每次收到的请求都是新请求。要说它们的优点，对于有状态，由于接收方能够理解发送方的状态，因而可以最大化缩短请求的内容；对于无状态，成对的请求与响应让机制更加简单。

通过对状态进行管理，虽然使用起来更顺手，但服务器侧的资源压力会随着处理的复杂程度上升而攀升，还有可能无法应对大量用户带来的高并发请求。所以说，这并不是有总比没有好的事情,具体要怎么使用需要我们因地制宜充分考虑。

4.6 可变长度和固定长度

4.6.1 什么是可变长度和固定长度

就像书籍保管在书架、文件保管在文件架一样,计算机中处理的数据也需要保存在既定的容器中。保存数据时,必须判断当前数据是否能够放进容器,因此对于容器的大小来说,固定与否便是重中之重。提前决定了容器大小的情况叫作固定长度,没有提前决定、大小随时自由可变的情况叫作可变长度。

不过我们在日常使用计算机时不会注意到它们,但当研究计算机内部硬件的数据处理机制时,比如内存、硬盘等,就会发现它们就像在"收集固定大小的箱子"。用户无须了解这些细节也能使用计算机,这是因为为了便于人们使用,通过 OS 等软件隐藏了底层的硬件。

为了让你有一个稍微具体的印象,下面来通过书架的例子思考一下。图 4.25 中准备了两种类型的书架——固定长度和可变长度。

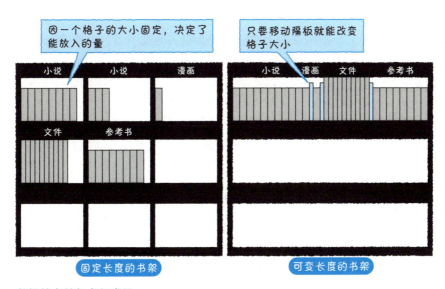

图 4.25 数据的存储与书架类似

固定长度书架的格子事先就已经确定了大小,所以隔板是无法自由活动的。相反,可变长度书架的隔板就能自由活动。下面让我们分别使用这两类书架将书按类别整理整齐。

首先是固定长度的书架，因为隔板无法移动，只能先确定每个格子能放入的书的种类。这就导致了在存放数量相对不多的小说和漫画时，造成了不少的空间被浪费。可变长度书架因为隔板可以活动，看起来已经将书整理整齐并且没有造成空间浪费。

接下来，请看图 4.26，当向书架添加新书或文件时会发生什么？

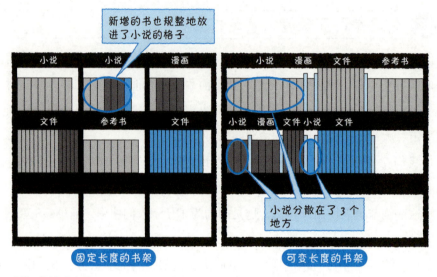

图 4.26　添加书籍或文件

最先增加了深灰色的图书，次日增加了蓝色的图书。在固定长度的书架中，由于规定了书籍存放的地方，新增加的书也分门别类整齐地摆放着。在可变长度的书架中，虽然能够持续节省书架的空间，但同一类型的书籍开始慢慢散落在各处。如此下去，怕是不久就会找不到我们想要的书籍和文件了。

当然，或许有人会说"乱了就整理嘛"，但这可并不是一件轻松的事，要将书临时移动到别的地方，然后重新分类摆进书架。笔者家中的书架是固定长度的，就是因为整理太麻烦。

固定长度因其规定了范围大小，所以能够快速访问到目标数据，就像是图书馆或书店里的那种大型书架，架子上标注了详细的编号；相应地，也就造成了空间的浪费，很难将空余空间使用完。

可变长度能够将数据严丝合缝地放在一起，所以优点是能够减少数据存储时占用的空间。但是由于可变长度的范围不定，要想找到目标数据，花费的时间相比固定长度要多一点；同时，因大小各异，如果一直使用同一个空间，会降低可复用性，容易产生碎片。

固定长度和可变长度的特征总结如下。

- 固定长度尽管带来了空间的浪费，但从性能方面来看往往更加稳定。
- 可变长度能够有效活用空间，但性能方面有不稳定的倾向。

4.6.2 所用之处

又到了讲解细节的部分了，在计算机中具体数据是怎样保存的呢？我们来看看具体的例子。在你使用的 PC 中存有各种各样的文件，Windows 中一般使用新技术文件系统（New Technology File System，NTFS），它采用固定长度的大小来存储各类文件。

让我们来随便选择一个文件，看看它的属性，如图 4.27 所示。这是笔者 PC 中保存的 memo.txt 文件，"大小：xxx 字节""占用空间：4096 字节"。这表示文件的实际数据量尽管只有 xxx 字节，但存储时却占用了 4096 字节的存储空间。再来看看 picture.jpg 这个文件，"大小：xxx1 字节""占用空间：xxx2 字节"。这个文件的占用空间 xxx2 可以被 4096 整除。也就是说，占用空间并非等同于文件本身的大小，而是刚好能够完整存放这个文件大小的 "4096 的倍数"。

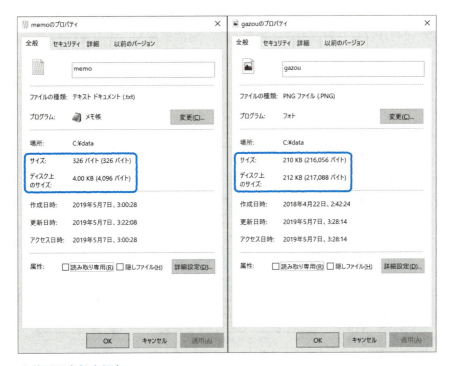

图 4.27　文件以固定长度保存

在这个文件系统中，一个固定长度的范围大小为 4096 字节（4KB）。因此，即使在保存一个不足 4KB 大小的文件时，也会占用 4KB 的空间。根据文件系统的特性，一个文件至少独占一个范围（NTFS 称其为簇），如图 4.28 所示。如上面 picture.jpg 的例子，要是文件大小远远超过 4KB 的话，完全不必在意这个被浪费的空间。实际上许多文件的大小完全不止 4KB，所以并没有想象中那么浪费。不过，保存的数据全是文本数据的话，那就要另当别论了。在采用固定长度时，必须充分考虑这一个范围的大小[※3]。

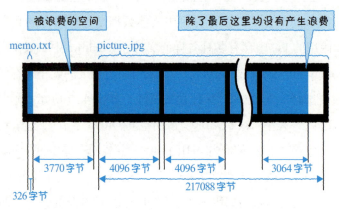

图 4.28　在硬盘中以固定长度的空间来保存文件

那通过网络进行交换的数据又是什么情况呢？与先前讲的一样，固定长度或可变长度的问题不仅与硬盘保存数据有关，也与网络发送数据有关，如图 4.29 所示。

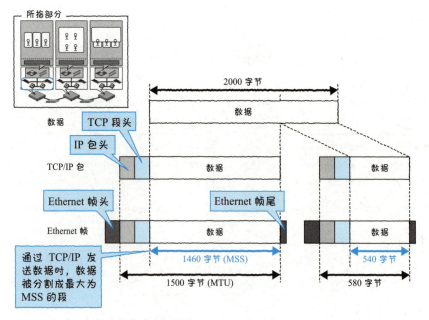

图 4.29　TCP/IP 通过可变长度的包来处理数据

※3 文件系统中的 4KB 这一单位数字是可以更改的，请根据实际情况来选择更合适的大小。

进行网络通信时，通过 TCP 通信发送的数据会被分割成数个段，每个段都由 IP 包承载，同时会再将 IP 包封装进 Ethernet 帧进行传输。大多数情况下，Ethernet 帧能容纳的最大传输单元（Maximum Transmission Unit，MTU）为 1500 字节。因 TCP/IP 包头大小合计为 40 字节，所以可承载的 TCP 最大报文段长度（Maximum Segment Size，MSS）为 1460 字节[※4]。因此，当通过 TCP/IP 发送数据时，上层数据会被分割成一个个 1460 字节的段，最后一个段的大小介于 1 到 1460 字节之间。从例图我们可以看出，一个 2000 字节的数据被分割成了两份，一份 1460 字节，一份 540 字节。这里介绍了一点网络通信的细节，这个内容将在第 6 章详细解说。

网络通信中的数据包是一次性的，所以即使通过可变长度来处理数据，也不会遭受到像书架例子中提到的碎片化等带来的不利影响。

4.6.3 小结

最后，总结一下可变长度和固定长度的特征。

可变长度是指数据在每次交换时大小都会变更。相反，固定长度是指数据在交换时均保持固定大小。可变长度能够减少数据交换的总量，固定长度通过固定的数据大小提高了可管理性。

因此，追求效率可以选择可变长度，追求简易可以选择固定长度。

4.7 数据结构（数组与链表）

4.7.1 什么是数据结构（数组与链表）

本小节将介绍数据结构中常用的数组和链表。数组与链表均属于线性结构，但两者的构造各异，因此性能方面的特征大有不同。后面的 4.8 节将介绍散列表、B-Tree 等数据结构，在这些数据结构的内部同样也使用了数组和链表的概念。数组与链表是帮助理解各种数据结构的基础数据结构。

图 4.30 是数组与链表的示意图。

※4 由于 MTU 与 IP 包头的大小并非固定值，所以 MSS 的大小根据具体情况有所不同。

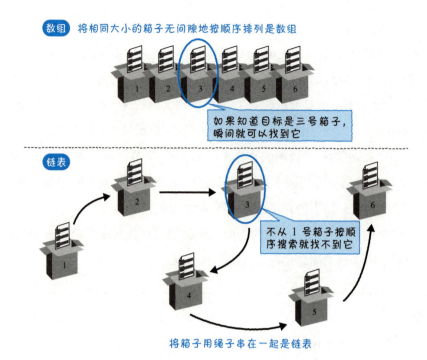

图 4.30　数组和链表的示意图

　　数组的内部结构类似于相同大小的箱子无间隙地按顺序排列着。正因为"相同大小"的箱子"无间隙地按顺序排列",所以只需要知道箱子是第几号,立马就能找到箱子的所在。

　　链表的内部结构像是用绳子串联起来的一个个箱子。虽然形容成"用绳子串联",但具体来讲是每一个箱子持有下一个箱子的位置信息。由于是通过绳子串联起来的,所以不需要像数组那样无间隙地按顺序排列,但在寻找箱子时,必须从头开始按顺序逐一搜索。

　　看起来搜索速度快的数组好像更好,但它还是有不擅长的领域。比如试图在数组中插入一个箱子,那这个箱子后面的箱子全都必须依次后移;要是抽出一个箱子,那这个箱子后面的箱子必须全部依次前移。因此,可以说数组是一种数据插入、删除缓慢的数据结构。

　　链表的话,由于是通过绳子将箱子串联起来的,如果要插入、抽出箱子,只需重新连接绳子即可。因此,链表是一种数据插入、删除快速的数据结构。

　　它们的特征可以归纳为如下几点。

- 数组是一种将数据无间隙地按顺序进行排列的数据结构。
- 链表是一种使用"绳子"将数据串联起来的数据结构。

- 在数据搜索速度方面，数组快、链表慢。
- 在数据插入和删除方面，链表快、数组慢。

4.7.2 所用之处

上一小节的开头提到，散列表的实现借用了数组与链表的概念。在散列表数据结构的组成中，数组成了目录、索引，而链表挂在这个数组之后。其形象大概就如图 4.32 所示，相同大小的箱子无间隔地按顺序排列着（数组），箱子中（数组的要素）装着一张纸，纸上写着这条绳子所串联起来的首个箱子（链表）的所在之处。细节将在第 4.8 节说明，这里多讲两句。结合了数据快速插入、删除的链表和数据快速搜索的数组，这样一种混合型的数据结构便是散列表。

来举个具体的例子吧。在 Oracle 数据库中，当执行 SQL 语句时会先将语句解析[※5]再执行，然后返回结果。不过对于执行过一次的 SQL 语句，其相关信息会保留在内存中，以便再次执行完全相同的 SQL 语句时，这个处理流程不会从头开始，而是重复利用先前执行时取得的信息，如图 4.31 所示。管理这个缓存在内存中的相关信息，就使用了类似散列表的数据结构。重复利用已解析的 SQL 语句，可以节省 CPU 的使用时间。特别是在 Web 服务、在线证券这种同一时刻大量执行相同 SQL 语句的 OLTP 系统中，SQL 语句的复用可以大幅节约 CPU 的使用时间。

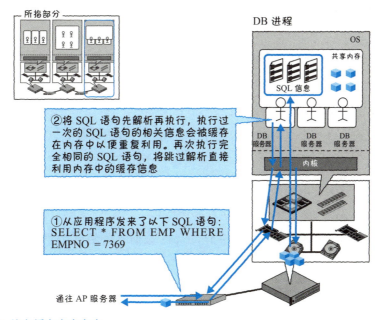

图 4.31　SQL 信息缓存在内存中

※5 类似编程语言中的编译。

图 4.32 所示为通过散列表管理 SQL 信息的示意图。

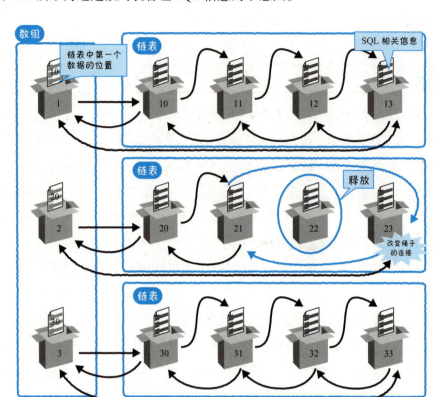

图 4.32　通过散列表管理 SQL 信息

首次执行的 SQL 语句，在解析、执行后相关信息会留存于内存中（被缓存），当后续执行完全相同的 SQL 语句时，会再次利用到这些信息。如果内存容量不足，非执行中的 SQL 信息会被释放。由于这些信息分散在内存各处，使用能快速进行数据插入、删除的链表，就可以快速执行这一释放过程。不过，链表的搜索速度相对较慢，降低了 SQL 语句在执行时搜索可重复利用信息的速度。

这就该轮到搜索速度快的数组登场了。数组是一种内部数据以固定长度按顺序排列的数据结构，但 SQL 语句长短不一，无法单用数组来管理。因此，使用散列函数转换散列值的方式，把 SQL 语句转换成固定长度的散列值同时放入数组，再将相关信息放入链表同时与数组关联，这样就能实现高速搜索。

如散列表这样的数据结构，不仅用于 Oracle 数据库缓存 SQL 信息，也用于 Linux 等 OS 的内核缓存数据，以及通过键值组合来存储数据的 KVS（Key-value store，键－值存储）等。

4.7.3 小结

数组与链表的优缺点如表 4.4 所示。

表 4.4 数组与链表的优缺点

	优点	缺点
数组	搜索第 n 个要素的速度快	数据的插入、删除速度慢
链表	数据的插入、删除速度快	搜索第 n 个要素的速度慢

通过整理，结果一目了然，双方擅长与不擅长之处完全相反。可以说散列表集合了数组与链表两者的长处，克服了各自的短处。除此之外，在队列、堆栈等数据结构中也能看到数组与链表的影子。

4.8 搜索算法

4.8.1 什么是搜索算法

- 在数据库中使用索引可以加快搜索速度，这是为什么？
- 但并不是只要使用索引搜索速度就能变快，这又是为什么？
- 适用于传统 DBMS 和内存型 DB 的索引类型不同，这是为什么？

在本小节中，将解答这些疑问。准确来讲，散列和树并不算搜索算法，而是数据结构，但它们常被用于高效搜索的机制中。为在必要时能快速找到所需的数据，需对数据先进行整理。数据的整理方式和搜索方法具体是怎么回事？什么情况下采用什么方法最合适？下面将通过介绍一个例子来说明。

大家在书本或词典中查找信息时，具体是怎样查找的呢？通常，在目标关键词明确时通过索引查找，想要阅读与某个主题相关的记述时通过目录查找，具体如图 4.33 所示。要是没有目录或索引，在查找想要阅读的那一页时，不得不翻遍全书，实在是麻烦。

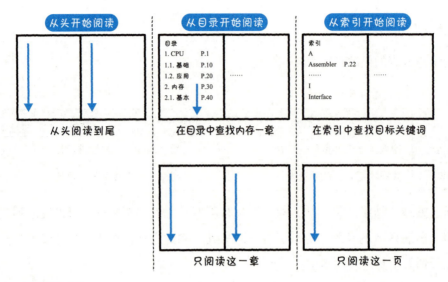

图 4.33　书的阅读方法

在计算机中，提前整理数据使其更容易搜索，也能快速找到目标数据。数据的整理方法称作"数据结构"，搜索方法称作"搜索算法"。搜索方法和整理方法两者关系紧密难以分割，就如"算法与数据结构"一样，常常被当作一个整体来对待。

例如，英汉词典的页面是按字母顺序排列的（＝数据结构），这样就能很方便地通过字母进行搜索（＝算法）。算法与数据结构的种类众多，本书仅仅对其中一小部分进行介绍。

对于搜索中的算法与数据结构的本质，可以归纳为下列几点。

- 为在必要时快速找到所需数据，需要对数据先进行整理。
- 根据搜索数据时的切入点与存储数据的容器（内存、HDD、SDD）的特性，整理方法会有所不同。
- 数据的整理方法称作"数据结构"，数据的处理步骤称作"算法"。
- 因为必须根据处理步骤来整理数据结构，所以常常将"算法与数据结构"作为一个整体来对待。

4.8.2　所用之处

下面我们来看看具体的例子。这里以 DBMS 为例，说它是算法与数据结构的"百货大楼"也不为过。

对于 SQL 调优，你是否听到过"全表扫描的过程很慢，先建立索引再用索引扫描应该可以加快速度"这样的说法?实际上并不是使用索引扫描就一定能加快速度。在特定场合,也会出现全表扫描更快的情况。如何减少从硬盘中读取出目标数据所需的花销,这才是重中之重,索引不过是实现它的手段之一。当你理解了算法与数据结构的本质,就能明白为什么会有这样的说法。

无索引的情况

首先,让我们来看看要是没有索引会怎么样,如图 4.34 所示。

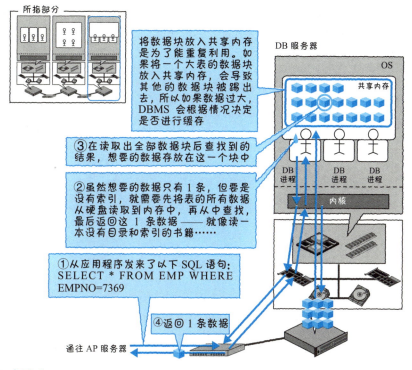

图 4.34 无索引时

即使只发出 SQL 语句来获取一条数据,要是没有索引,就会把硬盘中对应表的数据全部读出后再进行查找。从头按顺序读取表的所有块叫作"全表扫描"。在图 4.34 所示的例子中,读取出了 18 个块。

表越大,读取的块的数量就越多[※6]。对于"通过全表扫描来查找目标数据",用现实来比喻的话,就像是在一本没有目录、索引,而且页面还不按拼音顺序排列的新华字典中查找一个词汇的具体解释。

※6 通常 DBMS 在进行全表扫描时,读取的块数量并非由实际数据大小决定,而是根据 High-Water Mark(HWM)的位置决定的。即使数据只有一条,也会读取 HWM 为止的所有块。为防止性能恶化,需定期收缩段(表)的空间,降低 HWM 位置。

有索引的情况

接下来，再来看看要是有索引会怎么样，如图 4.35 所示。DBMS 的索引有多种类型，通常使用的是 B-Tree[※7]。

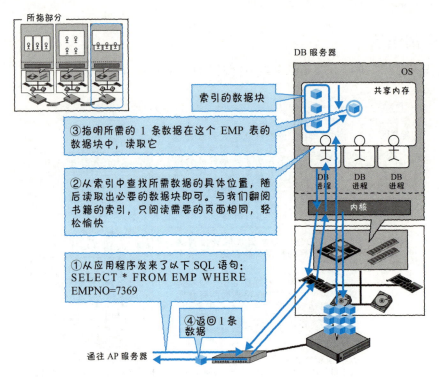

图 4.35　有索引时

当存在索引时，仅需读取最低限度必要的块就能找到数据。这里的"索引"，和你在使用词典查找单词时所用的索引类似。在上面没有索引的例子中为找出数据，读取了 18 个块，但在这个有索引的例子中，仅需要读取 4 个块。

但是，有了索引就尽是好处吗？并非如此，也存在弊端。在加快了搜索速度的同时，索引数据也必须随着表数据的新增、更新、删除同步更新，这会导致增加额外的开销。就如我们在整理文件时，贴上索引标签就能方便以后寻找，但是在新增文件时，就要花费劳力和时间来更换标签。

索引的机制 —— B-Tree 索引

我们来稍微详细地看看 B-Tree 索引的机制。放大图 4.35 所示的索引块，图 4.36 所示是一个大致的索引结构。

※7 B-Tree 包含 B−Tree、B+Tree、B*Tree 等类型，但本书不涉及各数据结构的细节。

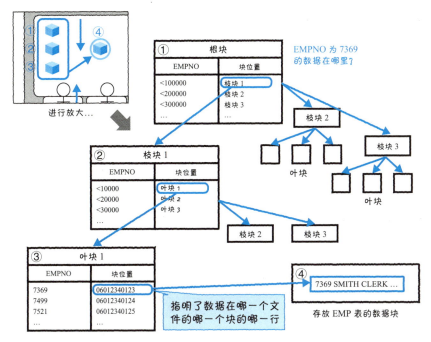

图 4.36　B-Tree 索引的结构

索引块①是根块，②是枝块，③是叶块。根是树的主干，枝是树枝，叶是树叶。这就像一棵树，沿着树干→树枝→树叶前进，最后会在叶子中找到目标数据的存储位置。

假设我们发起一条 SQL 查询，如 "SELECT * FROM EMP WHERE EMPNO=7369"，首先查看①根块，发现目标数据在枝块 1 的下面，再查看②枝块 1，发现目标数据在叶块 1 的下面，最后再查看③叶块 1，找到目标数据存放在数据块④中。通过这样的构造，仅需读取 4 个块就能找到目标数据。

索引是减少读取块数量的一种手段，但使用索引反倒增加了读取块数量的情况也不是没有。比如，在想要获取表所有数据的时候，不仅要读取表的所有数据块，连索引块也不能落下，白白增加了硬盘的 I/O。

另外，通常 DBMS 在执行一个不使用索引的全表扫描时，会通过一次硬盘 I/O 读取尽可能多的数据来减少 I/O 的次数。但是，在执行索引扫描时，会在读取索引块的同时根据索引逐个读取表所在的数据块，这不仅增加了读取块的数量，也增加了 I/O 的次数，导致速度比全表扫描还慢。拿读书来比喻的话，DBMS 的全表扫描是从头读到尾，期间不看索引；而通过索引扫描来获取全表数据，就如一边查看索引一边翻阅内容。现实中要是这样做的话，不仅浪费精力把索引页也读了，还浪费时间来回翻阅索引页和正文。

DBMS 常将 B-Tree 作为其索引结构，是因为它的树形结构设计保证了数据的层次不会过深，最大限度地减少了硬盘 I/O。相反，内存型 DB 需要采取与 DBMS 不同的技术线路，因为前者是将所有数据放置于内存中，无须在意硬盘 I/O，而后者是以硬盘存放数据为前提开发的。例如，一些内存型 DB 采用的是 T-Tree 索引，它是一种二叉树结构。由于二叉树只有两个分支，所以层次会变得很深，不过减少了键值的比较次数，很适合用于内存数据的搜索。

散列表

B-Tree 是一个全能型的数据结构，能同时用于精确搜索和范围搜索，但在精确搜索方面有一个更出色的结构——散列表。在 4.7 节中就对散列表做过介绍，这次我们把焦点放在搜索面上，如图 4.37 所示。

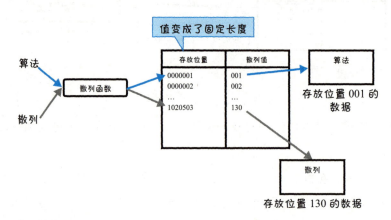

图 4.37　散列表的搜索机制

散列表是一种数据结构，由成对键值的表构成。其中"键（key）"是通过散列函数转换而来的散列值。散列值是一个固定长度的数据，使得表的数据结构得以简化，加快了搜索速度。

对于散列表，无论增加多少数据，执行精确搜索的速度基本保持不变。不过，它在精确搜索方面属于最强的一员，但在范围搜索方面就相形见绌了。另外，部分 DBMS 通过使用散列技术实现了一个叫作散列索引的索引。作为 DBMS 的索引来考虑时，B-Tree 索引适用范围广泛，而散列索引就像在特定领域强化过一样。

4.8.3　小结

有使用散列表的搜索，它强于精确搜索；有使用全能型 B-Tree 的搜索，它能灵活应对精确搜索与范围搜索；还有类似全表扫描这样的搜索，它叫线性搜索，如有 100 条数据就要读取 100 条。当需要所有数据的时候，线性搜索就很适用。所以在选择数据结构时，必须与数据搜索的切入点相匹配。

同时，有适合在硬盘这样的外部存储设备中搜索数据的 B-Tree，也有适合在内存中搜索数据的 T-Tree，所以还需要根据不同类型的数据存储设备来选择合适的数据结构。

数据结构的选择应基于数据搜索的切入点及数据存储设备的特性。另外，各种技术的劣势也请不要忘记，例如在 DBMS 中创建索引可以提高搜索速度，但同时也会增加更新时的开销。

> **小专栏**
>
> ### 给想要更加深入了解算法与数据结构的读者
>
> 本书仅对面向数据库的相关算法进行了简要介绍。原本想要继续介绍下去，但碍于篇幅有限，继续写下去的话本书的全部篇幅也不够用。算法与数据结构是一个不用图解就很难以理解的世界。对于想要了解更多的读者，笔者推荐《算法图解》（图灵出品）一书，它通过图解的方式浅显易懂地画出了算法的机制。
>
> 另外，对于不止步于理论、想要学以致用的读者，建议实际动手使用编程语言来试着实现这些机制，这将有助于你加深理解。例如在本章第 4.8 节中，就介绍了与搜索有关的算法。如今，许多编程语言已经内置了用于搜索的机制和函数库，刻意不去使用它们，自己动手来实现这些搜索机制，能让你理解更深。笔者在大学时期选修了名为"算法与数据结构"的课程，刚开始单手夹书前去听讲，怎么也理解不了。直到后来，笔者通过实际使用 C 语言和 Java 语言来实现各种算法与数据结构，终于得以深入理解，现在仍旧记忆犹新。所以，请一定试着挑战一下，自己用编程语言来实现这些算法。

第 5 章

支撑基础设施的理论应用

紧接第 4 章，放大三层架构系统的内部，来看看这些有助于我们理解基础设施的基本概念与机制。本章与第 4 章相比，将讲解更接近实际的概念与机制。

5.1 缓存

5.1.1 什么是缓存

缓存（Cache）指的是将高频使用的数据放置在能够高速访问的位置。缓存技术的使用范围非常广泛，比如在 CPU 中的一级缓存／二级缓存、存储的缓存、OS 的页缓存（Page Cache）、数据库的块缓存（Buffer Cache）等。

下面我们就来具体看看什么是缓存。缓存表示了一个临时的数据存放处。比如在生活中经常见到的情形，马上就要用到纸巾盒，暂且先放在身边，如图 5.1 所示。但要是什么东西都往身边胡乱一塞，整理就会变得很麻烦，还是只把需要频繁使用的东西放在身边比较好。另外，如果有谁把纸巾盒放到他自己身边，其他人就无法再随手使用。

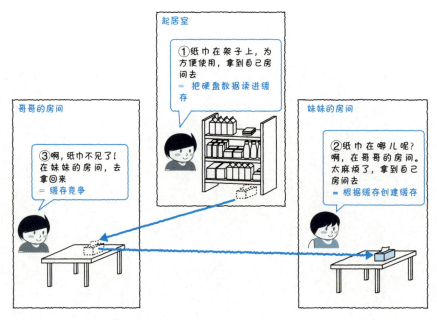

图 5.1 嫌麻烦的人，其行动与缓存相同？

缓存有以下几点特征。

- 数据的一部分会临时存放在靠近输出目标的位置。
- 前提是这部分数据会被重复利用。

5.1.2 所用之处

缓存应用广泛，这里仅举两个具体的例子。

下面请看图 5.2，这是一个浏览器缓存，它由缓存在 Web 浏览器中的已请求页面构成。通过浏览器缓存减少了对 Web 服务器的请求，加快了页面的显示。

为减轻服务器自身负载，还可以在 Web 服务器与客户端之间配置缓存服务器。这种技术称作 CDN，我们在第 3 章中接触过它，请看图 5.3。这里的"配置缓存服务器"并非指在本地部署，而是将 Web 内容的缓存分发到与 Web 服务器不同的网络中，这个网络就是 CDN。商用服务中，Akamai 很出名。

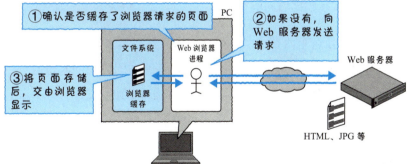

图 5.2　通过浏览器缓存加速画面显示

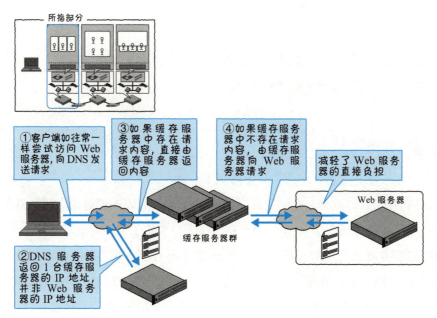

图 5.3 减轻 Web 服务器网络出入口的负载

5.1.3 小结

缓存主要的优点如下。

- 能够高速访问数据。
- 能够减轻对实际数据访问的负担。

日常生活中如果什么东西都往一处胡乱一塞，整理起来非常麻烦，缓存同样如此，有适合与不适合之处及注意事项。缓存能够实现高速访问，但同时也有丢失数据的风险存在，因此它通常用在即使数据丢失也不会造成影响的地方。

适合的系统

缓存非常适合只读数据，如图 5.4 所示。

1. 被大量引用的数据

对于无数次被引用的数据，将其放置在缓存中可以加快访问速度。

2. 即使丢失也不会对系统造成影响的数据

像是流数据这样不会产生更新的数据，即使缓存发生故障，只需要将原始数据重新缓存就能复原。所以这种专用于读取的数据很适合缓存。

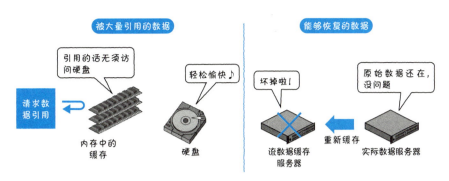

图 5.4　缓存非常适合只读数据

不适合的系统

1. 数据更新频繁的系统

原始数据频繁更新，每次更新都需要重新缓存，导致与直接访问原始数据没有多大区别，因此并不能通过缓存提高性能。同时，当数据发生变更时，为保持这一变更还需要将数据写入硬盘这种持久性存储设备中。Oracle 数据库的处理速度快，是因为仅更新缓存的数据便返回响应，并通过在硬盘中记录事务等方式来保证数据安全。存储设备的写缓存通过冗余架构来防备缓存丢失。

2. 访问数据量过大的系统

如果在访问数据时需要引用数百 GB 的大规模数据，缓存的大小也随之变大，同时会花费更多的时间进行缓存。比如在一个分析系统中，给数据配置缓存就是不合适的。

注意点如下所示。

- 原本的一份数据变成了实际数据与缓存副本的组合，所以增加了资源的耗费。设计时，需要探讨具体缓存哪些数据能使我们受益。
- 在系统刚启动不久时数据的缓存还未生效，所以无法提升性能。
- 缓存的层次结构越深，当系统出现性能问题或发生数据不一致的情况时，排除问题的难度越大。
- 在高速缓存中建立数据丢失时的恢复过程。
- 将更新数据（修改数据）缓存时，如果已存在多个旧缓存副本，要保证在多个缓存之间不会产生最新数据抢占问题，如上面纸巾盒的例子。

5.2 中断

5.2.1 什么是中断

出于某种原因不得不将手上的工作停下来,急急忙忙去做另一件工作,这就是中断,说到中断这个词,虽给人一种"滋扰"的语感,但这是一个重要的机制,它确保了 CPU 能够分辨工作的缓急。

具体来讲,即使计算机中的应用程序正在执行处理,只要我们敲打键盘,文字就会被输入,这就是"中断"处理带来的效果。要是使用键盘输入了文字,但并没有立马在屏幕上显示出来,这会让人很难受。实际上只要我们敲打键盘计算机立马就能给予反应,多亏了中断这一机制。

拿人类的行动来比喻的话,就像你正在用 PC 编写一份材料,突然同事来讲"有客人来电",这时就要暂时中断编写去同客人通话,结束后继续编写材料,如图 5.5 所示。虽说正在编写材料,但要是被人搭话或者拍肩膀时也不被干扰或中断,这几乎是不可能的。

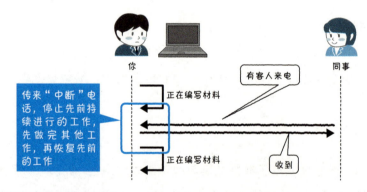

图 5.5 工作中接打电话就是"中断"

5.2.2 让我们再深入一点

计算机的中断也与上面的示意图相近。即使 CPU 上正在处理应用程序的进程或线程,只要收到了键盘传来的信息,就一定会产生中断,短时间抢占 CPU 进行处理,之后复原,如图 5.6 所示。

当使用键盘输入时,CPU 会收到 I/O 控制器发来的通知,随后处理键盘传来的输入。中断类型各异，有告诉我们必须定期执行某些任务的时钟中断；有通知 CPU 数据已经全部读取进内存的中断；有紧急通知 CPU 当前运行中的程序发生了致命错误，让程序进程停止的异常处理中断等。

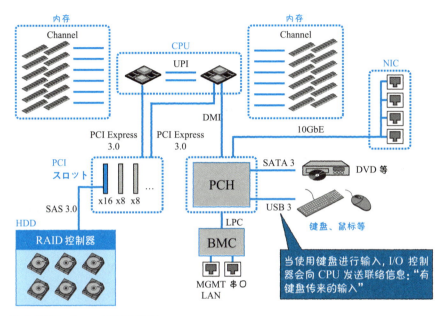

图 5.6　键盘的输入由 I/O 控制器传给 CPU

总结一下，中断特征如下。

- 中断是指出现急事，需要我们停下手上的工作，先将急事处理完毕，再返回先前的工作。就如工作中来了电话，暂时放下工作接听电话，随后继续先前的工作。
- 具体来讲，当产生某个事件时，比如键盘输入，会将这个事件通知给 CPU，CPU 在执行完对应的事件处理后，继续执行先前的任务。

5.2.3　所用之处

请看图 5.7。比如当用浏览器访问 Web 站点时，请求会通过 Ethernet 帧发送给服务器的 NIC。NIC 收到 Ethernet 帧后就会给 CPU 发送中断，临时抢占 CPU 让它接收数据，同时让使用 CPU 资源的进程携信息退回内存待命。当临时任务完成后，CPU 继续处理先前被中断的进程。

就像这样，由输入输出设备发给 CPU 通知的中断被称作硬中断。网络相关的内容将在第 6 章进行说明，目前只需要了解在网络通信中是通过中断来处理数据的接收。

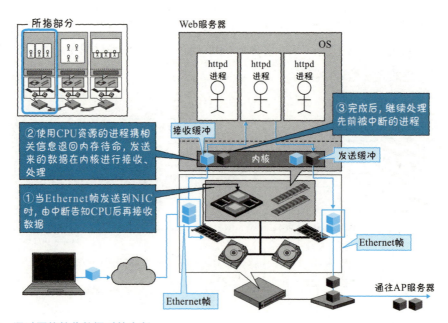

图 5.7　通过网络接收数据时的中断

接下来请看图 5.8。当进程或线程试图访问内存中未经许可的位置，就会发生被称作"段错误（Segmentation Fault）"的异常，同时进程将被 OS 强制结束。这也是中断的一种，称作"异常""软中断"等。

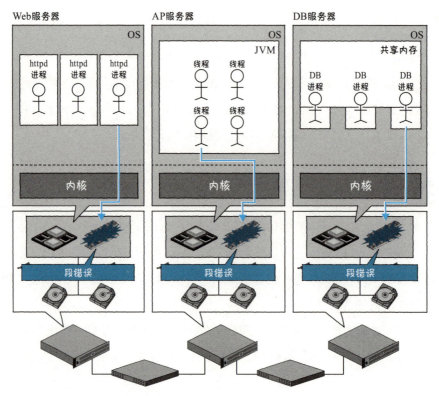

图 5.8　段错误异常

5.2.4 小结

中断是一种"事件驱动（Event-Driven）"型机制，发生事件即刻通知。与此相对的机制称作"轮询（Polling）"，由 CPU 定期向输入输出设备进行询问，确定其状态。不过，要是轮询的间隔时间过长，会造成对硬盘 I/O 完成情况的反应延迟等问题；反之，要是间隔时间过短，则会导致频繁进行询问，白白浪费 CPU 资源。与 CPU 的执行速度相比，输入输出设备的状态更新频率相对不高，中断的控制方式比轮询更有效率，因此通常采用前者。

从稍微宏观一点的视角来举一个中断和轮询的例子，比如前面打电话的例子就是中断，而邮件服务器定期接收电子邮件就是轮询（顺带提一下，手机的短信是中断）。当你阅读完下一节，自会理解它们的区别。

5.3 轮询

5.3.1 什么是轮询

轮询，指的是定期的询问。通过定期的询问，了解对方现在处于何种状态、有怎样的需求。在以前，轮询通常指的是数据传输的一种控制手段，而现在其含义的涵盖面稍微广泛了一些。

下面拿邮递员送邮件来举个例吧。寄信人仅需要将信件投入邮筒，就能把信送到收信人手中。邮递员呢，他可以不管当前邮筒中有没有信件，而是根据工作时刻表的安排，定期打开邮筒检查内部。如果存在信件，将它们收集起来送回邮局，再分发、运输、投递，如图 5.9 所示。邮递员定期检查邮筒这个动作，就类似轮询。

轮询有以下几点特征。

- 询问是单向的。
- 询问是定期的，并且间隔一定时间。

轮询的主要优点如下。

- 因为只是循环，所以容易编程。

- 可以用于确认对方是否能够响应。
- 能够集中起来批处理。

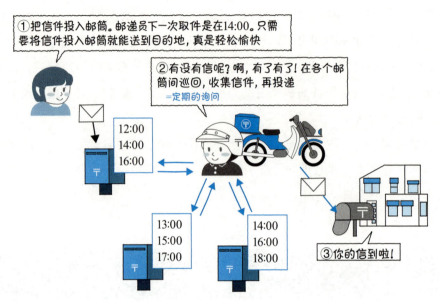

图 5.9　邮递员在各个邮筒间巡回就是轮询

处在与轮询对称位置的是事件驱动，又或是中断。它们的机制是收到请求再执行处理。两者各有所长，注意点也各不相同，因此在选择时请务必以系统的特性为基准。

5.3.2　所用之处

轮询的机制非常简单，在所有处理内部都能见到其身影。下面将一个叫作 WebLogic 服务器的 AP 服务器的内部监控作为轮询具体实现的例子，如图 5.10 所示。

WebLogic 服务器内的监控是通过一个叫作 MBean 的 Java 对象来实现的。所谓连接池，是一种机制，它预先创建好 AP 服务器同 DB 服务器之间的连接，使应用程序能够更加方便地利用这些连接。预先创建的连接是否正常工作，就是通过 WebLogic 服务器来进行定期监控的。

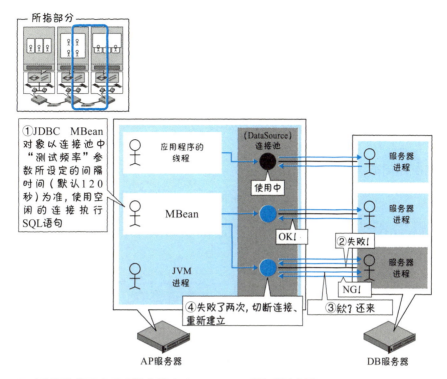

图 5.10 通过定期的轮询实现连接监控（以 WebLogic 服务器为例）

接下来看一个具体实现的例子，网络时间协议（Network Time Protocol，NTP），如图 5.11 所示。所谓 NTP，是一种定期对自身时间的正确与否进行检查确认的机制。它也是向服务器执行定期询问，因此可以归类到轮询里。

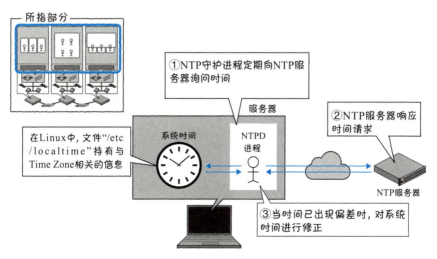

图 5.11 时间的确认是定期执行的

5.3.3 小结

轮询的优缺点及注意点如下。

适合的处理

轮询是单方向对状态确认，如图 5.12 所示。

1. 在一定时间间隔内执行就行的处理

拿邮件客户端来举个例，在我们发出邮件后，即使无法立刻收到成功送达的确认消息也没关系。同时，没有新的邮件传来也可以手动同步一下。所以轮询很适合用于像这样前后处理之间并无绝对关联的处理序列。

2. 监控

在系统组件停止、"假死"时，组件自身并不能主动通告这个状态。通过外部发起的定期状态询问，得知组件的状态。

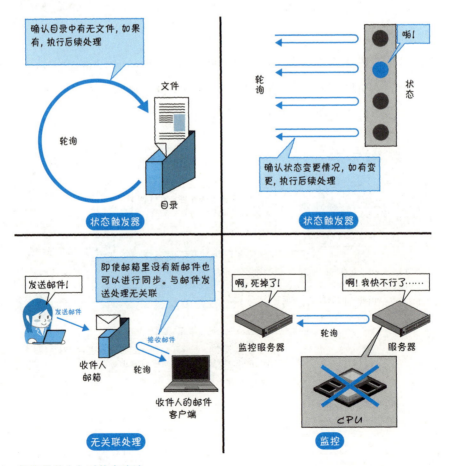

图 5.12　轮询是单方向对状态确认

不适合的处理

1. 根据输入的内容而非状态来改变执行内容的处理

比如，键盘的处理内容并不会因键被按下的"状态"而改变，而是根据输入的内容来决定的，所以并不适合用轮询来实现。这种情况使用事件或中断。

2. 必须考虑优先顺序的处理

处理是以一定时间间隔执行的，所以无法赋予其优先顺序。

另外，注意事项如下。

- 经由网络执行的轮询会有时差，为减少这一时差，可以采取缩短轮询时间间隔的方式。不过需要注意，过度缩短间隔会导致流量增加，同时也会加大对服务器资源的消耗。

5.4 I/O 大小

5.4.1 什么是 I/O 大小

所谓 I/O 大小，是指执行一次 I/O 时数据的大小，即进行数据交换时，具体用多大的数据来交换。它是我们在进行基础设施设计或系统性能调优时需要着重思考的点。

比如我们将物品放入箱子里搬运时，选择合适大小的箱子是不是更有助于提高效率？

与放入物品相比，要是箱子太小，不仅装箱费时，搬运还很费事，也就没法提高速度了。要是箱子太大，也是徒增浪费，仍旧无法提高速度。所以这里的重点就在于根据具体的搬运量来选定合适的箱子大小。

请看图 5.13。假设我们需要搬家，用一辆 3t 卡车的话一次性就能搬走所有行李，而 1t 卡车需要分 3 次才能搞定。因此，用 1t 卡车就需要花费大约 3 倍的时间。但是，这并不代表卡车的装载量越大越好。要是拿 10t 卡车来运送 3t 卡车就能运送的行李，不仅浪费空间，费用也会超支。所以，在运送物品时，选择合适大小的容器将有助于提高运送效率。这与我们在寄快递时选择合适大小的箱子的情况相同。

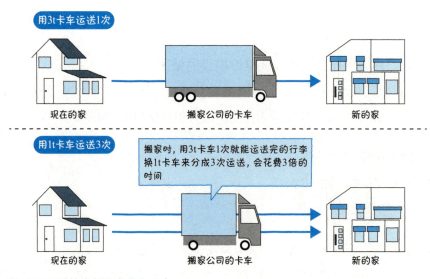

图 5.13　搬家时运送的次数越少效率越高

I/O 大小的特征总结如下。

- 运送物品时，将其放进箱子里更便于管理、更加有效率。
- 根据物品运送量来选择合适的箱子大小能提高运送效率。

5.4.2 所用之处

Oracle 数据库的例子

请看图 5.14。在 Oracle 数据库中，读写数据文件的最小物理单位称作"数据块（Data Block）"，其大小称作"块大小（Block Size）"。

假设块大小为 8KB，纵然仅读取 1 字节的数据，也会读取出 8KB 的量。块大小为 32KB 时，仅读取 1 字节的数据同样也会读取出 32KB 的量。根据执行 I/O 时数据的大小来决定块的大小有助于提高 I/O 的执行效率，当 I/O 大时用大块，I/O 小时用小块，不大不小时择其中位即可。

Oracle 数据库的下层环境也是需要我们考虑的。假定数据文件的块大小为 8KB，将其保存在 ext3 文件系统上。

再假定 ext3 文件系统的块大小为 4KB，那么在 OS 这一层，数据库的块将被分成两个文件系统的块。继续向下，硬盘以一个叫作"扇区"的单位来读写数据，通常一个扇区的大小为 512 字节。扇区的大小是硬盘这一硬件的规格，所以也无法更改。不过，文件系统的块大小在创建文件系统时可以自行设定。综上，当数据文件的块大小为 8KB 时，将文件系统的块大小也设定为相同的 8KB 有助于提高读写效率。

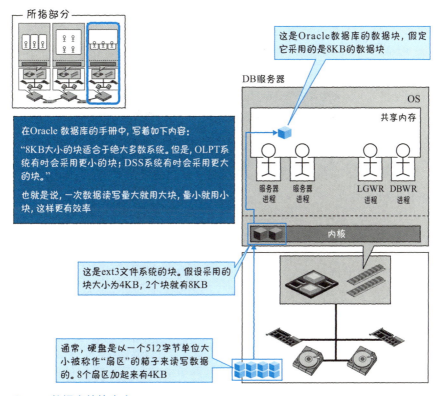

图 5.14　Oracle 数据库的块大小

现在我们来做一做智力题。在 Oracle 11g 数据库管理员指南第 2 版中，写有如下内容，这是为什么？

"数据库的块大小与操作系统的块大小不同时，请确认数据库的块大小是否是操作系统的块大小的整数倍。"

请看图 5.15。假定文件系统的块大小为 7KB、Oracle 数据库的块大小为 8KB。当 Oracle 数据库读取 1 个块（8KB）时，会从硬盘读取 14KB（7KB×2），其中 6KB 不会被使用。将数据库的块大小设定为文件系统的块大小的整数倍，就不会产生这种浪费了。

相反，在文件系统的块大小比数据库的块大小要大时，也会产生相同的浪费。比如，数据库的块大小为 4KB、文件系统的块大小为 8KB 时，即使数据库仅需读取一个块却也要读出 8KB 的数据，这样就降低了效率。

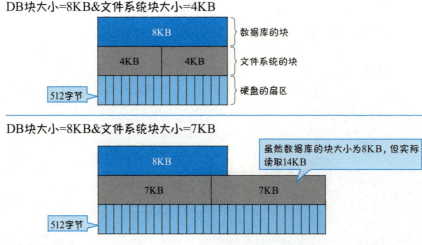

图 5.15 看看数据块的下层

网络的例子

接下来举个网络的例子。

当我们使用浏览器访问互联网上的 Web 站点时，PC 里内存中的数据通过 NIC 发送出去，再经由交换机、路由器等传送到 Web 服务器，这一过程就像将数据装进箱子进行运送。

为便于读者理解，下面将省去复杂的细节简要说明。或许会出现不太熟悉的术语，但请不要过于纠结，继续往下读，有个印象就好。

需要从 Web 浏览器发送数据时，Web 浏览器会使用一个叫作"套接字（Socket）"的 OS 机制，依靠 OS 来创建套接字进行通信。创建套接字时，会同时创建套接字缓冲区。套接字缓冲区里包含发送缓冲与接收缓冲，从 Web 浏览器发送数据时，数据会被写入发送缓冲中，如图 5.16 所示。

不断写入后，积存的数据将由 OS 进行分割装进 TCP 段，并贴上类似信函收件地址的 TCP 头、IP 头，最后装进 Ethernet 帧贴上帧头发送出去，如图 5.17 所示。所述的套接字缓冲区、TCP 段、Ethernet 帧等都可以看作一个箱子。以上流程已在第 4.6 节做了介绍。

将发送缓冲分割为 TCP 段时，其大小不要超过 MSS。IP 包的最大大小称作 MTU。使用 PC 上网时并不需要在意这些，但对于大量数据高速通信的 IT 系统来说，需要根据实际情况对套接字缓冲区、MTU 大小进行调整。

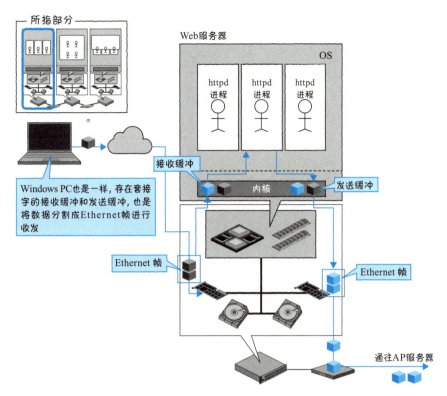

图 5.16 网络中的数据分割

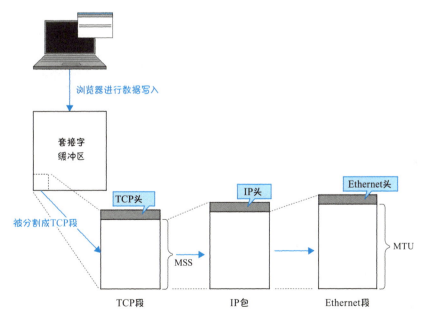

图 5.17 网络各层中的数据分割

请看图 5.18。比如在输入输出时,各方的 MTU 大小都相同,便能相安无事地进行通信,但要是途中的路由器等设备的 MTU 设定得更小,Web 服务器发出的数据包就会在途中被进一步分割,不仅增加了开销,也降低了性能。

同时,为进行大量数据传送需提高吞吐量时,也会通过增加套接字缓冲区容量、扩大 MTU 大小等来实现。这一切的关键就在于一个"统一",通信线路的整体要有一个统一且适当的参数设定,仅仅一部分一致是无法带来效果的。

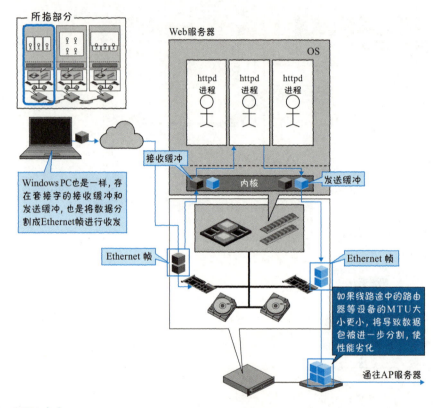

图 5.18　MTU 大小

5.4.3　小结

综上所述,可以说大箱子适合大量数据快速传输(重视吞吐量),小箱子适合少量数据快速传输(重视延迟)。比如在 Oracle 数据库中,对大量连续的数据进行读取时,采用"db file scattered read"的方式,通过 1 次 I/O 读取大量数据;仅需要读取最小单位的数据时,采用"db file sequential read"的方式,1 次 I/O 仅读取 1 个块。因此可以说"db file scattered read"重视吞吐量、"db file sequential read"重视延迟。

5.5 日志记录

5.5.1 什么是日志记录

所谓日志（Journal），指的是事务及日常更新数据所留下的变更历史。将日志留存的这个动作就是日志记录（Journaling）。

假设你的钱包丢了，该怎么办呢？是不是会拼命回忆在此之前自己的行动（这一天去过的地方）？如果有提前记录所经之处，那没问题，能够一一确认，如图 5.19 所示。日志记录就是这样一种功能，事无巨细地记下在何时何地做过什么，使我们能够在系统故障时，确认故障是何时出现的，需要从何处恢复。

图 5.19 随时记录足迹就是日志记录

日志记录拥有以下特征。

- 记录的并非数据本身，而是处理（事务）的内容。
- 在数据取得一致性和完整性之时不再需要。
- 主要用于数据恢复时的回滚（Rollback）与前滚（Rollforward）

5.5.2 所用之处

下面列举两个日志记录的实现例子。在与数据打交道的功能中，大多都会内嵌日志记录等功能，实现对数据的保护。

Linux 的 ext3 文件系统

ext3 文件系统就内嵌有日志记录功能，以至于文件 I/O 也会被作为事务对待。不过，与 DBMS 等不同，事务结束时，缓冲信息并不会写回磁盘，所以缓冲中的最新数据有丢失的可能。说是可能，是因为 ext3 有尽力地保护数据，所以也可以说其目标是"best effort（尽力而为）"。

日志默认 5 秒写 1 次，对于无法接受数据损坏的情况，可以考虑缩短这个间隔。图 5.20 所示的例子显示了 ext3 文件系统的日志记录机制。另外，在 fsck 命令执行后，通过日志记录的数据将被恢复。

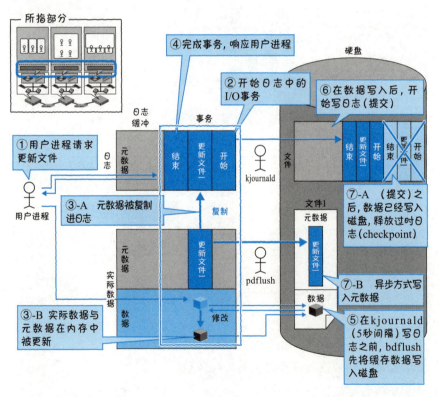

图 5.20　Linux ext3 的日志记录机制

Oracle 数据库

图 5.21 显示了 Oracle 数据库的日志机制。Oracle 数据库的日志被称作"REDO Log（重做日志）"。在 Oracle 以外的数据库中，也被称作"WAL（Write Ahead Log，预写式日志）"。

事务结束时（提交时），缓冲会被写入磁盘，但要是写入中的 REDO 日志因故损坏，就无法再将数据恢复回最新状态。因此，Oracle 数据库通过创建 REDO 日志的副本（被称作 member）来保护数据。

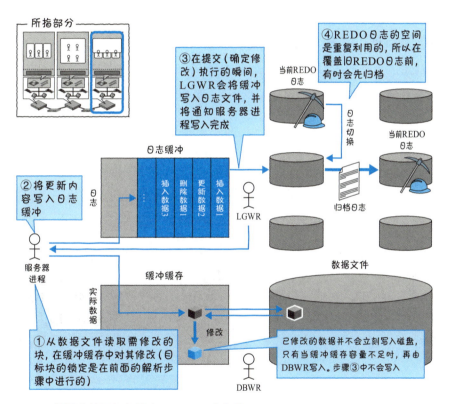

图 5.21　Oracle 数据库的写入保护由 REDO 日志负责

5.5.3　小结

最后再来整理一下日志记录的注意点。

日志记录的优点如下。

- 加快系统故障的修复。
- 相比数据的复制，能够在不消耗系统资源的情况下保护数据。

因此，日志记录被用于提高数据的容错性。据此，适用与不适用日志记录的系统如下。

适合的系统

有数据更新的系统

对于要进行数据更新的系统来说，记录事务的内容有助于提高数据的容错性。

不适合的系统

相比数据的容错性，更重视性能的系统

进行日志记录会产生写入开销，如图 5.22 所示。因此，在重视性能的系统中，如何削减这个开销也是需要考虑的。具体来讲，类似缓存服务器这种实际数据在其他地方的服务器就不适合使用日志记录。

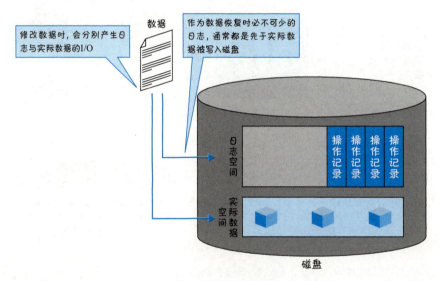

图 5.22　修改数据时会分别在日志空间与实际数据空间产生 I/O

使用日志恢复，具体是怎样进行的呢？下面说明两种恢复方式，回滚与前滚，如图 5.23 所示。

所谓回滚，指的是读取日志，将实际数据的信息向过去回退。所谓前滚，指的是读取日志，将实际数据的信息向前推进。这些处理均以事务为单位进行考虑、执行。

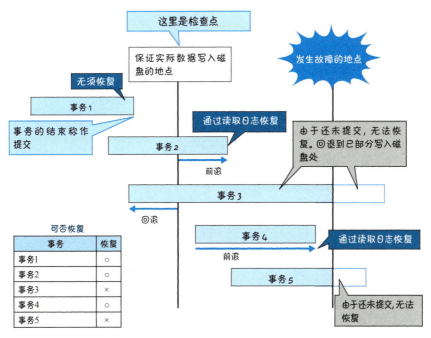

图 5.23 日志的两种复原方式

日志记录的注意事项如下。

- 日志数据会暂存于内存缓冲区中。若这部分数据在还未写入磁盘时就发生故障，将会丢失。因此，应根据系统要求来考虑和调整缓冲写入磁盘的时机。不过，过高的写入频率会导致开销也高，这就需要我们权衡取舍。
- 由于日志是以事务为单位来确保完整性的，一旦在事务的执行过程中发生了故障，未提交的事务将被丢弃，处理也会丢失。要是单个事务过大，会增加事务在执行过程中出现问题的概率，所以事务的大小需要我们多加斟酌。

> **小专栏**
>
> ### 变化通常来得猝不及防
>
> 一个文件系统必须考虑如何应对硬件故障。比如正在写入一个文件，突然服务器宕掉了，此时，该如何处理这个文件呢？要是直接将写入途中的内容对外提供，其他进程是无法判断这个文件到底写没写完的，进而导致问题出现。
>
> 杜绝这种现象出现的机制主要有两种。一是日志记录，本节已经做过详细说明。二是"影子分页（Shadow Paging）"。
>
> 日志记录通过与数据分离，分开写入数据本体与对应的差分信息，既保证了

性能，又顾及了故障对数据的影响。

相反，影子分页并不生成日志那种差分信息，所有文件更新都在"新空间"进行，在全部处理完成的那一刻，瞬间将文件指向从旧空间替换为新空间，如图5.A 所示。

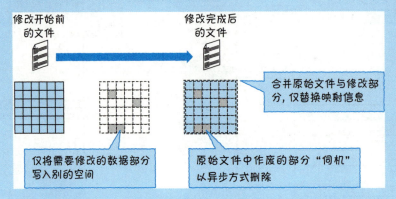

图 5.A　影子分页的机制

这种做法的优势就在于，即使数据修改途中发生了故障，只要目标尚未替换，那更新对谁来说都是不可见的。也就是说，"全有或全无"的修改在瞬间实现。

这在数据库的世界中，与实现了原子性（Atomicity）同义。

5.6　复制

5.6.1　什么是复制

复制（Replication）是一种常用于数据库及存储的技术。在 IT 系统方面，为预防灾害，会将数据复制到异地数据中心内的备用系统中；在大型 Web 服务方面，为应对庞大的用户访问量，会将相同的数据复制到多台服务器中实行负载均衡。因复制的目的不同，其实现的方式也各异。下面我们就来具体看一看什么是复制。

所谓复制，就是制作副本。只要存在副本，即使原始数据完全丢失，也能通过副本还原（数据保护）。同时，通过活用副本还能分散系统的负载。比如当一份资料需要多人阅读时，将其复制并分发给每个人，这样更加有效率，如图 5.24 所示。这个被复制出来的数据称为"副本（Replica）"。

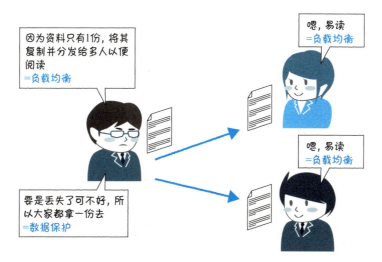

图 5.24　复制

复制的作用有以下两点。

- 预防故障时丢失数据。
- 进行负载均衡。

通过上述两点能够得知使用复制有如下好处。

- 用户在访问数据时复制对其透明。
- 可以把副本当作缓存使用。

5.6.2　所用之处

下面举一个存储中复制的例子，如图 5.25 所示。

不同厂家的存储设备在复制的机制上稍有差异，但基本概念都如图 5.25 所示。仅将以块为单位的差分数据分发到复制方，进而抑制数据的传输量。副本的传输量与实际的数据更新量成正比。另外，当以数据保护为重心时还存在一种"等待"模式，即在写入前先将数据复制。如 4.2 节所讲一样，进行等待的操作是同步，不进行等待的操作是异步。

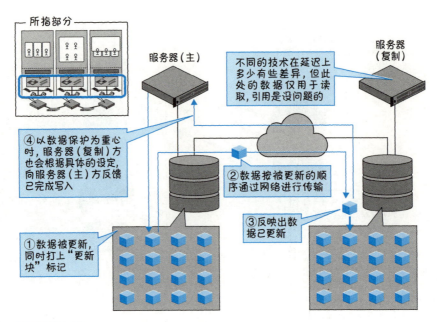

图 5.25　数据块的复制

下面再举一个稍微上层一点的例子，MySQL 的复制，如图 5.26 所示。

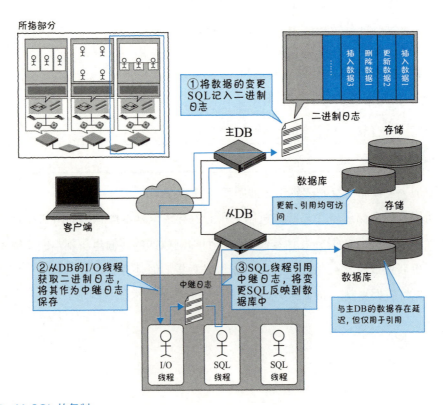

图 5.26　MySQL 的复制

MySQL 的副本会将数据的"插入、更新、删除"等变更行为（也就是事务）发送给副本的接收方。因为并不是直接转发实际的数据块，所以抑制了副本的数据转发量。副本转发量同事务的数量成正比。

通过执行复制，不单是在别处生成数据的最终副本，同时还可以把这个副本当作缓存来使用。两处都存在相同的数据，所以客户端既能够读取离自己位置更近的副本，又能够在持有副本的服务器一方负载过高时，从另一负载低的服务器读取副本。

5.6.3 小结

最后根据复制的优缺点来整理一下适合与不适合使用复制的系统及注意点。

单是从预防数据丢失这一优点来看，或许复制是一定要做的，不过仍旧存在一个相适度的问题及若干注意点。

适合的系统

适合使用复制技术的系统如图 5.27 所示。

1. 不允许数据有损失，要求出现故障时能够快速恢复的系统

当复制的源出现故障时，希望立刻转由复制目标服务器继续提供服务，就需要使用复制技术。

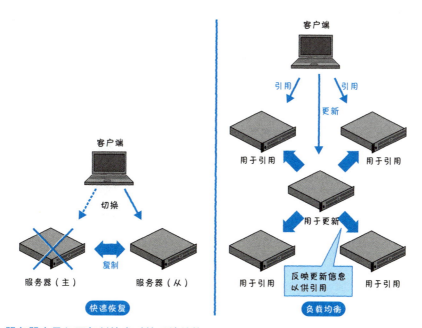

图 5.27　服务器在导入了复制技术时的系统结构

2. 数据的引用与更新被分离，且引用居多的系统

例如，数据的更新仅由 1 台服务器负责，其他复制目标服务器负责提供引用。在这种结构下，架设多台复制目标服务器，可以分散系统负载、提高系统的可扩展性。

当然，复制技术不仅仅用于服务器之间，也大量用于服务器内部。本例只是一个省略了细节的简要示意。

不适合的系统

数据更新多的系统

如果复制应用在数据更新多的系统，作为复制对象的数据会多，导致开销水涨船高。同时，建议将更新限定在一处进行，这样有助于减少数据竞争的风险。故，复制不适合用在更新处理的负载均衡。

另外，在使用复制时还需要注意以下事项。

- 复制的目标越多，开销就越大，这与更新多的系统情况一样。
- 想要使复制源与目标的数据完全一致，还必须保证数据已在复制目标处正确写入，但这会导致系统的响应速度降低。
- 在维护系统、排除故障等时，复制目标的状态也是不容忽视的，这拔高了系统设计和运用的难度。
- 数据的差异在复制源与目标之间扩大时，填平这一差异所耗费的时间、性能也是必须提前考虑的。

5.7 主/从

5.7.1 什么是主/从

"主/从"指的是一种结构，在处理某项工作时，发出命令的一方为主（Master），服从命令的一方为从（Worker）[※1]。这个结构的成员中，当其一成为管理方时，其余均成为受控方。与之相对，还存在一种叫作 Peer-To-Peer（P2P）的双方一同管理的对称关系。

※1 以前主/从对应的英文为 master/slave，但 slave 的字面意思是奴隶，所以最近被 worker 这样的用语替代了。

比如在管理一个家庭的收支时，由一人专管与大家一起管，哪种方式更有效率呢？请看图 5.28。

在这个例子中，管理的对象是"钱"，它在家庭成员间共享，是唯一且有限的"资源"。要是将其交由多人进行管理，自己的使用情况倒是清楚，但其他成员的使用数额就完全无法掌握了。即使有人勒紧裤腰带尽力不超支，但由于不清楚其他成员到底花销了多少，说不准早就已经出现赤字了。

在管理这种有限的资源时，指定其中一人负责更有效率。就像有的家庭孩子父亲将钱交给孩子母亲来管理，每月只有固定的零花钱。

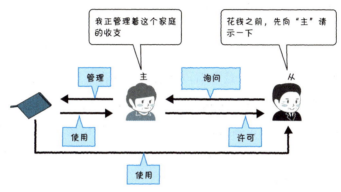

图 5.28　家庭内的主／从

相同资源由数人分担管理时，则必须监视"谁"管理到"何处"，那就有必要对这些管理信息本身进行管理。具体来说，这些管理信息应该部署于何处？要是管理信息每次都进行交互，将加大系统负担，可以说效率很低。

不过，作为管理对象的资源要是非共享的，会是怎样的情况？比如双方都拥有自己的钱包，这时"主"就不是必须的，点对点的管理更有效率，如图 5.29 所示。再或者，即使资源是共享的，但量却是无限的，又会是怎样的情况？"无限"在现实世界中并不存在，所以这里把它假定为"在可见的范围无限"。如此一来，双方随心所欲地管理都没有问题，点对点就行。

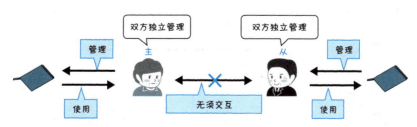

图 5.29　家庭内的点对点

主/从的特征总结如下。

- 主/从是一种相互连接的关系，其一成为管理者，对剩余所有进行控制。
- 主/从相反的关系是点对点。

5.7.2 所用之处

在系统领域中，5.6 节介绍过的复制便是一个很好的例子。复制的源就是"主"，何时将何种信息传送到何处均由主侧规定、管理。不过这种机制也有无法避免的劣势，例如当一主对多从的时候，主侧的负载会升高。

Oracle RAC

现实世界中也存在取主/从及点对点两者之长并将其组合利用的例子，Oracle 数据库的实时应用集群（Real Application Clusters，RAC）便是其一。下面就讲一讲 RAC 内部的主/从操作。RAC 中，多台物理服务器通过集群结构连接在一起，当中并无特定服务器来充当主角色，大家都是平等的关系。因此，即使某台服务器发生了宕机也不会影响数据库整体的可用性。

具体如图 5.30 所示，数据库中的数据并非由一台物理服务器进行统筹，而是每个

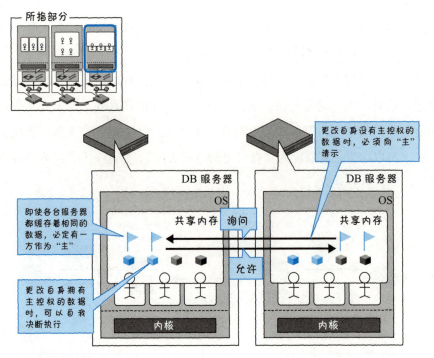

图 5.30　RAC 中的资源管理

资源的管理主体不同。像这样将管理的对象分散，避免了单一服务器负载过高。要是其中某台物理服务器宕机，那它所持有的某些资源将会移交给其他的服务器。当由 1 台物理服务器充当所有资源的"主"时，移交资源的时间可能会增加，不过由于 RAC 分散了资源的管理主体，所以移交时间得以控制在最小限度内。

5.7.3 小结

最后，我们来总结一下主／从的优缺点。

优点

- 由于管理者只有 1 名，容易实现。
- 从节点之间无须相互识别，减少了通信量。

缺点

- 主节点的丢失会导致管理失效（需要有移交的机制）。
- 主节点的负载高。

5.8 压缩

5.8.1 什么是压缩

数字数据（Digital Data）可以作为"压缩"的对象。想必大家都是通过".zip"等压缩文件熟知压缩技术的吧。实际上压缩技术广泛用于各处，如图像文件、音乐文件，甚至大多数的通信中。本章将围绕两点来讲解，一是数据为什么能够被压缩，二是压缩都有些什么特点。下面我们就进入正题。

首先，我们暂且跳出计算机的范围，以身边物体为参考思考一下压缩的情况。在日常生活中，什么样的物体能够被压缩呢？比如，当我们需要将毛衣、被子等收入收纳柜时，通常都会将其"压缩"。日常使用时被子里包含了大量的空气，当然，多亏了这些空气才让被子给人蓬松之感。但另一方面，这些空气增加了被子的体积，反而在我们需要收纳时成了多余的。去除这些多余的空气，就能实现被子的压缩，如图 5.31 所示。

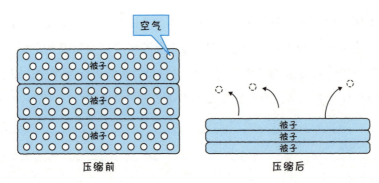

图 5.31　被子的压缩

实际上，数字数据也是通过去除多余内容来实现压缩的。

5.8.2 让我们再深入一点

回到正题，数字数据中的多余内容到底是指何物？数字数据交换的本质其实是"信息"，也就是说，只要去除多余的信息，大概就能实现数字数据的压缩。

那究竟什么才是多余的信息？脑海里浮现出什么了吗？要是告诉你多余的信息指"并非自己需要的信息""早就已经知晓的信息"，是不是有点头绪了？

让我们进一步思考。比如词组"Personal Computer"缩略成"PC"，"Solid-State Drive"缩略成"SSD"，词组变短了，这也可以说是一种信息的压缩。

请看下面一段文章摘要。在首次出现 Central Processing Unit 这一长术语时，我们给出对应的缩写 CPU，此后再提到 Central Processing Unit 时，就没必要次次都写全称，信息就这样实现了压缩。

> Central Processing Unit（下文简称 CPU）是计算机的中心，是进行算术逻辑运算的超大规模集成电路。CPU 一般通过称作"总线"的信号线……。高性能 CPU、非冯诺依曼型 CPU、图形处理专用 CPU，它们在同时执行多个命令时……

综上所述，数字数据的压缩基本就是"识别数据中相同规律的重复"并将其"替换"。举个粗略的例子，如图 5.32 所示。假设某个文件在压缩前是由 7 种不同规律的数据构成的，现在我们将其压缩：第一步，将各种规律数据的原始样本保留一份；第二步，将各种规律数据的排列顺序映射到单独的表中。这样就同上面文章摘要的例子一样，实现了相同数据的重现。

数字数据最终都是以"二进制"来表现的，所以无论是图像还是文字，都可以采用同样的方法进行压缩。

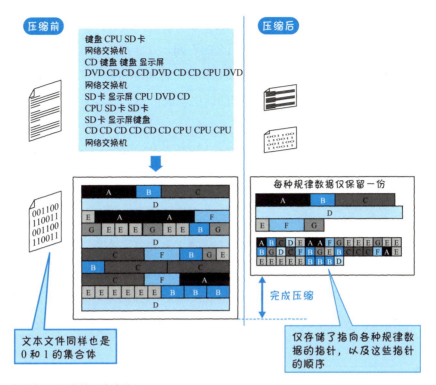

图 5.32 去除相同规律的重复数据

当我们将一般文件压缩成 ZIP 文件时，根据文件种类的不同，压缩后的 ZIP 文件不见得都能比压缩前更小，有没有感觉不可思议呢？之所以出现这种情况，是因为规律数据的多少最终影响了实际的压缩率。也就是说，相同规律的数据越多，压缩率就能越高，压缩后的文件就越小。所以像 JPEG 这种早已经被压缩过的图像文件，基本不存在相同规律的重复数据，即使再压缩也没有意义。

要进行压缩，少不了必需的前期准备处理时间。特别是像 ZIP 压缩这样优先找出频繁出现的相同规律数据再替换的方式，需要先将数据通读一次，相当耗费时间。

要说使用压缩带来的优劣，能够缩小数据的大小是其优势，处理耗费时间是其劣势，这就需要我们在数据大小与处理时间上进行权衡。压缩非频繁更新的数据就非常合适。另外，像是跨网络的数据转发这种 I/O 速度慢的环境，先将数据压缩再转发，总体上是能够节约时间的。

无损压缩与有损压缩

压缩后的数据在我们实际使用时是需要还原成压缩前的状态的。压缩过的被子扁扁的，是无法直接使用的。大多数压缩技术都是执行的能够还原数据压缩前状态的"无损压缩"，但也存在压缩率超过无损压缩的"有损压缩"，相应的代价是数据再也无法恢复到压缩前的状态。举例来讲，在图像和音频数据中就包含人眼无法分辨的细节、人耳听觉范围外的声音，这些信息根据用途的不同，并非都是必要的。

下面试着思考一下手机通话的情形。情形 1，音质非常好，但要花费 10 秒对方才能听见；情形 2，音质仅限于能够将我们的话语正确传递，但传递是实时的。这两种情形，谁更实用？

无损压缩是通过去除"早就已经知晓的信息"来实现的；有损压缩是通过去除"并非自己需要的信息"，也就是保留最低程度必需的信息来实现的。

压缩技术的特征总结如下。

- 压缩基本是"识别数据中相同规律的重复"并将其"替换"。
- 压缩的优势是能够缩小数据大小，劣势是处理需要花费时间。
- 压缩方式存在两种。一是无损压缩，压缩后的数据能够还原。二是有损压缩，如将图像、音频等数据中人类无法分辨的数据去除，压缩后无法还原。

5.8.3 所用之处

压缩，如上一小节开头所提，广泛用于各处。但是，对于数据压缩来讲，越高的压缩率会耗费越多的处理时间，所以根据使用场所的不同所用的压缩方法也不同。

ZIP 这样的文件压缩想必是大家最常见、同时最容易想到的吧。服务器内部的文件根据需求的不同，也会将其以 ZIP 等方式进行压缩。作为典型例子的 Java 的 JAR 与 WAR 文件，其本身就是一个 ZIP 压缩包。要是手边刚好有 JAR 文件，请尝试将其文件后缀改为 .ZIP，你将会发现它完全可以作为一个普通的 ZIP 压缩包被解开。

比如 JAR[※2] 文件本身，从图 5.33 可以看出，它是由 Java 类文件构成的。类文件会在程序启动时被读入内存并生成实例。由于该文件并非经常被读写的文件，所以启动时所花费的解压处理时间微不足道。

容我跳出服务器讲讲题外话，大家使用的 Microsoft Word 和 Microsoft PowerPoint 的文件——DOCX 和 PPTX 格式，同样也是用 ZIP 压缩的，可以用解压 JAR 文件的方法解开。

在数据的最终"归宿"数据库或更后端的存储服务器中，同样也有使用压缩技术。但是，压缩会花费处理时间，同时带来写入速度骤降的问题，所以基本都采用相对来说较简单的压缩机制。

※2 除开压缩，其意义更在于将零散的文件整合。

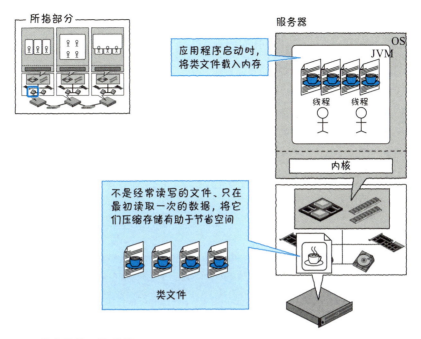

图 5.33　JAR 文件也是被压缩过的

还有一种被称作重复数据删除（Deduplication）的机制经常出现在存储类产品中，该机制把需要写入的数据按一定单位大小分割成块，再去除其中重复的，如图 5.34 所

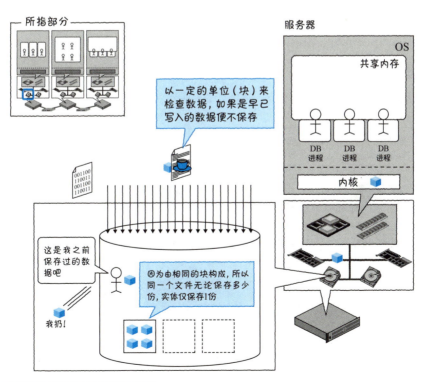

图 5.34　存储服务器中的重复数据删除

示。在数据写入时,先计算块的散列值然后进行比对,如果是还未写入的块就保存,已写入的块就不保存。最终,相同的文件当然是由同样的块构成,因此不管保存了多少份,都只需要 1 份大小的硬盘空间。

5.8.4 小结

总而言之,压缩指的是通过去除冗长与多余数据来进一步缩减数据大小的一种技术。通过缩减,降低了数据在交换时的开销,不过也大大增加了压缩、解压这种操作消耗的资源及花费的处理时间。

5.9 错误检测

5.9.1 什么是错误检测

计算机的世界里,数据的交换发生在各种各样的地方,就连你通过互联网阅读某人博客时,数据的交换也发生着。计算机的世界里没有绝对的完美,因为数据会在无意间被损坏。错误检测机制就是为了防范这种情况而设计出来的。

请试着想象一下传话游戏,这是一个通过口头方式将一段文字向远处的人转达的游戏。在这个传话游戏中,最初的文字在人与人之间的转述过程中逐渐出现偏差,往往最终收到的内容早已与最初不同,如图 5.35 所示。

图 5.35 传话游戏中的错误

这段文字虽然仅在 4 人间转达，但传到最右边的人这里时完全变了个样。没有正确转达的原因是人类的记忆力并非完美、被周围环境干扰等。

5.9.2 让我们再深入一点

就如文字在传话游戏中没有正确转达一样，与此类似的情况同样也会发生在计算机的世界里。要说数字数据发生错误的原因，那可不止一个，下面简要介绍两个在数据传输时可能发生的非主观因素导致的错误，如图 5.36 所示。

1. 通信中的数据损坏

在大多数的通信方式中，数据交换是通过电信号进行的，所以数据在传输过程中可能会因落雷带来的电噪声干扰等遭到损坏。用传话游戏来打比方，就是周围太吵（出现噪声）导致无法听清内容。

2. 芯片上的数据损坏

内存中的数据也是通过电来保存的，所以也会如通信中数据损坏的情况那样，储值受到电的影响发生改变。在我们生活的地球中，随时都有肉眼看不见的高能粒子（如宇宙射线）从宇宙照射进来。若运气不好，这些粒子与内存、CPU 这样的硅片相撞生成电子，电子混入电路成为干扰电流，有概率导致数据被改写。

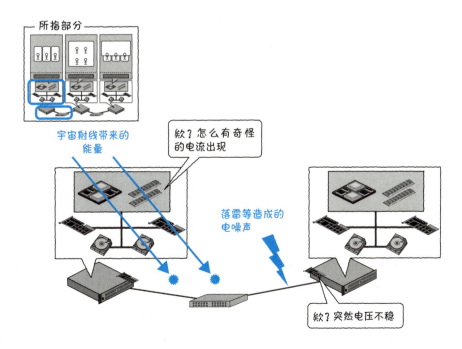

图 5.36　数字数据会在无意之间被损坏

5.9.3 如何检测错误

因非主观因素导致的数据错误，采用何种方式检测比较好？让我们再来回顾一下先前介绍过的传话游戏。当传话传到末尾之人处，他到底能不能判断内容的正确与否呢？答案当然是在没有和原文对比之前无法判断。也就是说，要是没有某些附加信息的话，是无法断定的。因此，想要检测出是否存在错误，必须在送出的数据中添加一些附加信息才行。

错误的检测

检测错误的方法有好几种，其中相对简单的一种叫作"奇偶校验"，它通过附加冗余"奇偶校验位"的方式来检测错误。对于一组比特，通过追加 1 比特来保证这组比特里的 1 一定为偶数个或奇数个。

在图 5.37 所示的例子中，就是将 1 的个数设定为奇数。这种方式使得在每组设定了奇偶校验位的单位数据中，只要发生了 1 比特之内的改变，通过确认 1 的个数的奇偶就能检测出来。不过，要是同时发生了 2 比特的改变，差异就抵消了，也就无法察觉已经出现了错误。

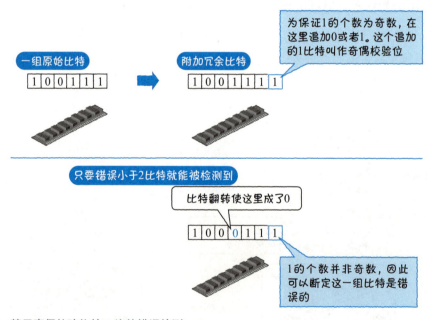

图 5.37　基于奇偶校验位的 1 比特错误检测

错误检测的优点是能够发现错误。要是在进行金额计算时，误把错误的数据当作正确的数据来计算，所造成的损失不可估量。因此，只有把错误检测用到能够想到的一切地方。当检测出错误时，或是将错误数据丢弃并重新读取，或是再次执行处理。要说缺点的话，因为必须附加冗余数据，所以增加了数据的总量，同时还必须通过计算来确认是否发生了错误，所带来的开销也不容小觑。虽然本小节仅介绍了名为"奇偶校验"的错误检测机制，但还存在诸如"校验和（Checksum）""循环冗余校验（Cyclical Redundancy Check，CRC）"等各种各样的办法。这些机制的细节已经超出了本书的范围，因此此处介绍点到即止。

另外，还存在进行"错误纠正"的进阶机制，不光是检测错误，还能够当场修正已损坏的数据。这种机制相比错误检测，会附加更多的冗余数据。

5.9.4 所用之处

在 CPU、内存等硬件内部，也存在具有错误检测与纠正功能的部件。特别是内存，芯片数量多，即使是在计算机的内部，也相对容易受到高能粒子的影响。

服务器用的内存中，有一种具有错误纠正功能的"ECC 内存"，如图 5.38 所示。这种内存在写入数据时会计算奇偶，并将结果信息一同写入；读取时会再次计算奇偶，检查是否存在错误。如果存在错误，能纠正的情况纠正，无法纠正的情况（通常出现了 2 比特的错误[※3]）按错误检测机制返回错误信息。

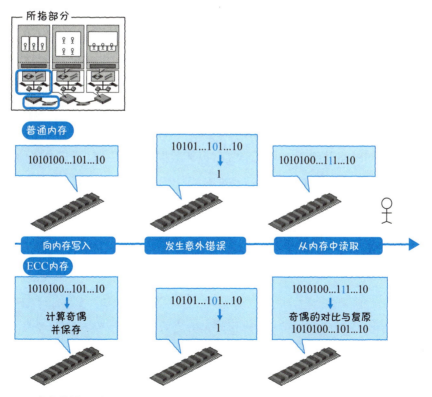

图 5.38　ECC 内存的错误纠正

※3 在被要求具有强可靠性的服务器中，存在能够纠正 2 比特错误的产品。

在网络通信中，根据协议的不同，在各层加入了错误检测机制。比如在最常被用到的 TCP/IP 和 Ethernet 协议中，不同的层里分别加入了校验和（Checksum）或 CRC 方式的错误检测机制，如图 5.39 所示。因此，要是接收的一方检测到包或帧出现了问题，便会丢弃对应数据。如果使用的是 TCP，则会自动要求发送方重发缺少的段。

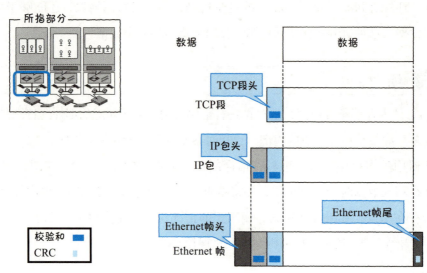

图 5.39　网络协议中的错误检测

5.9.5　小结

所谓错误检测，指的是一种确认数据是否已经损坏的技术。当检测出错误时，因"确认发生损坏"，所以可以重新取得数据、复位，并再次执行处理。更进一步，还有在检测出错误的同时将其纠正，甚至修复已损坏数据的技术。对于其他各种不同种类的检测和纠正方法的细节，本书不会涉及过多。

与有形之物不同，数据到底有没有损坏并非肉眼能判断的，因而错误检测技术被用于数据处理系统的各种地方。

第 6 章

连接系统的网络构造

在第 3 章中，我们着眼于系统之上的"数据"，对其流动进行了说明。虽说这些数据是通过网络进行交换的，但实际上这些数据是以怎样的方式流动的呢？你能够想象吗？本章，我们再向前迈进一步，就数据是怎样被传输的，以具体的"网络构造"为中心进行说明。

6.1 网络

在不同机器间交换数据时，通常需要通过网络来收发。仅仅由 1 台机器构成的系统几乎是不存在的，说数据必定要经由网络向前流动也不为过。所以，网络对于系统来说也是重要的构成要素之一。

这里向大家提个问。要是我说："请尽可能详细地说明使用浏览器访问某个网页时的全部通信过程。"这时你对细节的想象能够详细到哪种程度呢？

即使明白使用网络可以交换数据，仅凭想象就想说清楚实际网络的整体框图恐怕没那么简单。

要说这是为何？重要的理由之一是现今的网络本身在构建之初就采取了即使不知道内部结构也能使用的策略。就如使用浏览器输入 URL 就能查看网页一样，只要指定想要通信的对方的地址，就能通信了。这就是现在的网络。不过，正因为简单，外人看来黑匣子的部分很多，所以一旦网络出现故障，基础设施工程师会非常头疼。

使用网络交换数据的机制非常多。不过，以互联网通信为首，以及在构建本书中介绍的三层架构系统时，绝大多数情况都使用一个叫作传输控制协议/网际协议（Transmission Control Protoca/Internet Protocol，TCP/IP）的机制。这是一个优秀的机制，在各种各样的通信环境中都能很好地交换数据。同时，OS（主要是内核）通过使用 TCP/IP 让我们能够简单地进行通信。

虽然很想详尽地给大家讲解网络的细节，遗憾的是，仅靠本章的篇幅无法面面俱到。因此，本章将分为两大部分，先说明学习网络必需的基础知识，如分层结构与协议；然后再围绕 OS 内部的处理，对 TCP、IP、Ethernet 这样的主要技术进行说明。除此之外的内容，就需要各位参考一下其他的网络专业书籍了。

6.2 分层结构

在计算机的世界里,许多地方都采用了分层结构(分层模型)的思想。当你听到分层结构时,联想到了什么呢?有没有想到公寓、金字塔这样的建筑物?下面我们就来看看分层结构及它的作用吧。

6.2.1 拿公司来比喻分层结构

图 6.1 所示是一个分层模型的例子,让我们边看边思考一下公司的情况。绝大多数公司会根据工作内容决定工作岗位,所以销售部能够专注于销售,人事部能够专注于人才任用。

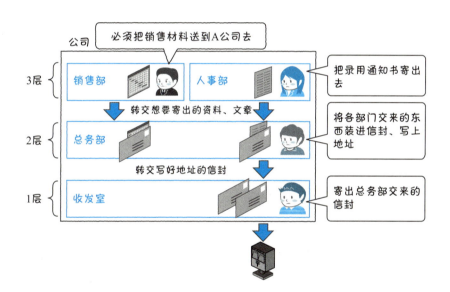

图 6.1 用公司部门的划分来思考分层结构

公司在外寄资料、信件等是怎样一个流程?图 6.1 所示的是某个公司的例子,各部门将需要寄出的东西转交给总务部,总务部打包后委托收发室(负责邮寄)寄送出去,最后由收发室投入邮筒或转交邮局等完成寄送。

6.2.2 分层结构分担任务

分层结构具有如下特征：按照数据、功能调用的流程，根据任务来划分层次。正因为划清了任务界限，各层仅对自身承担的工作负责，其他的工作委托给别的层。相互连接的层之间，仅需提前商定交互的方法，也就是接口。

请看图 6.2，这里被分成了 3 个层。功能 C 在自身的工作完成后，将结果转交给功能 B。虽然各层之间互相都清楚对方提供了哪些支持（拥有哪些功能），但并不知道具体的处理细节，因为各层内部被封装了起来。

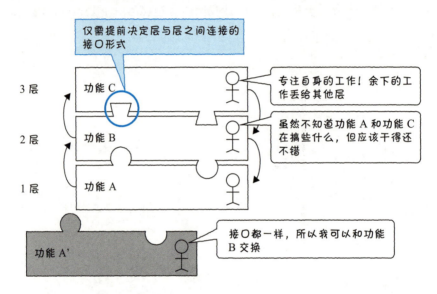

图 6.2　相互连接的层之间拥有共通的接口

同时，分层结构的划分使得各层之间能够独立、互不影响。由于各自都将内部细节做了封装，所以只要接口不变，各层内部的处理方式怎么变都没问题。就像图 6.2 的功能 A'一样，新旧模块的替换也变得简单了。

不过，这样做也不全是优点，相反，它牺牲了处理的效率。计算机的处理效率通俗地讲就是性能。思考一下这样的情形，1 件工作由 1 人独立做和 2 人轮流做，要是 2 人轮流做，还要移交工作进度等，也就产生了开销。

6.2.3 分层模型的代表——OSI 7 层模型

每当谈论计算机领域的分层结构时，完全无法避开的便是 OSI 参考模型（Open System Internetwork Reference Model），如图 6.3 所示，也称作"OSI 7 层模型"。这是曾经在制定一个叫作开放式系统互连（Open Systems Interconnection，OSI）的通信协议时被设计出来的，一种将 OSI 通信功能划分为 7 个层次的思想。如今，OSI 协议本身早已不被使用，但分层结构的思想保留了下来，作为通用的"参考模型"仍旧服务于各种不同的领域。同时，正因为是参考模型，所以它也成为了工程师之间沟通的桥梁。

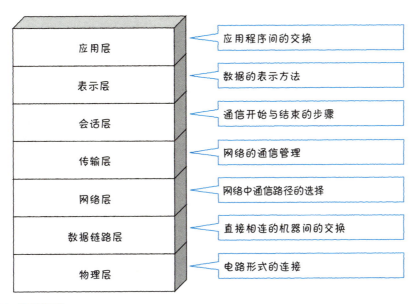

图 6.3　OSI 参考模型

6.2.4 分层结构并非网络独有

说起来，作为本书主要案例的三层架构系统也是分层结构。越是大型的系统越需要根据任务进行分层，否则系统很容易变得复杂，开发难以继续。

而且，就连我们随便挑选一个构成系统的成员服务器，其内部也是分层结构。当然，应用 +OS+ 硬件的组合同样也能视为分层结构。图 6.4 显示了一个常见的企业应用服务器的分层结构。采用这样的结构，我们便能根据用途选择不同的组件，比如 OS 用 Linux、选配合适的硬件等。看起来图 6.4 中只使用了一个方框来表示应用、内核等，实际上它们内部的分层更细。另外，这里讲的"分层"英文为"Layer"。

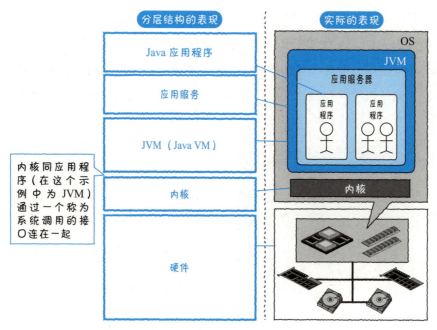

图 6.4 系统的分层结构

6.3 协议

当我们谈论网络的时候,必须要说到协议。协议的英文是"Protocol",意思是事先约定好的步骤,在计算机领域通常指的是"通信协议",规定了计算机之间交互时的步骤。

6.3.1 人与人之间沟通的语言也是协议

到底什么是通信协议?先换成我们所熟悉的人与人之间的对话来思考一下。比如英语、日语这样的语言,可以当作实现人与人之间通信的协议。

请看图 6.5。要是对话双方的语言(协议)不同,就不能沟通意见。由于生长在不同国家的两人所讲的语言不同,要是双方不能使用共通的语言,想要沟通就很难。

另外,要在通信中使用某种媒介的部分也可以看作协议。如用日语交谈,应该大都使用声音(语音),所以这就是在语音这一通信协议上,承载着日语这另一通信协议。

图 6.5 人们讲的语言也是协议

即使传达意思部分的语言协议一致,要是下层的承载协议不同,也无法进行通信。再来看看图 6.6,这次的交谈不是使用语音而是使用"文字"和"旗语"。双方使用中文传达内容,使用文字打招呼的人应该将意思传达到了,而使用旗语打招呼的人应该没将意思传达到,因为对方不懂旗语。

图 6.6 如果通信媒介的协议不同就无法通信

6.3.2 协议对计算机来说必不可少

计算机上的每一个地方都需要协议。如相隔两地的两台设备,要是不事先确定通信的步骤，那什么也交换不了。网络同协议之间有着密不可分的关系。

计算机的通信协议也与先前列举出的人与人之间的对话一样，可以分成两部分来考虑，即承载通信的媒介与媒介上流动的具体信息，如图 6.7 所示。当我们使用浏览器访问 Web 页面时，会使用 HTTP 告诉服务器"把 Web 页面的信息发给我"。同时，这条通信会由电信号或电波发送出去。也就是说，如果结合上一节的分层结构来考虑，协议就是同属一层的对象之间的约定。

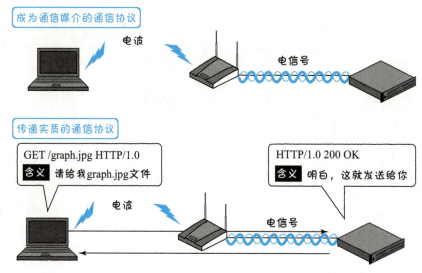

图 6.7 通信协议中的媒介与实质

同样，要是制造计算机的厂家不同，相互间使用的语言不一致就不能交换信息。为了使不同厂家制造的计算机相互间能够通信，必须使用一致的协议。网络行业为此制定了共通的协议，设立了如电气与电子工程师学会（Institute of Electrccal and Electronicy Engineers，IEEE）、因特网工程任务组（Internet Engineering Task Force，IETF）这样的标准化组织。

> **小专栏**
>
> ### 标准化组织的故事
>
> 随意做出一个协议，但大家不做出适配协议的产品，便毫无意义。当然，实力雄厚的企业完全有能力做出私有协议（私有标准）并让它普及。不过，要是能成功定是好事，但要是失败了会遭受巨大的损失。所以为了避免失败，应根据情况在大家协商之后再制定标准协议。网络相关的标准化组织中，IEEE 和 IETF 非常有名。

> IEEE 虽然是研究电气电子技术的学会，但也进行着电信协议的标准化制定工作。我们经常见到的冠有 IEEE 名号的协议，要数无线 LAN 的协议。
>
> "支持 IEEE 802.11a/b/g/n/ac"，大家有见到过贴有类似上述文字标签的无线路由器吗？这就是 IEEE 制定的标准之一。
>
> IETF 是对互联网中使用的各种技术进行标准化的团体。相比 IEEE，IETF 更加开放，参加的成员中不乏各类厂商、大学相关人员，另外还包括通信方面的专家群体，标准是在大家的讨论下制定的。
>
> IETF 制定的标准以名为 RFC 开头的文件发表。RFC 是 Request For Comment（意见征集）的缩写，从这里也看得出互联网技术的开放程度。例如 Internet Protocol 的基础部分就是由 RFC791 规定的。IETF 的开放程度之深，以至于每年的 4 月 1 日都有可能会发布一个并非能真正使用的、仅仅作为玩笑的 RFC。
>
> 在他们制定的标准中，有一些随着其他标准的普及而逐渐被废弃。具有代表性的例子是先前 6.2.3 小节介绍过的 OSI 协议，它是由 ISO 和一个被称作 ITU-T 的团体共同推进的标准。不过在推进的过程中，TCP/IP 抢先广泛普及，成了"事实上的标准"。其他例子还有 Ethernet。Ethernet 是 IEEE 制定的 IEEE 802.3 标准，可实际上目前使用的 Ethernet 是 Ethernet II，与 IEEE 802.3 有些许不同。Ethernet II 是由 DEC、Intel、XEROX 这 3 家制定的，也称作 DIX 标准，取自这 3 家公司名称的首字母。

6.3.3 协议对服务器内部来说也必不可少

一提到协议，我想大多数读者都会想到 TCP/IP 这样的吧！无论是什么样的设备，与计算机之间进行通信时协议必不可少。

比如 PC 上插入了鼠标的 USB 端口，即便是如此理所当然的地方也具有 USB 的协议。还有服务器中不可或缺的存储，将数据从存储中读取出来的时候，怎样读取也由协议决定。其中比较有代表性的是小型计算机系统接口（Small Computer System Interface，SCSI）协议。现实情况是，存储用的设备驱动程序通过使用 SCSI 等协议进行着数据的读写。再进一步，就连 CPU 内部也存在协议。当下多核 CPU 已经成为标配，核心之间为了通信也需要协议。

6.4 TCP/IP 联通了今天的网络

到目前为止，本书已经说明了许多与网络基础相关的概念，如 OSI 7 层模型、作为网络不可或缺的要素同时数量众多的协议。然而，以互联网为首，现今支撑着网络的却是 TCP/IP 及其关联协议，这些协议共同构成了 TCP/IP 协议套件（Protocol Suite）。顺带说一句，"协议套件"是"一整套协议"的意思。要想搞明白网络基础设施，首先需要搞懂 TCP/IP 协议套件。

6.4.1 互联网的发展与 TCP/IP 协议套件

要想理解 TCP/IP 的概念，应先对其背后的互联网发展有所了解。

互联网源自 1969 年美国国防部的研究实验，那时候构建的实验网被称作 ARPANET。大学等研究机构之间通过这个实验网连接了起来，不过当时通信速度仅有数十 kb/s。这些都是 TCP/IP 诞生之前的故事了。随着节点的不断增加，ARPANET 的规模越来越大。

还未到 20 世纪 80 年代结束，建立起来的网络已不止 ARPANET 一家，并且相互间连接了起来。也正是这时，由于网络设备厂商间的各自为政、网络协议混乱、失去互联性等一系列问题出现，使得制定国际通用标准协议的呼声开始涌现。在 1982 年已经开始了 OSI 协议群的制定工作。不过此时，70 年代间所制定出的 TCP/IP 的使用范围越来越广，而且 OSI 自身也因内部机制过于复杂导致出现了互联性问题。作为国际标准的 OSI，虽然各国大力推广，但最后并没有被广泛使用。最终，通过 TCP/IP 协议套件实现的网络占了绝大多数，TCP/IP 成了互联网的事实标准（De Facto Standard）。

在日本，1984 年建成了一个叫作 JUNET 的网络。一开始仅连通了庆应义塾大学、东京工业大学、东京大学这 3 所大学，但后来又接连连接上了其他大学与各种研究机构，最后更是与美国的 CSNET 相连。此后，建立 JUNET 的研究者们开始了新的研究课题，使得日本的互联网逐渐发展壮大。

就这样，随着各种各样的网络相互连接与协力，互联网不断发展，TCP/IP 也不断地被改良完善。

6.4.2 TCP/IP 的分层结构

让我们赶紧回到 TCP/IP 的话题上来。TCP/IP 协议套件正如其名，是由 TCP 和 IP

为主轴组成的协议群。因为是主轴，所以不光有 TCP 和 IP 这两个协议，还包含了其他各种各样的协议。

先前在介绍分层结构的时候，还介绍了 OSI 参考模型。这是一个将网络功能的分工进行了层次化的模型。不过如今的网络广泛使用的并非 OSI 而是 TCP/IP。OSI 参考模型有 7 个层次，但 TCP/IP 只有 4 个层次，包括 TCP 层、IP 层以及上下各一层。叫法并没有严格规定，但常被叫作 TCP/IP 4 层模型[※1]。

实际上，这一 4 层结构和 OSI 参考模型的 7 层结构并没有严格对应，一般将 OSI 参考模型的 1～2 层合并起来作为链路层，5～7 层合并起来作为应用层对待。

TCP/IP 4 层模型与系统的对应关系

下面我们来看看 TCP/IP 的分层结构在实际服务器中是怎样划分的。图 6.8 所示是一个对照图，显示了一个 Web 服务器在使用 HTTP 时的分层结构与系统中实际负责部位的关系映射。

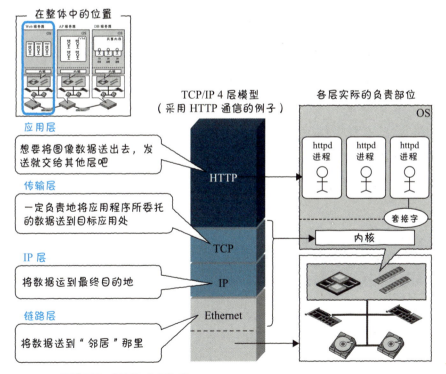

图 6.8　TCP/IP 4 层模型与系统的对应关系

※1 也有将链路层一分为二，作为 5 层考虑的情况。实际上这个 4 层并没有同 OSI 的 7 层严格对应，所以请粗略地把它记作一个 4 层结构。对于 4 层的划分，在 RFC1122 中也有提及。

由于 HTTP 是应用协议，所以图 6.8 中的 httpd 进程会使用它。为了将 HTTP 的通信数据送到目标处，会将数据转交给 TCP。不过从这里开始到 Ethernet 层为止都是由 OS 的内核负责的。在内核里，负责实现 TCP、IP、Ethernet 的功能会在数据中附加必需的信息，最终生成 Ethernet 帧。Ethernet 帧又会被转交给 NIC，通过 Ethernet 线缆等，经由一连串邻接节点向最终目的地传输。与网络相连的计算机也被称作"主机（Host）"[※2]。

通过划分分层结构，需要进行通信的应用程序无须再设计独立的通信机制，交给 TCP/IP 即可，并且也更加容易替换具体负责各层功能实现的机制。比如，使用可靠性低但能够简单收发数据的用户数据报协议（User Datagram Protocol，UDP）替代 TCP，使用无线通信替代有线通信等。能够根据用途进行改变也是分层结构的优点。

TCP/IP 各层的叫法

虽说 TCP/IP 是 4 层结构，但在实际工作中用数字来指代层级时，仍旧习惯用 OSI 参考模型的 7 层划分法来称呼。

链路层也就是 Ethernet 层会被称为 2 层或 L2[※3]，IP 层被称为 3 层或 L3，传输层（TCP 层）被称为 4 层或 L4。这种叫法也体现在交换机的命名方式上。包含链路层处理功能的交换机称作 2 层交换机（L2 交换机）；包含 IP 层处理功能的交换机称作 3 层交换机（L3 交换机）。

应用层的话直接被称为应用层或者 7 层、L7。或许你会想"为什么没有 L5 和 L6？"，这是因为 TCP/IP 将 L5、L6、L7 合并在一起作为应用层来对待，所以在谈论 TCP/IP 的时候 L5 和 L6 基本不会出现。

6.5 应用层协议 HTTP

现在开始，将对结合了 TCP/IP 4 层模型代表协议（TCP、IP、Ethernet）的通信进行深入讲解。本节以 HTTP 作为应用层的协议代表。

※2 也有将大型机（Mainframe）称作主机的情况，但这里提到的主机与之不同，是一个网络用语。
※3 虽说习惯简称为 L2，但这个"L2"的叫法也很多，比如"L2""L Two""Layer Two"。当然，也可以使用 OSI 7 层模型的叫法——"数据链路层"，有时也简单地叫作"链路层"。

6.5.1 HTTP 的处理流程

要想通信，首先要有应用程序。应用程序所使用的协议称为应用层协议。应用层协议自身并不处理通信，这些全部都交给 OS，也就是交给 TCP/IP 处理。

我们首先来看看对 Web 系统来说最重要的应用层协议 HTTP，其具体规范由 RFC2616 定义，处理流程如图 6.9 所示。

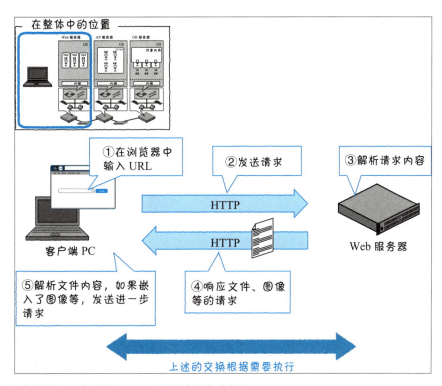

图 6.9　为完整显示一个页面，HTTP 需要来回多次操作

在浏览器中输入 URL，访问请求被送到 Web 服务器，浏览器收到作为响应的 HTML 文件。浏览器解析 HTML 文件，如果其中还包含了附加图像、脚本等，进一步向 Web 服务器发送对应请求。像这样，客户端与服务器之间通过 HTTP 反复地交换数据。

6.5.2 请求与响应的具体内容

在 HTTP 的请求与响应中具体包含了些什么内容呢？图 6.10 所示便是请求的内容。

进行请求时最重要的是抛给服务器的方法。比如 GET 是从服务器获取文件；POST 是将数据发送给服务器。

消息头为了实现更精准的控制并记录了各种附加信息。比如 User-Agent 字段就包含了浏览器的标识信息（系统版本、浏览器名称等），Cookie 字段被用作会话的标识符。

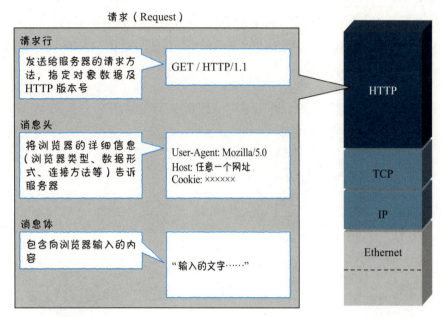

图 6.10　请求的执行由方法决定

另一方面，响应包含了与请求对应的结果状态等，同时实际数据存储在消息体中，如图 6.11 所示。

图 6.11　响应包含与请求对应的结果状态

HTTP 不会向下层的网络层、链路层直接发送命令，也不会对通信进行控制。因此 HTTP 的请求仅包含少数几种方法，看得出它非常简单。

6.5.3 应用层协议的处理在用户空间进行

请看图 6.12，它显示了一个客户端进程使用应用层协议 HTTP，向 httpd 进程发送请求（数据）的样子。在图 6.12 中，通信源的应用程序将数据投入了下面的洞里，这个洞就是"套接字（Socket）"。套接字隐藏了具体通信细节，给应用程序提供了数据交换的接口。

这种设计使得应用程序自身不用再单独包含通信功能就能同远方服务器中的应用程序进行通信。应用程序协议的实现基本上都只在应用程序进程内部进行。

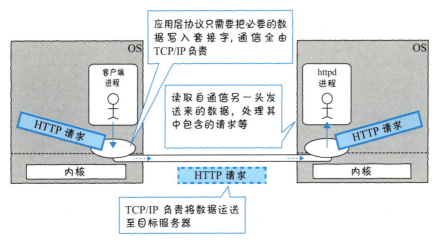

图 6.12　应用程序使用套接字进行通信

6.5.4 套接字以下的处理在内核空间进行

如此便利的套接字到底是如何设计的？应用程序的进程在进行网络通信时，会向内核请求："想要通过 TCP/IP 进行通信，麻烦帮我开一条能够连通这个目标地址应用程序的线路。"当然，请求方法是我们在第 3 章已经介绍过的系统调用。要想进行请求，目标服务器的"IP 地址"与"TCP 端口号"这两条信息必不可少，它们分别指明了 IP 的目的地与 TCP 的目的地。具体细节将在后文进行说明。

收到请求的内核将为我们建立套接字，如图 6.13 所示。建立套接字只是打开了一个投入数据的洞。由于我们当前讲到的是 TCP，所以要想建立起与目标服务器之间的连接，就需要使用 TCP，以及借助系统调用将 IP 地址及 TCP 端口号告诉内核。同时，通信的另一端也会建立对应的套接字，最终在通信的两端之间建立起一条虚拟电路（Virtual Circuit）。

实际需要传输的数据通过通信电缆等物理介质，经过漫长的旅途最终到达目的地。但是在进程的角度看来，不过是投进（写入）名为套接字洞里的数据，经过虚拟电路，又从通信另一头的套接字洞里蹦出来而已。或许看起来简单，其实是内核在背后非常努力地做了各种各样的工作。

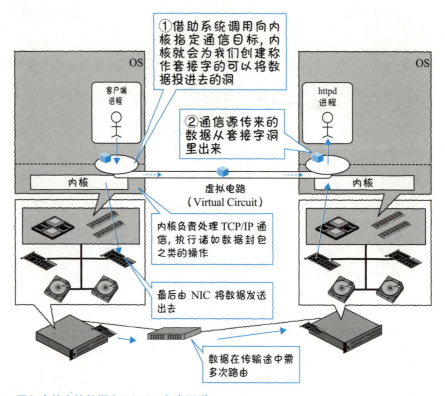

图 6.13　写入套接字的数据由 TCP/IP 负责运送

生成了虚拟电路、打开了套接字，接下来只需要连续不断往里面写入数据即可。那写进套接字的数据实际上又是被怎样处理的呢？是通过 TCP/IP 来传输的吗？下面我们就来具体看看。

 小专栏

存活检测机制

HTTP 的会话会随着请求／响应之间关系的终止而结束。因此，当一个页面嵌入了大量图像时，就会产生无数次的会话建立与关闭。于是乎，传输层 TCP

的 3 次握手（在 6.6.4 小节讲解）等开销也相应增加，进而影响到页面整体的加载速度。

所以，只是显示一个页面左右的话，如果将会话保留下来就能够减少 3 次握手带来的开销。这一"短时会话残存功能"被称作存活检测机制（Keep-Alive），见图 6.A。会话的残存时间等设定在 Web 服务器一侧进行。协议头的 Connection 值如果为 Keep-Alive 就表示启用了该功能，为 close 的话就是未启用。

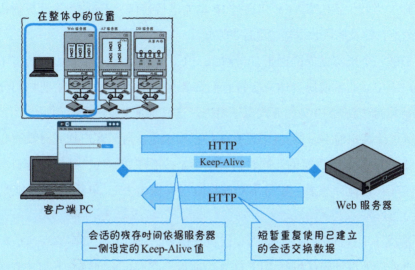

图 6.A　Keep-Alive

会话到底需要残存多长的时间，可以通过一个页面的平均加载时间 +x 计算出来。需要注意，随便延长会话的残存时间会让 HTTP 进程／线程无法释放会话，导致无法接收新的请求。所以会话的残存时间"适中"最好。

6.6 传输层协议 TCP

自应用数据写入套接字后，内核就开始内部准备工作，以便将其发送到目标处。最先承担任务的便是传输层协议 TCP。TCP 正如其名，是控制传输的协议，用于实现高可靠性的数据传输。

6.6.1 TCP 的作用

简单来说 TCP 的作用是"将应用程序传递来的数据原封不动地、准确地送到目标应用程序，期间尽可能不给周围带去麻烦"。TCP 原本是为了在可靠性不高的互联网中使用才被设计出来的，因此产生了上述作用。

说到底，TCP 作用的地方共有两处，一处是在服务器发送数据时，另一处是在服务器收到数据后向应用程序传递时。对于数据如何送达目标服务器的部分均委派给了网络层的 IP。当然，不依靠 TCP 仅通过 IP 也能进行通信，不过 IP 并没有确认数据是否已准确送达目标及确认数据送达顺序的功能。

下面来举一个现实世界的例子。请想象一下，你需要通过邮递的方式将 100 页资料送到客户手中。非常遗憾，你无法将它们都装在一个信封里，只能把它们分别装进 10 个信封，以每个信封 10 页的方式寄送出去。这究竟是怎样一个过程呢？

假如寄送给客户的 10 封资料中只有 9 封正确送达，对于客户到底有没有收全这么简单的确认 IP 也是无法进行的。同时信封也不是按顺序送达的，这使得资料本身的顺序也被打乱了。因此，想要"原封不动地将数据发送出去"，单凭 IP 的功能是难以实现的。

TCP 解决了上述问题，自动地为我们执行检查，所以程序员在编写通信程序的时候不需要再费劲地设计确认机制。以 TCP 为前提，我们再来回顾一下刚才寄送资料的例子。现在只需要把 100 页资料原样交给 TCP，随后的操作，比如寄送开始时的资料分装、寄送过程中的原始顺序保护、正确送达客户手中后的信息确认，TCP 都自动为我们执行，非常方便吧！

其实 TCP 所承担的功能并非仅有这些，其中几个重要的功能列举如下。

- 根据端口号转发数据。
- 建立连接。
- 数据保护与重传控制。
- 流量控制与拥塞控制[※4]

※4 防止网络出现访问拥塞（集中在一处）。

> **小专栏**
>
> **谁拥有互联网？**
>
> 本节曾用"可靠性不高"来形容互联网，这是为什么呢？
>
> 正如 6.4.1 小节提到的那样，形形色色的机构所管理的网络互相交织在一起，构成了如今的大规模互联网。只在自身管理之下的网络内部进行数据交换的话，还是能够保证一定程度的通信质量的。但经过自身无管理权的网络同目标进行通信时，情况就大有不同。实际上我们经常能够听说，本该正确送达的数据包在互联网的传输过程中失去踪影。具体原因各种各样，譬如配置的不周、设备的故障、拥堵导致的数据包被丢弃等。正因为如此，互联网才必须要有像 TCP 这种能够保证通信双方之间可靠传输的机制。
>
> 同时，互联网由所有人共享使用，其中的"公平性"也是必须注重的地方。虽说通信速度越快越好，但要是所有的通信都自顾自地全速进行，还未等数据送达目标就堵在途中了，怕是连正常的通信都要成为奢望。为避免出现这样的情况，TCP 的拥塞控制功能就添加了尽可能不给其他通信带去干扰的机制。比如在通信发生拥堵时，TCP 会自动降低通信速度。
>
> 互联网的用户并非只有自己，因此很难要求互联网本身拥有高可靠性，同时缺乏公平性的通信也是大家所不希望的。笔者在读研期间就进行过网络相关的研究，回想起那时候，经常在发表研究成果的时候被问道："该研究是否考虑到了公平性？"所以不管研究出多么高性能的新通信机制，只要会给周围通信带去不好影响，都不会受到欢迎。
>
> 这样的互联网理念在 RFC 文档中也有体现，比如 RFC3271 的标题就是 *The Internet is for Everyone*。在这份 RFC 文档中就对"互联网的所有者是谁"，以及"我们应该如何看待属于大家的互联网"进行了说明。另外在 RFC1958 *Architectural Principles of the Internet* 中，也写着"Be strict when sending and tolerant when receiving.（发送时要严格，接收时要宽容。）"，这也体现出了互联网的共享、公平精神。

6.6.2 内核空间中的 TCP 处理

上一节中被应用程序写入内核的数据后来怎么样了？我们继续往下看。

图 6.14 显示了一个在内核中被执行的 TCP 处理。被写入套接字的应用数据，会经

由套接字队列（参看 4.3 节）到达被称作套接字缓冲区的内存空间后再被处理。所谓套接字缓冲区，指的是为每一个套接字准备的专用内存空间，其中还分发送用缓冲区与接收用缓冲区。在这个套接字缓冲区中进行的处理不光是 TCP 的，后续 IP、Ethernet 的一系列处理都在这里进行[※5]。

TCP 使用一个称作"段（Segment）"的单位[※6]来管理数据，通过给应用数据套上 TCP 头来生成 TCP 段。头部中记录着以目标端口号为首的大量信息，用以实现 TCP 的各项功能。

通过一个 TCP 段能够发送的最大数据大小称作 MSS。不过由于数据最终是通过链路层发送出去的，所以 MSS 取决于链路层所能够发送的最大数据大小，其值根据具体环境与设置的不同而有所差异。链路层能够发送的最大数据大小将在 6.8 节中介绍，这里请先记住它叫 MTU。

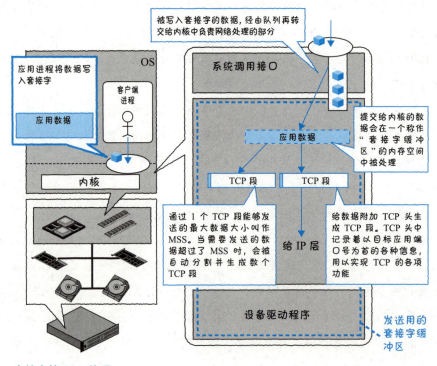

图 6.14　内核中的 TCP 处理

关于段的分割，再多讲两句。请看图 6.15，它显示了一个应用数据被分割成两个

※5 不管在哪一层，通常都会给数据附加头部。所以，如果在同一个内存空间内执行这些处理就无须再单独复制数据的副本，使处理速度更快。
※6 虽然有 TCP 包这样的叫法，但在定义上来讲是错误的。

TCP 段的情形。

假设一个 2000 字节的数据被应用程序写入了套接字。对于大多数环境来说，MSS 为 1460 字节，所以本例也采用相同的大小，具体理由稍后再讲。一个 2000 字节的数据肯定装不进一个段里，所以会被分割成 1460 字节与 540 字节两块。然后各自都会被附加上 TCP 头，成为两个 TCP 段。

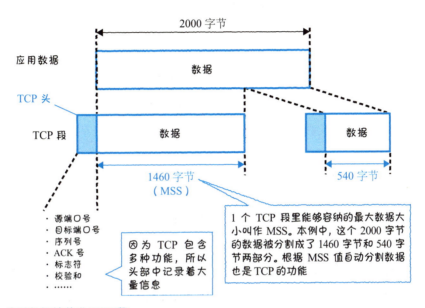

图 6.15　应用数据被装进 TCP 段

6.6.3 根据端口号转发数据

只将数据发送到目标服务器且没有附加信息的情况下，是无法判断数据具体为哪一个应用程序所用的。所以 TCP 通过使用端口号，进一步明确数据应该提交给哪一个应用。TCP 的端口号由数字 0～65535 指定。

通过对端口号进行确认，同一台服务器将收到的大量数据正确地转交给对应的应用程序，如图 6.16 所示。

译者注：作者习惯性将确认号叫作 ACK 号。为保证文章的流畅度，未做转换。请读者留意，ACK 号 = 确认号。

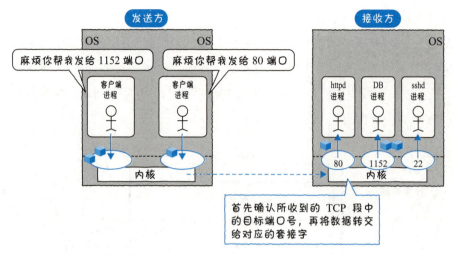

图 6.16　通过确认端口号锁定数据的去向

6.6.4　连接的建立

前一小节所讲已是套接字生成以后的事情，TCP 在套接字生成时也有重要的工作需要执行。让我们退回两步，谈一谈连接的建立。

TCP 是面向连接的协议，建立被称作"连接（Connection）"的虚拟电路。连接的建立需要在 TCP 通信开始时告知通信目标"即将开始通信"，并收到对方答复"OK"后才可进行。当然，为了能够接收通信请求，必须在接收请求的应用一侧（服务器）提前做好准备工作。例如提供服务的进程会向 OS 发出请求："如有从 ×× 端口号传来的通信请求，记得将它同我匹配。"随后，服务器一侧的套接字便开始等待着提供服务的进程所指定的端口是否有请求传来。这种状态称作"端口监听（Listen）"。

终于到开始通信的阶段了。对方的进程似乎正在进行套接字的端口监听工作，所以让我们去"搭个话"，让它们开始建立通信，如图 6.17 所示。

内核在收到应用层需要进行通信的进程（客户端）传来的通信请求后，建立虚拟电路，开始同目标方交换信息。首先，请求作为通信目标的服务器一方的 OS 建立虚拟电路，如图 6.17 ①所示。这时服务器一方感知到端口传来了通信请求，如果没有问题便给予对方回应，如图 6.17 ②所示。随后客户端一方也向服务器发送确认信息，同时通信用的虚拟电路也建立好了，如图 6.17 ③所示。像这样进行的 3 次信息交换称作 TCP/IP 的 3 次握手（3-way Handshake）。

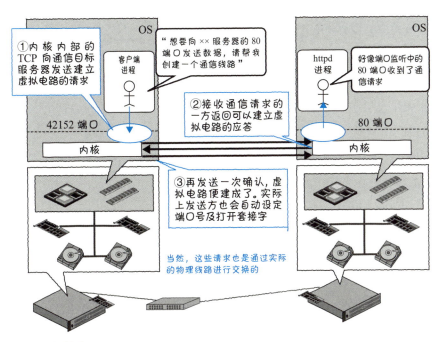

图 6.17　TCP 连接的建立

图 6.17 中的连接只是让两个应用，也就是两个套接字之间看起来正使用专用线路进行着通信。要说具体在做些什么，也只是在通信开始之初，TCP 将端口号 42152 告诉目标服务器，请它"建立连接"（其余什么也不做）。由于数据的传输本身也委托给了 IP，所以即使实际的物理线路中发生拥塞、通信的目标服务器突发故障导致宕机，也不会使作为虚拟线路的 TCP 连接断开。要是真发生这种情况，确实数据是发不过去的，但对于 TCP 连接来说，只要应用不向 OS 请求切断，或是收到通信目标返回错误，通常是不会主动断开的，这一点请务必注意[※7]。

顺便说一下，接收通信请求一方的服务器会预先指定要监听的端口号（如图 6.17 中的 80 端口），但通信发起一方的客户端通常不会指定发送所用的端口号（如图 6.17 中的 42152 端口），需要的时候由客户端这边的 OS 自动分配未使用的端口号。

6.6.5　数据保证与重传控制

建立了连接，终于开始收发数据了。TCP 拥有保证数据能够准确送达的功能，那它到底是怎样实现的呢？

※7 TCP 包含一个可设定的 Keep-Alive 计时器，当设定了这一计时器时，如果在所设定的时间内（通常环境下为 3600 秒）没有数据传输，就会多次发送用于确认通信目标是否存活的数据。如有回应则继续保持连接；全无回应的话，便判定通信目标已不复存在，同时关闭连接。

避免数据丢失的机制

这一机制通过确认应答与重传来避免数据丢失。当 TCP 段到达接收方时,接收方会对发送方进行回应。这个回应被称作确认字符(Acknowledge Character,ACK),ACK 的相关信息会被附加到返回的 TCP 段头中[※8]。发送方通过返回的 ACK 就能断定发送的段已正确送达。未收到 ACK 返回的情况,就表示有可能发送出去的 TCP 段丢失了。因此,为保证随时可以重传,即便是已发送完毕的 TCP 段,只要未收到 ACK,都需要暂存在发送用的套接字缓冲区中。

保证数据准确还原的机制

这一机制通过给各个 TCP 段附加一个被称作序列号的数字来实现。

序列号同样也是写在 TCP 头中的,表明了这个 TCP 段所持有的数据处在被发送的整体数据中的具体位置(从第几字节开始)。比如在发送一个 3000 字节的数据时,假设这个数据会被分割成 3 个 TCP 段,大小分别为 1460 字节、1460 字节、80 字节。当第 1 个段的序列号为 1 时,第两个段的序列号就为 1461,第 3 个段的序列号就为 2921。

接收方使用这个序列号按原本的顺序组装数据。

TCP 的重传控制

组合上述这些机制,就能让接收方在返回 ACK 时,把接下来所需的 TCP 段的序列号作为 ACK 号告诉发送方。再拿先前的 3000 字节作为例子,当接收完第两个段后需要第 3 个段时,就会向发送方回应:"下面请从序列号 2921 开始发送(翻译:到 2920 字节为止的数据我已全部收到了)"。

虽然前面有写,在没有 ACK 返回的情况会进行重传,但具体在什么时机进行重传呢?其一便是"超时(Timeout)"。在一定时间内如果没有 ACK 返回就进行重传。除此之外还有其他情况需要进行重传么?请看图 6.18。

在图 6.18 的例子中,序列号 2921 的 TCP 段在线路中丢失了,但其后的一个 TCP 段又送到了。实际上,TCP 要求传输必须无缺失且按顺序进行,所以会返回写有"给我序列号 2921 的段"的 ACK,要求发送方重新开始。而后,发送方会持续收到相同的 ACK,一旦达到 3 次,便将此号对应的 TCP 段视为未送达、执行重传。这就是"重

※8 也就是说,通过一个 TCP 段,就能实现在发送数据的同时返回对先前所收到的数据的 ACK,当然也就减少了来回的次数(参考第 5 章介绍过的 I/O 大小)。

复 ACK（Duplicate ACK）"。

收到 1 次重复 ACK 并不会立马重传，而是要收到 3 次相同 ACK 才会，这是因为那个段在线路中可能刚好发生了延迟，从而打乱了到达的顺序。

另外，TCP 还包含一个称作"SACK（Selective ACK）"的选项。当这个选项启用时，可以返回更加详细的 ACK 信息。比如在图 6.18 所示的例子中，序列号 2921 之后的 3 个段都已经正确送达，SACK 选项可以将上述 3 个段已正确送达的信息告知发送方，这样就能使发送方只选择没有正确送达的 TCP 段执行重传。

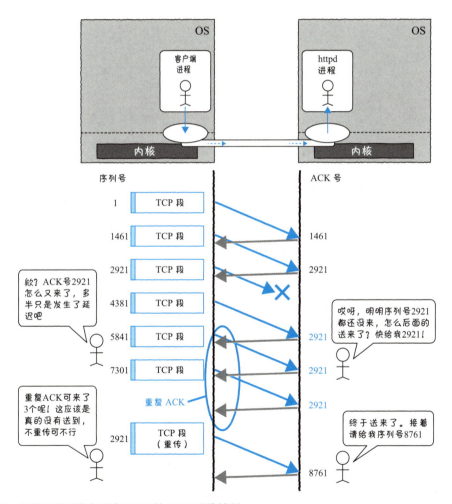

图 6.18 利用了序列号与重复 ACK 的 TCP 重传控制

6.6.6 流量控制与拥塞控制

虽说序列号和 ACK 的存在方便了 TCP 保证数据正确传输，但要是发送一次数据等待一次 ACK、发送一次数据再等待一次 ACK……如此循环，就会非常耗费时间。同时，这样的数据交换也就成了第 4 章中介绍过的同步处理。

流量控制

以同步的方式进行通信，效率并不高，如果能在不等待 ACK 的情况下直接发送，效率就会高得多。或许有读者已经发现了图 6.18 中的细节，仔细一看，在收到 ACK 号 1461 之前，已经将序列号 1461 的段发送了出去。

TCP 包含了一个"窗口（Window）"的概念，在一定数量范围内的 TCP 段无须等待 ACK 直接发送，这个数量范围被称作"窗口大小（Window Size）"。

请看图 6.19。窗口有两个，分别为接收方的接收窗口与发送方的拥塞（发送）窗

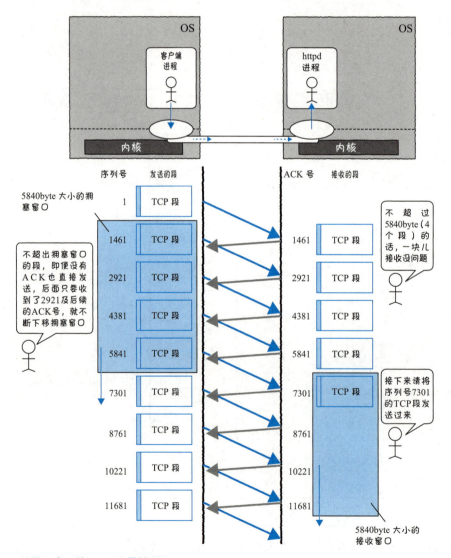

图 6.19　利用了窗口的 TCP 流量控制

口。通常接收方会将自己一次能够接收的数据大小作为接收窗口大小告知发送方。同时，发送方动态调整拥塞窗口，在拥塞窗口与接收窗口两者之中选择较小的一个作为拥塞窗口，在此范围内的发送无须等待 ACK。其后收到 ACK，断定与之对应的 TCP 段已没有重传的必要，便将这些段从发送用的套接字缓冲区中删除，拥塞窗口向下前进。像这样渐进窗口的方式，称作"滑动窗口（Sliding Window）"。

一旦接收方发现接收用的套接字缓冲区即将溢出、来不及接收数据时，就会缩小接收窗口，同时告知发送方。发送方便不再发送这部分数据，因为超出接收窗口大小的数据不会收到 ACK 返回。TCP 就是通过这样的方式进行着流量控制（Flow Control）。

拥塞控制

发送方的窗口为何要叫作拥塞窗口呢？不觉得奇怪吗？其实是因为这个窗口的大小会根据网络的拥塞情况（拥堵情况）进行调整。当网络拥堵起来时就缩小拥塞窗口的大小，减少发送的数据量，这就是拥塞控制。执行拥塞控制是因为 TCP 是一个"慎重"的协议，它会尽量避免自己给周围带去麻烦。

假设拥塞窗口的大小在通信开始时设定为 1，单位为段。在通信开始后，只要没有出现问题，并且正确送达接收方，拥塞窗口的大小会随着每次收到的 ACK 指数级扩大，如 2 段、4 段……，这种方式称作"慢启动"[※9]。

当窗口扩大到一定程度后，便会一段一段地缓慢增长了。期间要是检测到发送出去的段消失不见，也就是发生了拥塞，就会缩小拥塞窗口的大小以减少发送的数据量，随后重新开始执行拥塞窗口的扩大操作。最终，拥塞窗口的大小会变得与当下通信的吞吐量（通信速度）相等。

TCP 通过不断扩大、缩小拥塞窗口的大小，使自己在不影响周围的同时尽可能最大化通信速度。对了，像这样通信速度刚开始很慢，渐渐变得快起来的情形，是不是同我们在使用浏览器下载大文件时候的情形一样呢？

发送方会参考接收方的接收窗口大小与自己的拥塞窗口大小，选择其中较小一方的值为限，控制自己发送的数据量。就这样，流量控制与拥塞控制不断地进行着。

※9 虽说是"慢启动"，但由于窗口的大小是指数级扩大的，眨眼之间就会变得很大，发送速度也会相应提高。

6.7 网络层协议 IP

一旦生成了 TCP 段，IP 的处理工作也就开始了。

IP 是 Internet Protocol 的缩写，正如其名，它是当今互联网所用协议之中最重要的。具体来讲，IP 存在两个版本，一个是目前正被广泛使用的 IPv4，另一个是使用率正逐渐提高的新版本 IPv6。不过在面向企业的系统中，大多还是使用的 IPv4。

IPv4 与 IPv6 尽管名字相似，可基本没有互换性，请把它俩当作完全不同的协议。今后 IPv6 会越来越重要，但本书中介绍的 IP 均指 IPv4（如未特意说明）。

6.7.1 IP 的作用

简单来说，IP 的作用是"将所托数据传输到指定目标主机"。听起来虽然简单，却可以说是 TCP/IP 中最重要的功能。不过 IP 并不保证一定送达。IP 承担的功能很重要但数量并不多，列举如下。

- 以 IP 地址标记的目的地为终点的数据传输。
- 路由。

6.7.2 内核空间中的 IP 处理

下面我们继续来看看先前交给 IP 层的 TCP 段究竟如何了。

图 6.20 显示了内核内部进行的 IP 处理。生成的 TCP 段原封不动地进行 IP 处理，IP 层会给 TCP 段附加一个指明最终目的地的 IP 头，生成 IP 包[※10]。

IP 头中不仅记录有目标的 IP 地址，还记录有承载数据的长度、协议类型（TCP 等）、头部校验和等。

图 6.21 描绘了一个 TCP 段是如何变成 IP 包的。IP 包里的数据早已被 TCP 分割成了链路层能够发送的最大大小，所以基本上只是给其套上 IP 头[※11]。

※10 在定义了 IP 规范的 RFC791 文件中，采用的名称为 IP 数据报（Datagram），而不是 IP 包（Packet）。通常大家都称其为 IP 包，所以本书也记作 IP 包。
※11 实际上 IP 也拥有类似 TCP 段分割的包分割功能。IP 层对包进行的分拆与重组功能，称作 IP 的"分包"（Fragmentation）与"组包"（Reassemble）。

6.7 网络层协议 IP

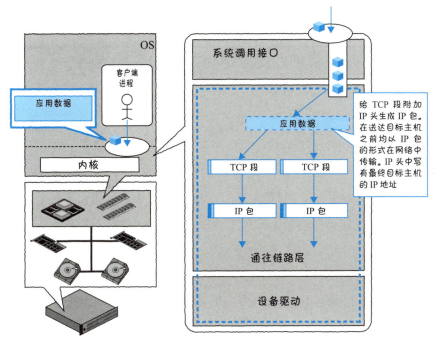

图 6.20 内核内部的 IP 处理

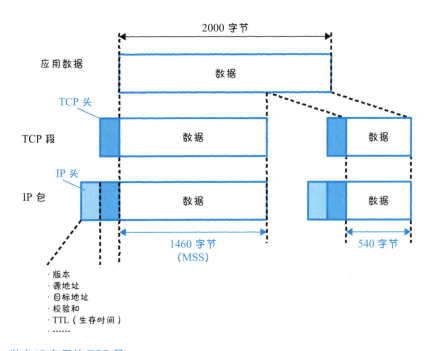

图 6.21 装在 IP 包里的 TCP 段

另外，TCP 头的大小为 20 字节，IP 头（IPv4 头）的大小基本也是 20 字节，所以这时第一个 IP 包的实际大小为 1460+20+20=1500 字节，第二个包的大小为 540+20+20=580

字节。

6.7.3 以 IP 地址标记的目的地为终点的数据传输

IP 层的数据要转发到最终目标主机，中途需要跨越多个网络，这时所用的标识便是指明目标主机的 IP 地址。

IP 地址是一行能够被计算机直接处理的 32 位二进制数字。为了便于理解，通常以 8 位为一组通过点号隔开，同时转换为十进制的形式展现在人们眼前，比如 192.168.0.1。

一个 IP 地址分为网络与主机两个部分，网络部分指定具体归属的是哪一个网络（哪里），主机部分指定归属网络中的具体哪一台计算机（谁）。也就是说 IP 地址指定了"哪里"的"谁"。

为了指明 IP 地址中哪一部分是网络、哪一部分是主机，可以通过两种表现形式实现。一种称作无类别域间路由（Classless Inter-Domain Routing，CIDR），使用斜杠加数字的形式，如 /24；一种称作子网掩码，使用数字加点号的形式，如 255.255.255.0[※12]。

归属同一个网络的计算机的 IP 地址，其网络部分必须设定为相同的值。下面我们来实际看看，请看图 6.22。

保持十进制的表现形式多少有些不容易辨识，转换成二进制的话就浅显得多。图 6.22 中包含了两个属于同一网络的主机，看看它们的 IP 地址，网络部分是不是相同的？

IP 地址与电话号码很相似。比如东京都内的电话号码均以 03 开头，像是 03-xxxx-xxxx 这样。网络也是一样，在同一个网络内大家都使用相同的网络地址，子网掩码便是一个明确从首位直到多少位为止都为网络地址（区号）的记号。

在 IP 地址中，主机部分的二进制位全为 0 的地址是一个网络地址，全为 1 的地址是一个广播地址，都是不能被分配使用的特殊 IP 地址。比如图 6.22 例子中的网络 B，192.168.8.0 就是它的网络地址，192.168.11.255 就是它的广播地址。这两个地址都是特殊地址。

另外，向广播地址发出的包会被同一个网络中的所有主机收到。与广播相对的，向一个普通地址发送数据叫作单播。

※12 将 /24 换作子网掩码来思考的话，那就表示有 24 个左起连续的 1，其余为 0。比如与 /24 对等的 255.255.255.0 换算成二进制的话，就是 11111111.11111111.11111111.00000000，确实从左边开始连续排列着 24 个 1 呢。

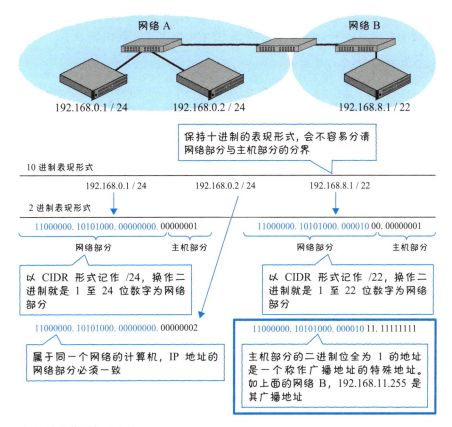

图 6.22　IP 地址的范围与 CIDR

小专栏

IP 地址的枯竭与 IPv6

你可能听说过"IP 地址枯竭"。大约在 2010 年之后，这个问题的严重程度渐渐突显出来，大家想尽了各种办法延缓问题爆发。现在使用的 IP 是 IPv4，地址由 32 位二进制数构成，因此可以使用的 IP 地址数大约有 43 亿个。随着因特网的急剧普及，这 43 亿个 IP 地址已被全数使用。防止枯竭的单纯方法就是增加 IP 地址的位数，就像手机号码由 10 位升为 11 位，IP 地址也一下子由 32 位增加到 128 位，这就是 IPv6。本来二进制数就不太容易被理解，加上位数又由 32 位增加到 128 位，IP 地址更晦涩难懂了。

然而这个 IPv6 与 IPv4 之间并不存在互换性，本章开头也有提过。以支持 IPv4 为前提设计的网络设备、应用，如果不加以修改，是无法直接使用 IPv6 的。同时，通信并非单方面的，通常都需要 Web 服务器的提供方与使用方（通信双方）都使用支持 IPv6 的网络设备和应用。其实早在 2000 年前后，IPv6 就作为规格与产品面世。经过长期的发展，IT 环境对其的支持也在不断推进，可以说终于迎来全面上线 IPv6 的时刻了。

2012 年 6 月 6 日，举办了名为"World IPv6 Launch"的世界级活动，目的是推动网络服务向 IPv6 迁移，活动参加者们（参加企业、团体）在这一天上线了自家服务对 IPv6 的完全支持。以此为契机，主要门户网站、互联网服务提供商们也开始提供 IPv6 支持。IPv6 虽然在企业网络环境中鲜有使用，但在互联网世界的使用逐渐多了起来。

顺便说一下，虽然 IPv4 与 IPv6 之间没有互换性，但上层的 TCP 以及更上层的 HTTP 的运作均不依赖特定版本的 IP，所以用户在使用浏览器浏览 Web 页面等时，并不会知道下层使用的到底是 IPv4 还是 IPv6。这也是分层结构的优点。说不定正在阅读本书的你，早已用上了 IPv6 网络。

6.7.4 私有网络与 IP 地址

前文示例中记载的 IP 地址多以类似 192.168.0.1 这样的形式出现，你有没有思考过为何常常见到这种以 192.168 开头的 IP 地址呢？

所谓的 IP 地址，指的是一个对接收目标做唯一性限定的地址。假如处于不同场所的两台计算机使用了完全相同的 IP 地址，那包到底传给谁才好？这就出现问题了。本意是想让所有计算机都拥有独一无二的 IP 地址，但受其数量所限无法实现。同时，互联网所用 IP 地址的管理权也分散各处，例如"这个范围的 IP 地址是 ×× 组织在使用"；更不能随心所欲任意设定 IP 地址，例如"1.2.3.4 这个地址不错，配置上"。

家庭网络、企业网络，也就是私有网络，因为与外界没有关联，所以你会觉得 IP 地址怎样设定应该都没问题。其实 RFC1918 对这些私有网络能够自由使用的 IP 地址做了规定，如下列 3 种范围。

- 10.0.0.0/8（范围 10.0.0.0 ～ 10.255.255.255）。
- 172.16.0.0/12（范围 172.16.0.0 ～ 172.31.255.255）。
- 192.168.0.0/16（范围 192.168.0.0 ～ 192.168.255.255）。

这些也被称作私有地址（Private Address）。特别是在家庭网络等环境下，常常都能见到以 192.168 开头的 IP 地址。现实中，更多是使用 192.168.0.0/24 这样的地址范围，进一步细化分割了网络的大小。另外，与私有地址相对的、能够用于互联网通信的 IP 地址称作公有地址（Public Address）。

不过私有地址存在两面性，虽说自由使用带来了便利，却也因此无法与互联网上的主机等直接通信。总的来讲，就是如果你的计算机只分配到私有地址的话，就连通过浏览器访问 Web 站点都不行。为避免出现这种状况，通常会先准备一台同时分配有公有地址与私有地址的主机，随后只拥有私有地址的主机再借由它来实现与互联网世界的通信[※13]。

6.7.5 路由

TCP 的处理仅在发送、接收数据时的主机内部进行，而 IP 的处理覆盖整个传输过程，路由（Routing）便是其中一项。

IP 地址能够指定数据到达的目标主机。不过，这个目标主机并不一定永远都与源主机位于同一个网络中，如果两者所处网络不同，又是怎样一个情况呢？这时就需要请求或许知晓目标具体所在的路由器，让它们将数据转发给最终目标。

收到 IP 包的路由器会先根据包头信息确定相应目标，然后检查下一步该往哪里发送。这时会用到一个称作"路由表（Routing Table）"的东西。主机和路由器会不断将自己所知的目标关联信息作为条目列入路由表。路由表由多个信息构成，包括管理员手动输入的线路信息、通过主机自身所设定的 IP 地址能够推断的信息、使用路由协议交换到的信息等。

在一个与外部网络有连接的网络中，通常都设置有一个称作"默认网关（Default Gateway）"的路由器。

请看图 6.23，一台同时属于网络 A 与网络 B 的主机正试图发送 IP 包。从 IP 地址来判断，目标位于网络 E，但由于其自身的路由表中并不存在这个目标，所以无法肯定。这时，该主机会直接把默认网关作为目标将包发送给它。默认网关同外面的网络相连，帮助我们把包转发到外面的世界。需要注意，即使指定了一个默认网关，但它若没有与外界相连，自然无法将包转发出去，也就毫无意义。回到图中，作为默认网关的路由器总算帮我们把包好好地送达网络 E 了。

这幅图有问题，网络 C 边界上的 3 台路由器不能用这个三叉连接，即无此种物理连接也无此种逻辑连接，同时与后面文章内容（用红底标记）也不对应了。

※13 彼时会采用 NAT、HTTP 代理这样的机制，但本书并不会涉及过多。

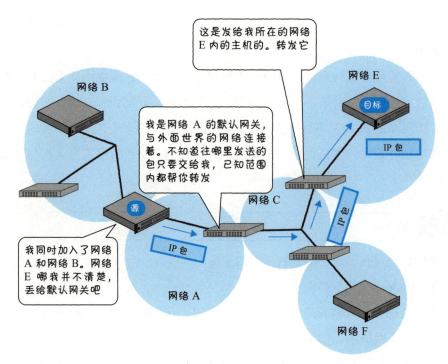

图 6.23　IP 包的路由

　　IP 实现的转发，是建立在对周围的信任之上的。特别是互联网通信，需要经由多个自身无管理权的网络帮助转发，才能将包送达目标主机。由于每台路由器都参照自身的路由表来转发包，所以当中途某个路由器的路由表出现问题时，就会出现将包丢给错误目标的情况。

　　比如，处在网络 C 与网络 F 边界上的路由器的路由表存在错误，将通往网络 E 的路径错误地记录成了可以经由网络 A，这会导致怎样的情况出现呢？这台路由器理所当然会将包又丢回网络 A 与网络 C 边界上的路由器，而收到本是自己丢出去的包的路由器又会再次将其丢出去……如此陷入循环，包在两个路由器之间来来回回。

　　一旦陷入这种状况，包会在网络中无限循环，最终导致故障出现。IP 头中记录着的生存时间（Time to Live，TTL）信息，就是为了防止这种情况出现而设计的。

　　假定一个包在发送时其 TTL 值为 64，每经过一个路由器时都会先将 IP 头中的 TTL 减 1 后再转发。接连转发下去，这个包的 TTL 值就会像 64、63、62……2、1、0 这样持续减少，最终减成 0。一旦成为 0，也就标志着这个包的生存时间已经终结，随后会被路由器丢弃。在转发正常的情况下，像这样要经过多至 64 个路由器的情况一开始就是不存在的，所以不会出现正常通信的包被丢弃的现象。多亏了 TTL，防止包像僵尸一样在网络中不断"徘徊"。顺带提一下，TTL 的起始值并没有硬性规定，不同的

OS 有着不同的默认值。

> **小专栏**
>
> ### 校验和从 IP 头中消失的那天
>
> IPv4 与 IPv6 最大的不同莫过于地址空间的长度，此外还存在其他几处差异，其中之一便是校验和（5.9.3 节）的有无。
>
> 在 IPv4 的头中留有记录头部校验和的空间，通过此空间实现对头部信息完整性的确认。不过，随着头部信息的变更，校验和也必须重新计算。头部含有能够更改的部分？是的，就是这个 TTL。它的值会随着每一个路由器的跨越逐一递减，也就导致了每经过一个路由器都需要重新计算校验和。
>
> 其实 TCP 头中就已经存在校验和了，而且这个校验和计算的内容不仅包括 TCP 段本身，还涵盖 IP 地址，实现了一致性的校验，因此 IPv6 直接拿掉了校验和这一项。至于其他不同，还有 IPv4 的头部长度可变，而 IPv6 的头部长度固定为 40 字节等。这些改变减少了路由器必须执行的计算处理。

6.8 链路层协议 Ethernet

一旦生成 IP 包，随之而来的便是链路层的处理。链路层所采用的协议当中，具有代表性的便是 Ethernet。这里强调一个"代表性"，是因为除了 Ethernet 之外，还有其他多个协议被使用，比如无线 LAN 的协议就并非 Ethernet。本节讲解的是有线 LAN 所用链路层协议 Ethernet，但也只是涉及与其他链路层协议共通的部分。

6.8.1 Ethernet 的作用

简单来讲，以 Ethernet 为首的链路层协议的作用，就是"负责将上层给予的数据传输到同一个网络内的网络设备"。在 TCP/IP 4 层模型中，链路层与物理层是被当作一层来对待的，OSI 7 层模型也类似，像 Ethernet 这样的链路层协议与下层物理层同样有着紧密的联系。

由于 Ethernet 用于电缆通信，Ethernet 帧是通过电信号进行传输的，因此 Ethernet 协议中包含了与电信号特性相关的控制功能及其他多种功能。其中一些功能的机制虽然复杂，但大多都不是很重要，所以这一部分就不做讲解。

余下的重要功能是转发,其作用如下。

- 负责同一网络内(同一链路)的数据转发。

IP 使用 IP 地址能够跨越多个网络转发数据。Ethernet 使用 MAC 地址,但只能在同一个网络内,也就是自身所在的链路内转发数据。

6.8.2 内核空间中的 Ethernet 处理

下面我们就来看看 Ethernet 是如何处理 IP 包的。

图 6.24 显示了在内核中被执行的 Ethernet 处理,通过确认 IP 层的路由表来决定包应该从哪一个链路(NIC)发送出去。如果最终的通信目标与自身处于同一个网络内就直接发送给它;如果处于不同的网络,应该先发送给默认网关。这里使用被称作 MAC 地址的链路层地址,向最初的目标发送数据。

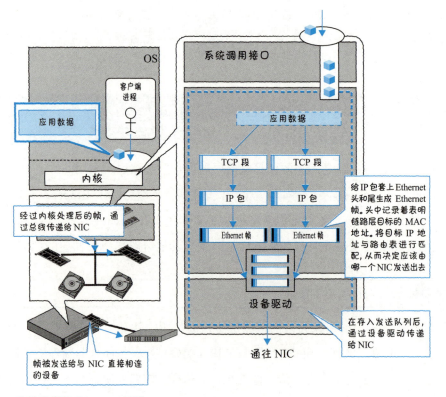

图 6.24 内核进行的 Ethernet 处理

Ethernet 头将 MAC 地址作为目标记录下来,不过这里记录的是同一个链路内的目标设备 MAC 地址。就同 IP 地址有对应路由表一样,MAC 地址也有对应 ARP 表(MAC 地址表)。同一个链路内的节点是以成对的 IP 地址与 MAC 地址进行标记的,比如 IP 地址的 A 所对应的是 MAC 地址的 B。

将相邻设备的 MAC 地址写入头部，最终由 OS 通过总线传递给 NIC，再由 NIC 发送到网络。

封装在 Ethernet 帧里的 IP 包

图 6.25 表现了一个应用数据的最终形态，即被封装进 Ethernet 帧的模样。对链路层协议（如 Ethernet）来说，1 个帧能够发送的最大数据大小叫作 MTU。MTU 会受到链路的类型及设置的影响发生改变，但通常为 1500 字节。这里请回想一下 TCP 的 MSS，前文讲到"MSS 会随着链路层大小的不同而有所改变"，准确来讲，是随着 MTU 的大小而变。从 MTU 中减去 IP 和 TCP 的头部大小后，剩下的便是 TCP 的 MSS。

一个 IP 包的最大大小等于"IP 头 +TCP 头 +MSS"。为何要调整 MSS 以使 IP 包的最大大小与 MTU 的大小相适呢？

首先考虑 IP 包的最大大小小于 MTU 的情况。这时，一个包能够传输的数据大小相对较小，当传输大块数据时会导致通信次数增加。就同第 5 章的 I/O 大小一节所讲，增加交换的次数会导致通信变慢。

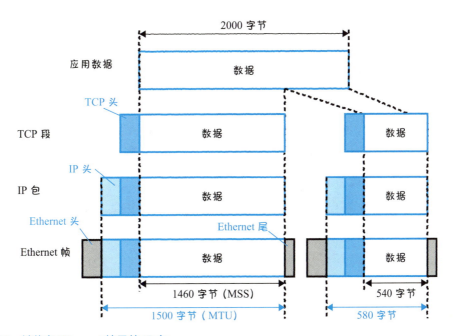

图 6.25　封装在 Ethernet 帧里的 IP 包

再来考虑 IP 包的最大大小大于 MTU 的情况，也就是试图发送 MTU 容纳不下的 IP 包。先前 6.7.2 节稍有提及，IP 也包含分割功能。对于超出 MTU 容纳范围的包，会在 IP 层被分割。就是说，一个数据在 TCP 层被分割为多个段后，又在 IP 层被进一步分割。这完全是在做重复工作，徒增了处理时间。

再者，网络上所有路径的 MTU 并非完全相同。要是传输途中遇到一段 MTU 较小的线路，导致无法容纳下 1 个包，对应线路的设备会根据需要对包进行分割。不过，也会因配置和环境的因素出现不分割的情况，此时该包只能被遗憾地丢弃了。为了防止出现这种状况，发送方会使用一个称作"路径 MTU 发现（Path MTU Discovery，PMTUD）"的方法，提前调查线路中的最小 MTU，从一开始就精确调整段的大小，避免重复分割。提醒一点，线路中对包进行分割是 IPv4 的功能，IPv6 已经将这一功能废弃。

6.8.3 同一链路内的数据转发

MAC 地址与 IP 地址有着怎样的不同呢？所谓的 MAC 地址，指的是分配给执行网络通信的硬件的物理地址。原则上来讲，它在全世界独一无二[※14]。IPv4 地址由 32 位构成，而 MAC 地址由 48 位构成，且通常以十六进制数记作下列形式。

- 02:46:8A:CE:00:FF
- 02-46-8A-CE-00-FF

从服务器等设备发出的 Ethernet 帧到达 L2 交换机时，收到帧的 L2 交换机会一边检查 MAC 地址一边将其从合适的端口再发送出去。不过，使用 MAC 地址的通信是无法跨网（L3 交换机、路由器等）进行的。

另外，以 IP 的广播地址为目标的通信是作为 Ethernet 的广播通信进行的，目标 MAC 地址为 FF-FF-FF-FF-FF-FF，相当于 Ethernet 的广播地址。当然，广播通信也是无法跨网进行的，所以一个网络（LAN）也被称作广播域。

图 6.26 中的发送源 1 正试图发起广播通信，发送源 2 正试图发起单播通信，让我们来看看具体是怎样的一个流程。

※14 实际上不仅存在重复的 MAC 地址，还存在能够修改 MAC 地址的网络设备。不过，考虑到使用 MAC 地址进行通信的范围仅限于同一链路内，如果不是故意为之，根本不会发生 MAC 地址冲突的情况。

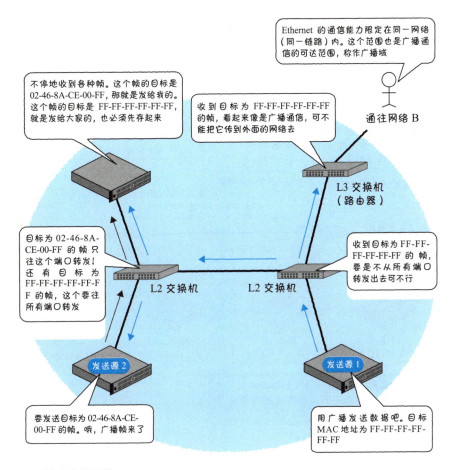

图 6.26　同一链路内的通信

6.8.4　VLAN

在网络构建伊始，通信的可达范围是我们不可忽略的重点。特别是像广播通信这种数据会向整体传播的通信，如果肆意滥用只会导致网络带宽的浪费。也就是说，最好先确定网络的边界，再选择合适大小的广播域对网络进行分割。

不过由前面所讲我们可以得知，一个网络的范围在很大程度上取决于实际交换机间组合搭配的形式，所以灵活组网并非易事。你是不是觉得，要是有一个不受物理结构影响，只通过修改配置就能划分网络的机制该多好？事实是刚好就有几种灵活组网的机制。本小节对普遍采用的虚拟局域网（Virtual LAN，VLAN）进行说明。

VLAN 的建立与物理结构无关，它是一种虚拟的网络划分机制，通过使用被称作 VLAN ID 的数字来管理虚拟划分出的每个网络。VLAN 包含多种类型，广泛采用的是"基于标签的 VLAN（Tag-based VLAN）"。

请看图 6.27。基于标签的 VLAN 是 IEEE 802.1 小中定义的一种类型，其通过给 Ethernet 帧附加所属 VLAN ID（Tag），实现了在一个物理链路中同时传输多个链路的 Ethernet 帧。

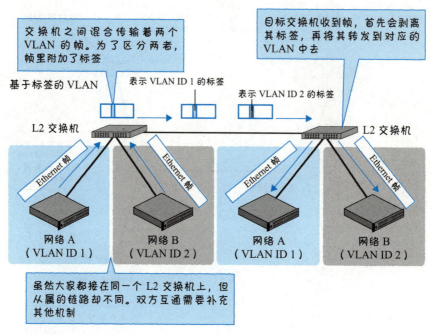

图 6.27　基于标签的 VLAN 的通信

通过上述方法，实现了在一根 Ethernet 线缆内传输分别从属于不同 VLAN 的帧，让物理上分隔两处的交换机也能组成同一链路。通过给交换机的每个端口分别指定一个 VLAN ID，即便是一台 L2 交换机也能处理多个链路的流量。

开启了基于标签的 VLAN 功能的交换机，在向其他交换机转发帧的时候，首先会给帧附加一个指示其所属 VLAN 的标签，然后再转发。当帧抵达目标交换机时，会先将标签取掉（Untag），再转发给目标计算机。

另外，如果两台计算机所连接的端口分别设置有不同的 VLAN ID，即便两者相连于同一台交换机之上，不借助 L3 交换机或路由器，也是无法直接通信的。乍一看有些不可思议，连接在同一台 L2 交换机上居然都无法通信，不过细想一下 IP 与 Ethernet 的机制，也就没什么奇怪的了。

6.9 在 TCP/IP 通信之后

截至上一节，本书以层次结构的形式具体说明了数据的发送处理。对于自 NIC 发送出去的 Ethernet 帧，其后又经历了怎样的处理呢？本节我们就来看看之后的中继处理与接收处理。

6.9.1 网络交换机的中继处理

我们先来看看网络交换机的运作情况。

请看图 6.28。在这个例子中两台服务器之间仅夹着一台 L2 交换机，发送出去的 Ethernet 帧将到达与服务器直接相连的 L2 交换机。L2 交换机正如其名，是进行 2 层（链路层）处理的交换机。2 层也就是 Ethernet 的层，所以 L2 交换机会先查看 Ethernet 头，确认当中的目标 MAC 地址，之后再将其从对应的端口发送出去。

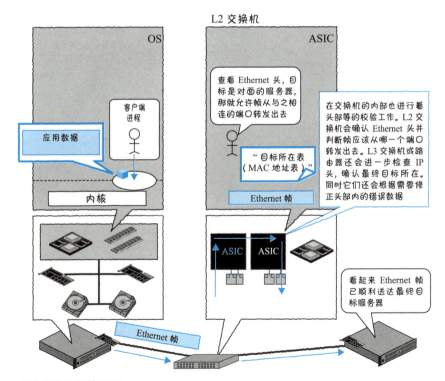

图 6.28 在线路中进行的处理

在 OS 内部，帧的处理是由内核负责的，那 L2 交换机内部又是哪一部分负责呢？当然，L2 交换机也是计算机，内部运行着交换机用的 OS，那帧的处理是由这个 OS 负责的吗？其实稍稍有些不同。像网络交换机这样的设备与我们通常使用的服务器不同，它的内部封装有专用集成电路（Application Specific Integrated Circuit，ASIC），强化了对帧、包的处理，减少了 OS 带来的开销，通过硬件执行的处理，实现了高速的帧、包转发。

在这个例子中，由于客户端与最终目标服务器位于同一个链路内，所以两者之间只有 1 台 L2 交换机。如果两者位于不同的网络中，那两者之间还会存在 L3 交换机或路由器。

L2 交换机只检查 Ethernet 头来确定目标，而 L3 交换机和路由器不仅检查 Ethernet 头，还会多检查一层 IP 头来确定目标，具体情况如图 6.29 所示。

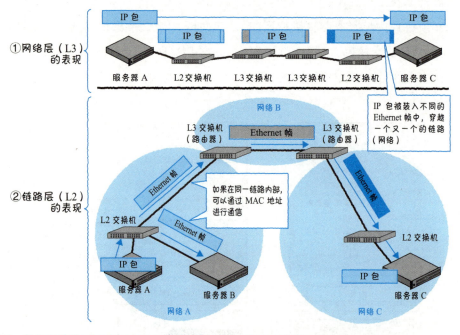

图 6.29　数据包传输时网络层（L3）与链路层（L2）的不同表现

服务器 A 似乎正要发送 IP 包，如图 6.29 ②左边部分所示。服务器 A 与服务器 B 均属于同一链路，因此，自服务器 A 到服务器 B 的 IP 包，由目标地址为服务器 B 的 Ethernet 帧负责进行传送。

接着，我们再看看服务器 A 是如何将 IP 包送到服务器 C 的，如图 6.29 ②中间及右边部分所示。由于服务器 C 与服务器 A 所处的网络不同，所以必须先将 IP 包发送给默认网关，再通过 IP 路由确定包的传输路径后继续传送。这里的 IP 包需要经过 3 个链路（网络），所以分别装进对应链路的 Ethernet 帧中进行转发。

6.9.2 传输终点的接收处理

数据以帧的形式经由多个 L2 交换机和 L3 交换机，最终送达目标服务器。图 6.30 显示了到达后的接收处理。前面章节中的发送处理是通过独立的图分别说明的，本小节采用一张整图来进行说明。

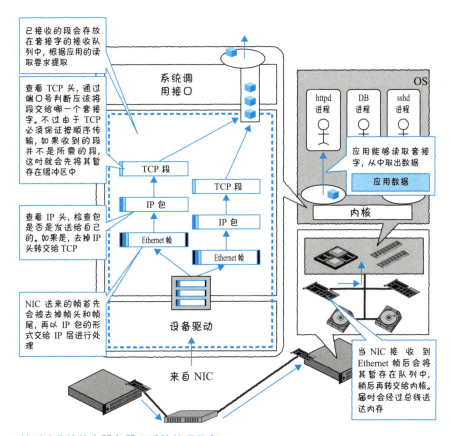

图 6.30　帧到达传输终点服务器之后的处理示意

当 NIC 收到一个帧后，会将其暂存在接收队列（4.3 节）中。通过向 OS 发送的中断或 OS 发出的轮询（5.3 节），帧被复制进内核开始后续处理。

首先去掉 Ethernet 帧头和帧尾，取出 IP 包。检查 IP 地址，确认接收方是否是自己。如果是，再去掉 IP 包头，取出 TCP 段。

然后确认 TCP 端口号，将数据转交给与端口号对应的套接字。由于 TCP 是保证数据可靠传输的协议，所以不接受段的丢失与失序。因此，在收到能够复原数据所需的所有段之前，已接收的部分段将在缓冲区中暂存。

最后去掉 TCP 段头，将承载的应用数据片段重组，随后由套接字转交给应用程序。

就这样通过 TCP/IP 的处理，实现了写入套接字的数据以原本的模样从接收方的套接字中输出。

小专栏

Ethernet 的提速与巨型帧

在 6.8.2 节讲过，通常的 Ethernet MTU，也就是 1 个帧所能承载的最大数据大小为 1500 字节。对于家庭或者公司的互联网通信来说，1500 字节的大小不会有任何问题，因为这些通信所交换的单个数据都相对较小。

不过对于本书中所列举的这些基础设施系统又是怎样的情况呢？

随着系统所消耗的网络带宽越来越大，如今采用 10Gb/s 的 Ethernet 连接也不再稀奇，交换机之间的连接采用 40Gb/s、100Gb/s 的情况也逐渐多了起来。这意味着转发的数据量正变得越来越庞大。你可能会产生疑问："帧保持 1500 字节的大小真的没问题吗？"与 MTU 有关的内容我们在第 5.4 节也有讲述，如果只有发送的数据大小变大，而 MTU 保持原样的话，只会增加数据发送的次数进而导致传输效率降低。

对于拥有 10Gb/s 或更高速率的大带宽链路，可以通过提高 MTU 大小的方式让数据的发送更加高效。此时的 Ethernet 帧就成了"巨型帧（Jumbo Frame）"。在笔者编写本书时，巨型帧的大小通常为 9000 字节。

第 7 章

实现基础设施持续运转的机制

为保护商用系统免受故障侵害，存在必不可少的机制，它们便是容错性与冗余化。在这些机制的内部采用了许多前面讲解过的基本理论。

7.1 容错性与冗余化

7.1.1 什么是容错性

在前面章节中，已经对 Web 系统基础设施中的数据流、所用算法与技术进行了说明。本章将稍稍深入一点讲讲实际的系统环境。对商用系统来说，基础设施是"承载实际业务的基底"，自然所需的支撑功能也不止一种。容错性便是其一，也称作高可用性。

所谓容错性，指的是尽可能保护系统服务不被中断。请看图 7.1，左侧是目标、右侧是实现手段。

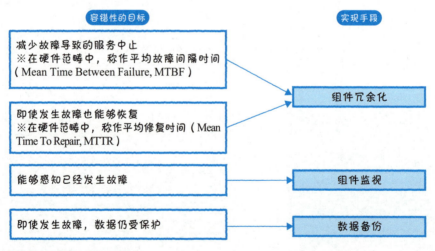

图 7.1　容错性的目标及实现手段

在商用系统中，一些中间件内置的功能与机制就包含了冗余化、监视、备份这 3 种手段，实现了上述目标。另外，冗余化不仅用于确保容错性，它还有其他用途，具体在后文讲解。冗余化是由第 4 章、第 5 章所讲的基础技术实现的。接下来就让我们来逐一认识。

7.1.2 什么是冗余化

首先需要弄明白何为冗余化。简单来说，它指的是将多个相同的功能并排，来确保其中某个功能发生故障时，剩余的功能也能继续提供服务。并排运行同一种功能，不仅有上述容错性的意义，从性能方面来讲，还有可扩展性和均衡负载等意义。

冗余化的示意图如图 7.2 所示。

图 7.2　即使倒下一个人也无大碍的就是冗余化

由于未采取冗余化，左图的小人看起来抬得很吃力。要是谁倒下了，上面站着的相扑就该摔下来了吧。相反，在采取了冗余化的右图中，即使倒下一两个人问题也不大。所以，冗余化也指提前准备"候补人员"。

在系统中，相扑就相当于服务。为确保服务持续稳定提供，需要将内部功能冗余化。如果是商用系统的话，基本上所有组件都要进行冗余化。

具体来讲，哪些机制是一定需要进行冗余化的呢？以图 7.2 为例，有如下几个机制，注意，括号内是冗余化的机制（功能）。

- 能够均分大家抬轿所耗费力气的机制（负载均衡）。
- 定期确认是否有人倒下的机制（内部存活监测）。
- 有候补时，确定具体搬运的相扑人员的机制（决定负载主体）。
- 有候补时，能够安全替换人员的机制（故障转移）。

冗余化功能里必定具有这些机制。下面就让我们以组件为单位来详细看一看这些机制是如何实现的，第 4 章、第 5 章所讲的理论又是如何被使用的。在此后的示意图中，将使用深色四角形的注释框标注对应理论名称以供参考。

> **小专栏**
>
> ### 让人苦恼的冗余化
>
> "这个系统的站点必须冗余化吗？"你有没有被这种问题难到过呢？由冗余化带来的容错性可以在不同的层实现。
>
> 1. H/W 组件级
>
> 这指的是对电源、网络、硬盘等进行的冗余化。目的是增强可靠性相对较低的区域，以及保护数据安全。通常我们所使用的服务器中装配有多个 CPU 和内存模组，不过只是为了提高处理能力，并未考虑"并行执行同一处理""暂存数据副本"。也就是说，特定 CPU 执行的处理仅其自身能处理，在出现损坏、无法正常工作时，并不能移交给别的 CPU 继续执行。
>
> 不过也并非绝对，还是存在少量支持的服务器，但由于可能会增加成本，因而需求很少。具体原因到底是什么呢？文末将给出答案。
>
> 2. 系统级
>
> 这指的是让多台服务器执行同一处理，对服务器进行的冗余化。目的是保证当某台服务器因故障停止时处理不被中断，使用户不受到影响。这种冗余化的效果显著、成果丰硕。
>
> 3. 站点级
>
> 这指的是将整套系统部署在别的站点（数据中心或云）实现的冗余化。目的是保证当数据中心发生停电或大规模灾害时，系统仍旧能够持续运行。虽然成本很高，但是许多公司仍旧采用此种方式保护自身的重要系统。
>
> 不把故障带来的影响传达给用户对基础设施来说至关重要。要是站点级能够提供完全的保护，在发生故障时瞬间切换，极端点来讲，根本就没有 H/W 组件级和系统级的事了。然而，这样的例子并不多见，实现站点级的瞬时切换需要耗费大量的人力物力。
>
> 你可能会问："嗯？难道需要在成本和可靠性之间进行权衡？"没错，这正是 CPU 的冗余化没有流行起来的原因。相比在 CPU 上砸钱，不如直接将系统冗余化，又便宜，效果又好。这里引申出，监测的重点在于发现服务的故障，而非单

> 一主机的故障。
>
> 我想，如何在控制成本的同时尽可能提高系统的可靠性，才是基础设施工程师所需追求的真理。
>
> 现在，是否有帮到你一点呢？

7.2 服务器内部冗余化

7.2.1 电源、设备等的冗余化

如第 2 章所述，典型的服务器内部部件，像是电源、风扇等均已冗余化。这样的设计是为了确保单个部件的损坏不会对服务器正常运转造成影响。

在机架背面的两端都提供了电源插座，两端都有是考虑到冗余化。实际的接法如图 7.3 所示，左右两侧的服务器电源分别插入两端电源插座。在往机柜安装服务器的时候，这样的设计很有用。

比如在大型数据中心，两端的电源插座更是分别与不同的低压配电柜或不间断电源（Uninterrupted Power Supply，UPS）（停电时使用的超大蓄电池）相连，增强对电源故障的抵抗力。

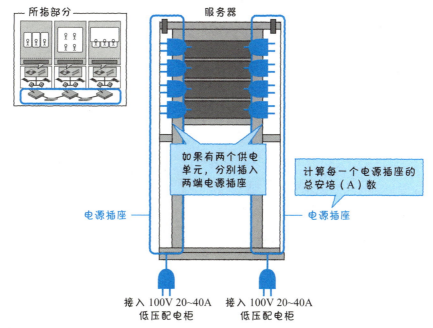

图 7.3　电源的冗余化

在设计电源的容错性时，要点在于保证单侧电源插座就能够提供全部服务器正常工作的电能，而不是要靠两端加起来才够。这是为了确保当单侧电源失效时，系统仍旧可以靠另一侧的电源供给正常运行。另外，服务器的耗电量可以在服务器的规格表中找到。

7.2.2 网络接口的冗余化

即便是插在 PCIE 插槽的扩展卡，也可以考虑冗余化。无论是以太网接口，还是 FC 接口，均包含冗余化功能及实现冗余化的软件。利用这些功能，可以实现扩展卡及接口的冗余化，如图 7.4 所示。图中的例子是个多卡多接口的结构，正是这样的结构让我们能够应对扩展卡故障与接口故障。

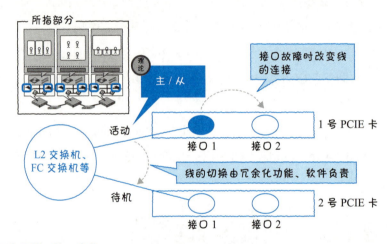

图 7.4　扩展卡及接口的冗余化

当存在多个以太网接口时，利用冗余化软件与功能可以提高可用性和性能。图 7.5 的例子，我们在第 2 章服务器相关内容中介绍过。看得出以太网接口是集成在主板上的，同时存在两个以太网控制器与两条通信总线。

假设 0 号口与 2 号口、1 号口与 3 号口各构成一组主备（Active-Standby）。如果将 0 号口与 3 号口设置为默认活动口，那么各接口就能分别独占 1 个控制器与 1 条总线，进而更加有效地利用硬件资源。

这种方案同样适用于 PCIE 插槽内的扩展卡接口。让我们提前掌握所用服务器中控制器与总线的详细规格，同时灵活配置，使其更加高效地工作吧！

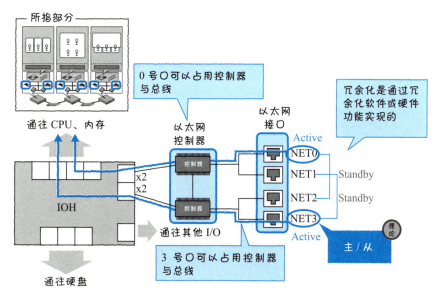

图 7.5　控制器冗余化带来的优势

当出现故障会变成什么样？

网络接口的冗余化是通过硬件或 OS 实现的，通常为主备结构。主备的概念与第 5 章介绍的主从区别不大，仅在于备（待机）的一方通常不提供服务，当主（活动）的一方出现问题时进行切换，备的一方转换为主的一方。这种切换被称作"故障转移（Failover）"，此后将多次出现相关的技术与概念，请务必记住它。

接下来让我们来看看作为网络接口冗余化实现的代表之一的 Linux 的 Bonding 机制。Bonding 支持多种模式，其中就有主备模式，英语为"Active-Backup"。可以手动将任一接口设置为主的一方。

监测 Bonding 下的冗余接口有两种方法："MII 监测"与"ARP 监测"。MII 监测是以符合媒体独立接口（Media Independent Interface，MII）标准的接口为对象的链路监测，是一种典型的内部监测。只要链路状态为 UP（接口处于已通电等与物理层面可以通信的状态），就判定为正常。而 ARP 监测是向指定 IP 地址抛出 ARP 请求，通过是否能够收到应答来确认自身是否正常。

MII 监测受到大家喜爱（作为主流）的主要原因有以下两点。

- 不发送多余的轮询包。
- 无须在意轮询目标设备（IP 地址）的状态（维护、故障）。

不过，还是存在只能通过 ARP 监测才能发现的故障。我们先来看看 ARP 监测的机制，请看图 7.6。

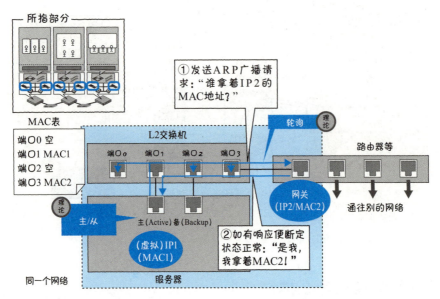

图 7.6　ARP 监测在第 2 层执行

ARP 监测定期执行 ARP 请求，只要收到响应则视为状态正常。ARP 请求是一种确认 MAC 地址的广播通信，在第 2 层（后文简称 L2）执行。在本例中，发出了搜索作为网关的 IP2 的 MAC 地址的请求。再来回顾一下何为广播，它指的是向同一个网络中的所有地址发送数据包。

要说 ARP 监测的缺点，那就是 ARP 请求的广播特性及监测的轮询机制徒增了非必要的流量。因此，ARP 监测的重点就在于要尽可能降低轮询频率，减少无谓流量的产生。通常，将间隔时间设置为 1～2 秒即可（MII 监测的话，一般为 0.1～0.5 秒）。

无论是何种监测，故障转移机制都是一样的，请看图 7.7。

当发生接口故障转移时，更新交换机的 MAC 地址表，随后恢复通信。

就像这样，作为网络接口冗余化方式之一的 Bonding，其功能的实现是在比第 3 层（后文简称 L3）网络层更低的层。再如，要是对设备（L0）进行冗余化，那肯定是在低层级进行更切实有效，但假如你突然告诉我："我要在第 7 层（后文简称 L7）应用层实现硬件的冗余！"我可要惊掉下巴了！所以，请好好体会并理解分层的概念。

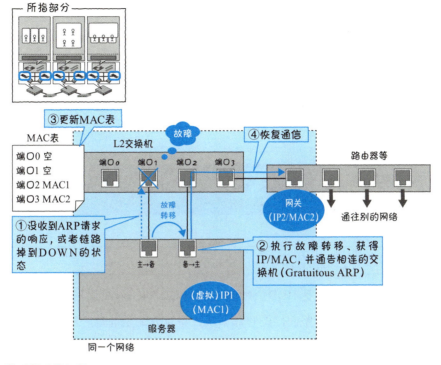

图 7.7　故障转移的机制

回到正题。前面我们讲到 MII 监测才是主流，但还是存在只能通过 ARP 监测才能发现的故障，比如图 7.8 所示的案例。

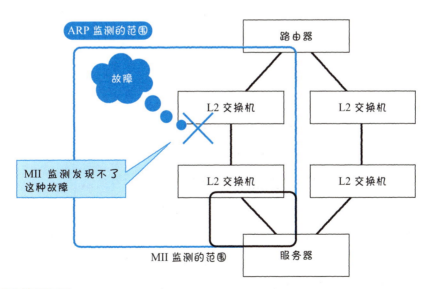

图 7.8　监测范围不同

ARP 监测可以对任意 IP 地址发送 ARP 请求，不过，通常情况只会向网关发送请求。因此，从结果上来讲，通过 ARP 监测可以确认图 7.8 中相应网络范围的状态正常与否。相反，MII 监测是通过确认接口的链路状态来实现的，所以最多只能监测到与自身直接相连的 L2 交换机。

看得出 ARP 监测的范围相对更广。因此，我们在决定采取何种类型的监测时，需紧紧抓住相应功能的长短处以及特性来综合考虑。

7.3 存储冗余化

7.3.1 HDD 的冗余化

存储冗余化的主要对象是 HDD（硬盘），因为 HDD 的驱动部件很多，容易损坏。

过去，构筑高速且具有坚固性的存储系统，主流方式是通过（FC 将服务器与存储连接在一起，组成一个存储区域网络（Storage Area Network，SAN）。近些年，越来越少见到采用此种方式来构建存储系统，原因包括投入费用高、变更（扩容）费时等。

如今，越来越多的 SAN 构建于 TCP/IP 之上。尽管易于使用，但由于是在 TCP/IP 上又结合了 SCSI 协议等，各种技术的相互组合导致机制越来越复杂。因此，考虑到 SAN 的机制相对容易理解，同时又有以 SAN 为前提推进技术演进的倾向，本书以 SAN 为例来说明 HDD 的冗余化。

存储的内部结构与 RAID

SAN 不使用 IP 地址，使用称作全球唯一名字（World Wide Name，WWN）的地址进行数据的传输，与 LAN 相比有着不同的网络拓扑。连接内部 HDD 的总线规格也各式各样，其中 SAS（Serial Attached SCSI）最为出名。

我们先来看看商用存储的内部构造与冗余机制，如图 7.9 所示。

控制器中包含 CPU 和缓存，对与 HDD 来往的 I/O 进行控制。HDD 安装在专用的箱体（称作盘柜或盘架）内，方便扩容。从图 7.9 中我们可以看到，各台设备都含有 IN 和 OUT 端口，顺着线条往下理，直到 HDD 为止，这些端口就像念珠一样串联在一起。在存储内部设计多条串联线路，是为了实现 HDD 访问的冗余化。

另外，服务器访问存储的方式通常有两种，主/备与主/主。有关访问方式的内容在后文讲解。

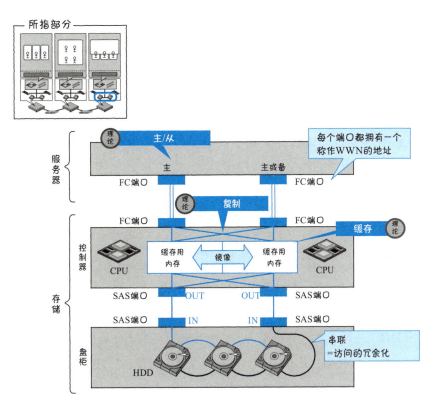

图 7.9　存储的内部结构

那么 HDD 自身的冗余化又是通过怎样的方式实现的呢？答案是独立磁盘冗余阵列（Redundant Arrays of Independent Disks，RAID），如图 7.10 所示。

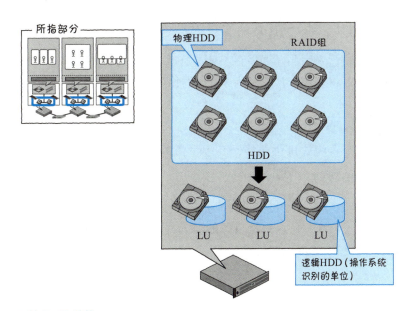

图 7.10　HDD 的 RAID 结构

所谓 RAID，是一种将多块物理 HDD 绑成一组，再从中划分出逻辑硬盘的技术。逻辑 HDD 称作 LU（Logical Unit）。服务器所识别的 HDD 正是这个 LU。

RAID 带来的好处有以下几点。

1. 确保容错性

RAID 将数据的写入进行冗余化，以确保即使 HDD 发生故障也不会导致数据丢失。因为 HDD 的驱动部件很多，容易引发故障，所以写入的冗余化有着至关重要的意义。

2. 提高性能

RAID（这里以硬件实现的 RAID 为前提）在执行 I/O 时，由 RAID 控制器先将 I/O 按预先设定的固定大小（8KB、16KB、32KB 等）进行分割，然后通过并行方式向多块 HDD 执行。这个固定大小称作 RAID 的条带大小（Stripe Size）[※1]。

让多块 HDD 并行工作，相比单一 HDD 拥有更好的 I/O 处理性能。想要发挥这个特性，可以向同一组 RAID 增加 HDD 的数量。但相应地，一块 HDD 发生故障带来的影响也会随之扩大，这就需要我们在两者之间进行权衡。近来，在组建 RAID 时，更倾向于重视 I/O 性能，1 组 RAID 中包含的 HDD 数量变得越来越多，达到了 8 至 15 块的程度[※2]。

3. 扩充容量

随着技术的进步，单块 HDD 的容量变得越来越大，但它在物理上仍然有着 600GB、1TB 这样的容量限制。但逻辑 HDD 不同，它可以突破物理极限，自由决定容量大小。例如，可以将多块合计容量为 10TB 的物理 HDD 作为一块逻辑 HDD 来对待。

RAID 的配置模式

RAID 有多种配置模式可供选择，其中主流的是 RAID1、RAID5 和 RAID10[※3]。下面分别说明它们的特点。

图 7.11 显示了 RAID5 的 I/O 处理过程。RAID5 通过将一种称作奇偶校验的检错码写入 HDD 来确保冗余性，特点是检错码的写入并非集中在 1 块 HDD，而是分散写入各个 HDD 中。

※1 在第 4 章就讲过，物理层面通常使用固定长度，这里也体现这一点。
※2 最佳的 RAID 条带大小取决于具体系统 I/O 的特性以及存储设备的类型。详情请咨询存储设备的生产厂家。
※3 RAID10 的 10 取自 RAID1 与 RAID0 的 1+0，并非数字 10。

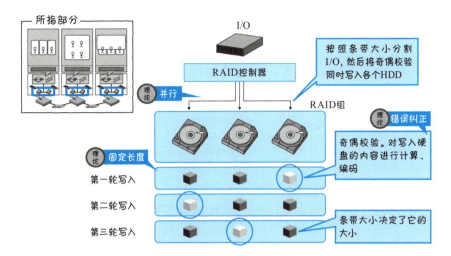

图 7.11　RAID5

图 7.12 中同时包含了 RAID1 与 RAID10。其中，RAID1 常用于 OS 所在磁盘的冗余化。RAID10 由 RAID1 和 RAID0 组合构成。

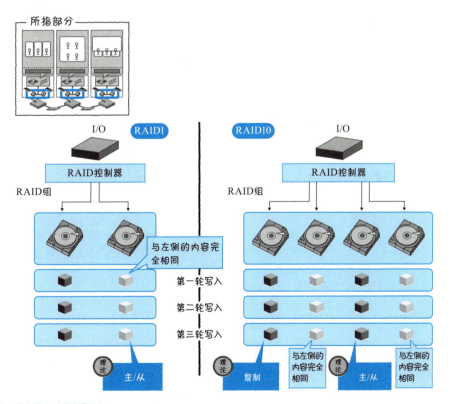

图 7.12　RAID1、RAID10

RAID0 的写入方式不含冗余性。

RAID10 通过向多个 HDD 并行写入的方式提供冗余性。相比单一的 RAID1 和 RAID0，它在容错性与性能两者之间取得了平衡。

性能方面，由于 RAID5 增加了奇偶校验的计算，I/O 性能要比 RAID10 差。容量方面，由于 RAID10 包含镜像机制，意味着实际可用容量只有全部 HDD 加起来的 1/2。相反，RAID5 的冗余部分相对较少，实际可用容量等于"（HDD 总数 –1）÷ HDD 总数"。所以，在重视性能、可用性时考虑使用 RAID10，重视容量时考虑使用 RAID5。

当出现故障会变成什么样？

接下来，以 RAID10 为例，图 7.13 对 RAID 下的 HDD 发生故障时的恢复进行了示意。

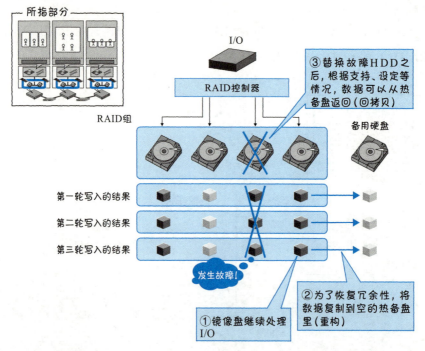

图 7.13　热备盘是一块待机的 HDD

只要提前组建了 RAID，即便 HDD 出现故障也不会导致数据消失，不过会失去冗余性。热备盘的存在就是为了恢复这失去的冗余性。当其中一块 HDD 发生故障后，控制器会自动将热备盘并入 RAID 组，恢复失去的冗余性。不过需要注意，如果在热备盘用尽且没有替换坏掉的 HDD 之前，又出现了新的 HDD 损坏，那不可避免会导致 RAID 的数据丢失（在图 7.13 所示的情形中，所有数据都会丢失）。

因此，即便通过 RAID 实现了冗余化，在发生多重故障时仍旧有可能无法复原数据。所以，要保证数据完整，不能仅仅依赖于 RAID，还必须养成数据备份的好习惯（与备份有关的内容在本章末尾说明）。

7.3.2 路径的冗余化

存储冗余化的另一个对象是服务器与存储之间的路径。例如，在 Red Hat Enterprise Linux 中就包含一个称作 DM-Multipath 的路径冗余化功能。本小节我们就以它为例讲讲路径的冗余化。

图 7.14 显示了在开启 DM-Multipath 功能后的 I/O 流。由于 DM-Multipath 是内核提供的功能，所以图 7.14 略显复杂，不过认真阅读第 1～4 章后就能够理解。

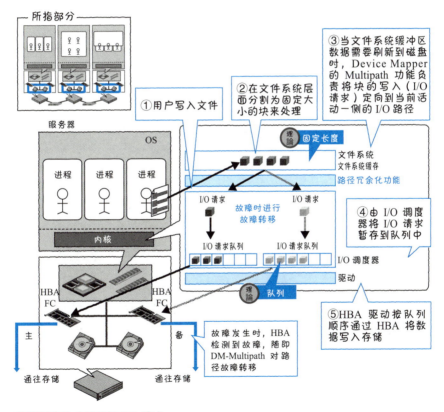

图 7.14　路径冗余化功能调度 I/O 请求

虽然 DM-Multipath 无法介入内核中 I/O 调度器与驱动对 I/O 的处理，但可以通过对 I/O 请求（固定大小数据块的集合）的重定向实现故障转移。如果存储支持 DM-Multipath，更能实现主 / 主（Active/Active）的负载均衡。

在路径冗余化中需要注意的点是故障发生时路径的切换时间。通常是将 HBA 认定已出现故障的超时时间设定为 30 秒左右，这是为了避免发生无谓的路径故障转移。但实际情况是早在故障转移超时之前，存储 I/O 就已经停止了。所以必须根据业务的接受情况来确定超时阈值，具体可以通过更改 HBA 驱动的参数配置来实现。

> **小专栏**
>
> ### 故障百物语 1——时间 OVER？！
>
> 这是很早以前笔者的亲身经历。
>
> 某一天给一台存储器插上电源开机，使用过后关机，再拔掉插头，然后放置一段时间没使用，结果开不了机了。原来是非易失性缓存中保存着存储的配置信息，如果该缓存中保存的信息丢失，就会导致无法启动的情况出现。这个缓存在没有外部电源供应时是通过电池维持数据的，但电池的续航时间有限，大约只有 72 小时左右，在电量耗尽之前如果没有重新接上电源就会出现上面的情况。就像电影一样有时限。
>
> 如果设备只是固定在数据中心提供服务，大多不会有什么问题出现，但要是需要进行迁移的话，超过了电池电量供应的极限，那就麻烦了。必定会听到有人咆哮："啊，搞砸了！"（不是别人，正是笔者自己……）
>
> 电池被广泛用在各种地方，就连 PC 与服务器内部也不例外。PC 内部电池的寿命大约在 3 至 5 年。如果电量耗尽，会使启动必需的 BIOS 配置丢失，导致 PC 无法正常启动（比如让你按 F1 键以默认配置启动或直接报错等）。因此，就需要我们定期进行更换。这也是服务器长期未重启，一旦重启就出问题的重要原因之一。
>
> 另外，还有一种称作 UPS 的以备突然停电时用的蓄电池。UPS 的意义在于停电时做一个缓冲，让服务器能够在一定的时间内持续运转、提供服务，同时在电力恢复无望时，又能正常关闭。当然 UPS 也是有寿命的，内部电池需要每隔数年进行一次更换。
>
> 记住，硬件中同样包含电池，特别是电池的更换，由于时间跨度长，往往容易遗忘。让我们现在就将它写入计划表吧！

7.4 Web 服务器冗余化

7.2 节就服务器的硬件冗余化进行了说明。本节开始,我们转换一下视角,从软件层面来看看 Web 服务器的冗余化。

7.4.1 Web 服务器的内部冗余化

负责接收客户端传来的 HTTP 请求的是 Web 服务器上运行的 Web 服务程序。本小节以 Apache HTTP Server(后文简称 Apache)为例进行说明,它是一个具有代表性的开源 Web 服务器程序。当前大多数 Web 服务程序是以线程方式启动的,当然 Apache 也提供了进程与线程两种启动方式。下面让我们来看看两者的不同,请看图 7.15。

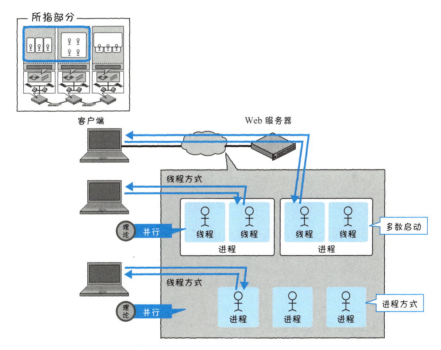

图 7.15 启动多个进程 / 线程实现并行处理

服务器一侧具体是以进程还是线程方式启动,对客户端来说没有任何区别(关于进程和线程的区别,请见第 3 章)。

在 Apache 中,无论采用何种方式启动,初始化时都会同时启动多个进程或线程,以快速应对大量客户端传来的请求。这样的机制保证了即使某个进程或线程发生故障,其他的进程或线程仍旧持续运行,不会出现 Web 服务器完全停摆的情况。

在第 4 章的内容中也略微提到过 Apache 的并行处理，下面就来具体看看 Linux 环境下的 Apache 进程 / 线程是如何启动的，如图 7.16 所示。

线程方式

表示一个进程内包含的线程数

UID	PID	PPID	LWP	C	NLWP	STIME	TTY	TIME	CMD
apache	4893	4891	4893	0	27	22:22	?	00:00:00	/usr/sbin/httpd.worker
apache	4893	4891	4896	0	27	22:22	?	00:00:00	/usr/sbin/httpd.worker
apache	4893	4891	4897	0	27	22:22	?	00:00:00	/usr/sbin/httpd.worker
apache	4893	4891	4898	0	27	22:22	?	00:00:00	/usr/sbin/httpd.worker
apache	4893	4891	4899	0	27	22:22	?	00:00:00	/usr/sbin/httpd.worker
apache	4893	4891	4900	0	27	22:22	?	00:00:00	/usr/sbin/httpd.worker
apache	4893	4891	4901	0	27	22:22	?	00:00:00	/usr/sbin/httpd.worker
apache	4893	4891	4902	0	27	22:22	?	00:00:00	/usr/sbin/httpd.worker

PID 全都相同

进程方式

UID	PID	PPID	LWP	C	NLWP	STIME	TTY	TIME	CMD
apache	5023	5021	5023	0	1	22:26	?	00:00:00	/usr/sbin/httpd
apache	5024	5021	5024	0	1	22:26	?	00:00:00	/usr/sbin/httpd
apache	5025	5021	5025	0	1	22:26	?	00:00:00	/usr/sbin/httpd
apache	5026	5021	5026	0	1	22:26	?	00:00:00	/usr/sbin/httpd
apache	5027	5021	5027	0	1	22:26	?	00:00:00	/usr/sbin/httpd
apache	5028	5021	5028	0	1	22:26	?	00:00:00	/usr/sbin/httpd
apache	5029	5021	5029	0	1	22:26	?	00:00:00	/usr/sbin/httpd
apache	5030	5021	5030	0	1	22:26	?	00:00:00	/usr/sbin/httpd

PID 全都不同

图 7.16　冗余化后的 httpd 进程 / 线程状态

httpd 是 Apache 的进程 / 线程。图 7.16 所示是命令 "ps -efL" 的结果，是不是很容易区分进程与线程之间的不同状态？启动数量的最大值、最小值等细粒度参数都可以手动指定，不过具体如何设置本书就不涉及了。

在商用系统中如果系统资源有富余，通常会把启动进程 / 守护进程数量值的最大值与最小值设为一样，这样能够消减进程或线程在启动 / 停止时带来的开销。

当出现故障会变成什么样？

我们再来看看，当 httpd 进程 / 线程陷入无法接收请求的状态时，又是怎样一个情况。在第 6 章有关 HTTP 请求 / 响应的内容中提到过，这时会使用状态码。状态码有着不同的类别，如图 7.17 所示。

4 开头和 5 开头的状态码表示发生了常见错误。当服务器侧出现问题，httpd 进程 / 线程无法接收请求时，将向客户端返回 5 开头的错误码。例如，当请求过多而服务器不能及时处理这些请求时，就会返回 "503 Service Unavailable" 错误。Web 服务器与其他服务器不同，对于收到的请求并不会暂存进队列，如果处理不过来会立马返回错误。

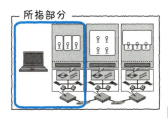 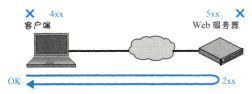

状态码	意义
100xx	相关补充信息
200xx	表示处理正常结束
300xx	表示发生重定向相关错误
400xx	客户端侧的错误。表示请求有问题，不能正常返回响应
500xx	服务器侧的错误。表示服务器侧有问题，不能正常返回响应

图 7.17　HTTP 的状态码

7.4.2　服务器冗余化

前面我们说明了有关进程/线程的冗余化，但对于 Web 服务器自身的冗余化，又是怎样实现的呢？请回忆一下访问 Web 服务器时的情形。首先打开浏览器，然后输入 URL。在这个 URL 中包含主机名，需通过域名系统（Domain Name System，DNS）解析来确定 Web 服务器的实际 IP 地址。

Web 服务器冗余化手段之一是活用 DNS，使一个主机名对应多个 IP 地址，如图 7.18 所示。

图 7.18 所示的技巧称作 DNS 轮询。通过为一个主机名注册多个 IP 地址实现服务器的冗余化。DNS 针对每一次查询顺次返回不同的 IP 地址。这种方法最大的优点就是容易实现，不过注意事项有如下两点。

一是 DNS 不会监测并掌握服务器的状态，即使服务器已经停机，也会将它的地址返回给客户端。因此，不适合用在重视可用性的场合。

二是 DNS 不会关注会话的状态，所以也不适合用在需要持续访问同一服务器的场合。例如，Web 服务器内存储着动态内容、有状态会话内容时，DNS 轮询就不适用。

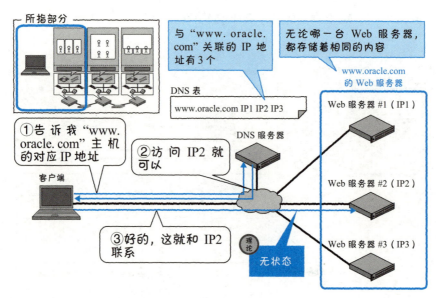

图 7.18　向 DNS 注册多个 IP 地址（DNS 轮询）

负载均衡器实现的 Web 服务器冗余化

继续拿上面的例子来看看更高级别的冗余化手段——使用一种称作负载均衡器（Load Balancer）的设备。

图 7.19 所示是使用了负载均衡器的负载均衡机制示意图。

会话保持的方法有多种，图 7.19 中是通过让负载均衡器将前一次分配的 Web 服务器号写入 Cookie 来实现的。

在第 6 章讲解 HTTP 时就有提及，Cookie 是消息头包含的要素之一。客户端侧的 Cookie 如果可用，在后续的访问中，都会将这个 Cookie 写进 HTTP 的请求头中。

负载均衡器通过读取这一 Cookie，将请求分配给同一台服务器，这样就实现了有状态会话。负载均衡器临时维持这一个记录着对应关系的会话表，在向客户端返回请求时查表确认。

实现有状态会话的功能在负载均衡器中被称为"保持（Persistence）"。表 7.1 中列出了几个保持功能的例子。

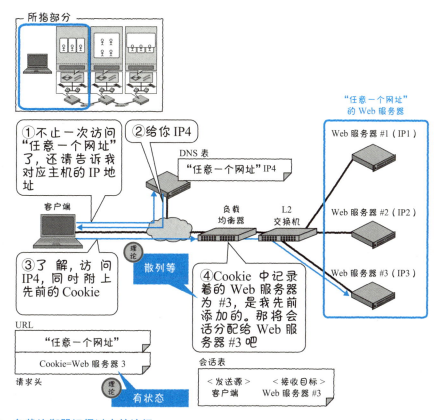

图 7.19 负载均衡器记得过去的访问

表 7.1 主要的保持功能

保持的类型	内容
源 IP 地址	根据客户端的 IP 地址,确定请求应分配给哪台 Web 服务器(例如,如果客户端 IP 的尾数是奇数,则将其分配给 Web 服务器 1 等)
Cookie	将先前访问过的 Web 服务器信息写入 HTTP 头(图 7.19 的方式:重定向)
URL	将先前访问过的 Web 服务器信息写入 URL 上下文

在使用上述功能之前,有以下几个应该注意考虑的点。

- 选择基于源地址的会话保持时必须考虑到,如果客户端是通过代理服务器发出请求的,那代理服务器的 IP 地址就会被视为客户端的 IP 地址,从而导致请求出现偏移。
- 选择基于 Cookie 的会话保持时,必须确认负载均衡器附加的 Cookie 会不会被其他 AP 服务器等覆盖掉。
- 选择基于向 URL 嵌入信息的会话保持时必须要有对策,防止用户直接编辑

URL 进行未经授权的访问。通常该信息应先由散列函数进行转换，再向 URL 附加。

要是你刚好需要会话保持功能，务必思考一下以上几点。

另外，负载均衡器对于首次访问时的服务器分配也存在多种算法，如表 7.2 所示。

表 7.2 负载均衡器的分配算法

算法	内容	复杂度
轮询	将请求按顺序分配给每个服务器 IP	简单
最小连接数	将请求分配给当前活动会话数最少的服务器 IP	
响应时间	综合考虑服务器的 CPU 使用率、响应时间等，将请求分配给其中负载最低的服务器 IP	复杂

当出现故障会变成什么样？

负载均衡器能够监测其后端的 Web 服务器的运行状态。当检测到故障发生时，可以将客户端的请求动态调整至其他正常的服务器（故障转移）。看起来像是个不错的功能，不过慢着……此刻的转移动作真不会影响客户端侧的操作吗？请看图 7.20。

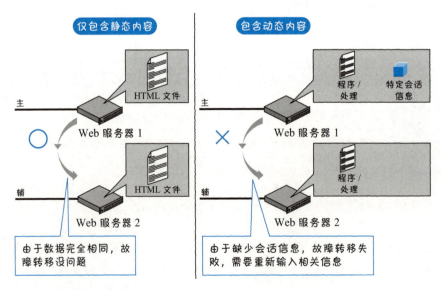

图 7.20 有些信息因故障转移丢失

正如图 7.20 所示，如果是静态内容（比如简单的 HTML 文件），客户端操作一切照旧。但要是动态内容，故障转移会导致会话信息丢失，不得不将会话状态初始化。

比如在网上购物时发生故障，所有输入的内容都会消失（用户登录状态、购物车内商品等）。要是刚好发生在即将按下下单按钮时，多少会有一些郁闷吧……

要想保证出现故障时不丢失会话信息，除了故障转移之外还需要加入一些别的机制。像是 Java 就内置有会话信息的保护机制，后面再讲。

选择分配算法时的要点是"不要选择复杂的算法"，越是复杂，计算时的负载就越大。

对于处理静态内容的 Web 服务器，处理通常简单，CPU 等资源的消耗与会话数量成正比，所以大多都选择轮询、最小连接数这样简单的算法。

负载均衡器价格昂贵，除了支持本章所介绍的功能之外，还可以进一步细化分配条件，不单看 IP 地址。比如根据"IP: 端口"（L4）来确定服务器的重定向，或是根据"IP: 端口 /URL 上下文"（L7）来确定服务器的重定向。

7.5 AP 服务器冗余化

7.5.1 AP 服务器的冗余化

继 Web 服务器冗余化之后，我们再来思考一下 AP 服务器的冗余化吧。AP 服务器的冗余化由两种功能实现。

一是与上一节中 Web 服务器相同的负载均衡器实现的冗余化，以及 AP 服务器自身拥有的从 Web 服务器派生出来的请求冗余化功能（分散提交给 AP 服务器的请求）实现的冗余化。请求的分散与附加会话信息机制与 Web 服务器并无差别，考虑到篇幅有限，这里就不再赘述。

二是会话信息的冗余化。执行应用程序的 AP 服务器内置会话信息冗余化功能。所谓会话信息，我们在前面的 Web 服务器冗余化一节稍有接触，指的是应用程序的状态。比如，我们在创建账户时，输入姓名、地址等信息后提交，随后就会弹出"请确认如下信息是否正确"的确认窗口。这就是会话信息，可以把它比作引用程序状态的临时记忆。

AP 服务器通过分散请求、会话信息的冗余化实现了自身的冗余化。本章将以 Java 为例进行解说。商用 AP 服务器的种类多样，这里将使用 Oracle WebLogic Server（以下简称 WebLogic）为例进行说明，如图 7.21 所示。

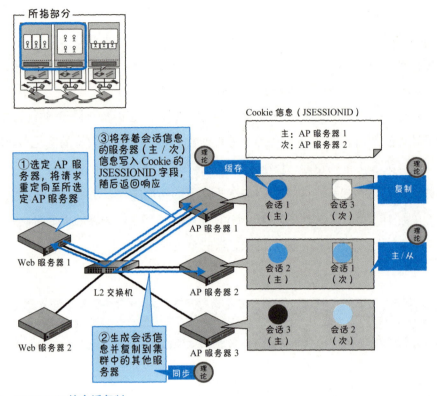

图 7.21　WebLogic 的会话复制

图 7.21 展示了 WebLogic 的会话复制机制。WebLogic 包含重定向用的插件，该插件用在 Web 服务器上。被直接访问的 AP 服务器作为主服务器保存会话信息，同时次服务器持有会话信息的副本（复制）。服务器信息写入 Cookie 后返回客户端。

当客户端再次发送访问请求时，Web 服务器中安装的重定向用的插件负责确定谁是主服务器，并将请求重定向至该服务器。

当出现故障会变成什么样？

以 WebLogic 为例，AP 服务器出现故障时的转移机制如图 7.22 所示。

从图 7.22 中我们可以得知，根据 Cookie 的指引读取次服务器的会话信息，使会话得以继续。这样，先前在线购物例子中的购物车信息就不会丢失了。

需要注意，由于会话信息的复制会增加内存与网络资源的消耗，所以在规划系统能力时不要漏掉了这点。

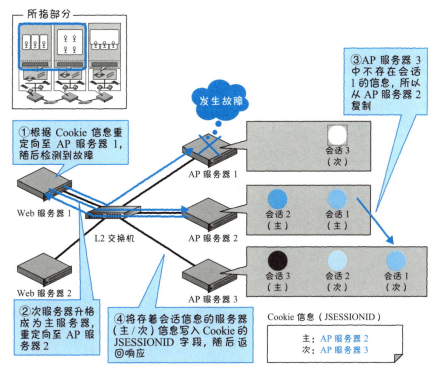

图 7.22　发生故障时的会话接力

7.5.2　数据库连接的冗余化

AP 服务器处在三层架构系统的中间位置。接下来，让我们看看 AP 服务器与 DB 服务器的连接部分的冗余化。

AP 服务器包含一个称作连接池化（Connection Pooling）的功能，预先为我们建立多条访问 DB 服务器时所需的连接。在 WebLogic 中，通过设置数据源来实现该功能，大概内容已在先前 5.3.2 节连接监测例子中有所提及，本小节将通过图 7.23 来展示连接池化的具体使用方法。

原本数据源就拥有建立多个连接的能力，自然也就能够并行执行数据库处理。使用数据源的优点就在于，应用程序无须知晓 DB 服务器的 IP、端口等信息，只需知晓数据源的名称。图 7.23 中的 GET 与 CLOSE 是 Java 的 Connection 对象的 getConnection() 方法与 Close() 方法。应用程序无须释放连接，因此也省掉了连接建立与释放的时间以及相应的资源消耗，从而大大加快了处理的速度。

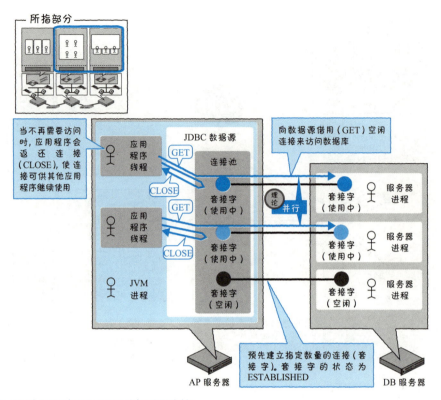

图 7.23　通过 GET 与 CLOSE 重复利用连接

随着连接池化技术的显著发展，无论是在 WebLogic 中，还是在 Oracle 数据库中，越来越多的功能开始采用此项技术。功能的具体实现因产品而异，本书不做说明，想要更加深入了解的读者，可以尝试使用如下关键字检索相关资料："Multi Data Source" "Active GridLink" "Fast Connection Failover（FCF）" "Runtime Connection Load Balancing（RCLB）"[※4]。

当出现故障会变成什么样？

5.3.2 节讲到，WebLogic 在监测到一个连接出现两次失败时会将其暂时切断后再重新建立。那么，当全部连接都处在使用中时，又是怎样一种状况呢？请看图 7.24。

答案是："以设定的最大值为限，不断增加连接数，当连接请求达到上限后，只能让其等待一定时间"。等待时间可以通过参数 "连接保留超时（Connection Reserve Timeout）" 进行设定。当等待时间超过阈值时返回错误。看得出它与 Apache（图 7.15）不同，会将请求放入队列。

※4　一本由甲骨文顾问撰写的姊妹书《新版 Oracle 实战经验珍藏》（翔泳社，ISBN:978-4-7981-2816-0）中也详细写有这些内容。有兴趣的读者请一定不要错过！

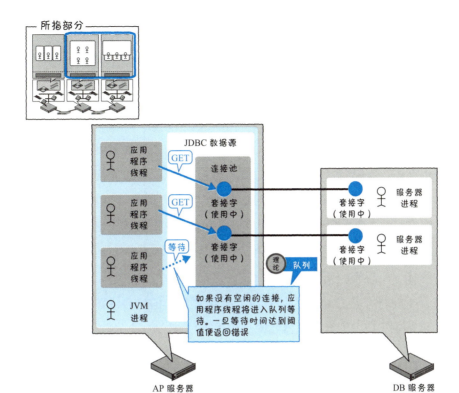

图 7.24　连接等待一定时间

鉴于以上特征，连接池化的一般设计准则如下（也可以说是设计连接及会话时的常用思路，请参考）。

· **将最小值与最大值设定为相同的值**

这与设置 Web 服务器的 httpd 进程 / 线程数量时的理由相同，都是为了尽可能减少连接在建立、释放时所带来的开销。通过这样设定，连接的开销集中在了首次建立时。

· **提前确认是否存在防火墙**

AP 与 DB 的连接区间如果存在防火墙，会导致长时间未使用的会话被自动切断，请千万别忘记确认防火墙的存在。连接正确建立后，套接字为 ESTABLISHED 状态，但要是没有实际数据交换，连接区间的网络设备会认为连接已空闲。特别是以安全为目标的防火墙，会强制切断长时间处于空闲的连接。因此，可能会发生意料之外的连接中断。所以有必要提前准备对策，比如定期进行轮询等操作。看，这里又用到了轮询。

7.6 DB 服务器冗余化

7.6.1 DB 服务器的冗余化（主 – 备）

终于该讲 DB 服务器的冗余化了！直到多年前，主备型集群架构还是 DB 服务器的主流冗余化方式。要说集群配置，通常靠集群软件实现，不过硬件也能实现。

集群架构是开放式系统不可或缺的重要组成部分。在第 1 章中简单介绍了作为基础设施架构之一的主备式架构，本小节将更进一步讲它的具体实现。

图 7.25 展示了一个常见的集群软件的构成要素。如第 1 章所接触到的内容，集群架构也被称作 HA 架构。集群软件的节点、内部服务之间的关系，均是基于主从概念演变而来，主要特征是存在确认服务器是否正常工作的"心跳"与"仲裁设备"。在图 7.25 所示的例子中，两台服务器共同承担 1 个角色。

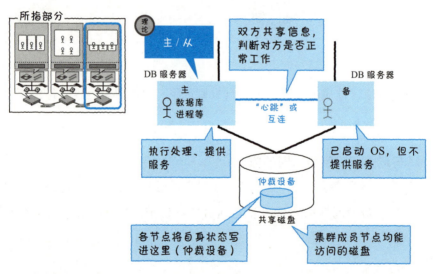

图 7.25　集群软件的构成要素

当出现故障会变成什么样？

集群软件的故障转移机制如图 7.26 所示。

集群软件会定期确认已注册服务是否正常工作。在发生异常时，停止主侧故障服务，启动处于待机状态的备侧服务，保证服务持续[※5]。通常，服务中断的时间可以控制在 20 分钟以内。

※5　说一句题外话，有一些人喜欢将故障转移叫作"gikong-batang-（跷跷板上下时的拟声）"，遇见了可别笑话他们（笔者也会这样叫）。

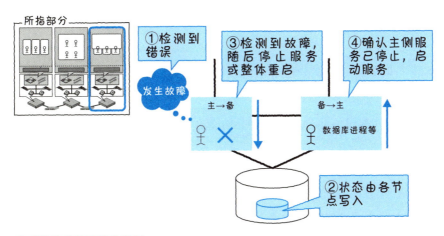

图 7.26　集群软件的故障转移机制

话说回来，集群软件的主要特征，在什么情况下才会用到呢？集群软件会使用"心跳"来不断确认对方的状态。因此，要是无法再从"心跳"中识别对方的状态，也就无法判断是否需要进行故障转移了。

这样的状态被称作"脑裂"。"脑裂"的具体症状及其对策如图 7.27 所示。

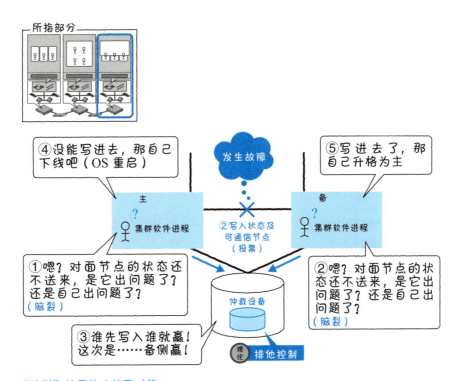

图 7.27　"脑裂"的具体症状及对策

集群软件根据仲裁设备的投票结果决定存活节点。同时为了防止存活节点之外的其他节点对数据覆写导致数据损坏，通过排他控制限制对数据的访问。

图 7.27 的例子中，集群只有两个节点，那当然谁快谁就胜，要是有 3 个或者更多个节点，情况又是怎样的呢？

答案是"少数服从多数"，能够被最多数的其他节点识别的节点获得胜利，少数派落选。

就像这样，仲裁设备补全了"心跳"功能。

适合采用集群架构的服务

由集群软件实现的主备架构不支持并行启动服务，所以适合用在重视数据一致性的服务 / 系统中，比如数据库、文件服务器、任务调度系统等。对于数据更新频率低，且在服务运行时不需要保证服务器之间数据的一致性，同时服务要能够并行启动的 Web 服务器和 AP 服务器来说，集群软件并不适合。

使用集群软件时需要注意，由于集群软件也是 OS 上运行的软件，同样也可能会出现错误动作。

就像"脑裂"时有对策一样，集群软件也有针对自身故障的措施，但不能说 100% 安全。所以，请一定随时备份重要数据。如果追求更高的可用性，可以采用异地复制等技术，相关内容在后文说明。

7.6.2　DB 服务器的冗余化 (主 – 主)

读到这里，是否有读者会想："对于强调保证数据一致性的服务或系统，就没有可扩展性了吗？"其实 DB 服务器在执行数据查询、更新操作时，很容易成为系统的瓶颈，但大家对可扩展性的需求都非常高，为了这个可扩展性，各种各样新技术不断地被开发出来。

下面就来介绍两个具有代表性的 DB 服务器可扩展冗余化架构，如图 7.28 所示。那到底哪个架构能够更快速地响应数据库的访问请求呢？

答案嘛……要笔者说，两个都不能。请不要发火，笔者一定以理服人。

在检索大量数据的情况下，无共享型更有优势，因为数据是分散的。在处理大量小事务的情况下，无共享型同样也更有优势，因为很容易通过增加节点来进行横向扩容。不过说起来容易做起来难，在扩展时需要我们设计、研讨数据的重定位。同时，还需要考虑数据更新时的具体写入节点，所以从整体上来看，有着更新处理速度慢的倾向存在。

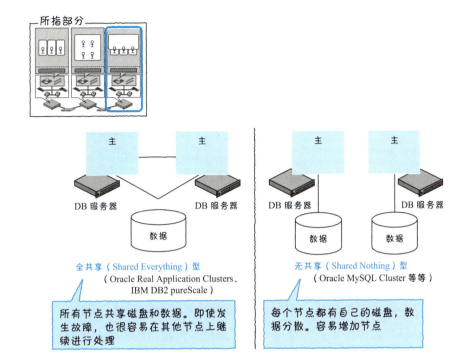

图 7.28　DB 服务器冗余化的两个代表架构

全共享型的话，由于节点之间需要相互确认对方内存数据的完整性，因此即使增加节点数量也难以实现扩容。此外，虽说同一数据能够被所有节点访问，但要是大家都访问这个数据的话，又会因为相互间的排他控制与数据争夺拉低处理速度。

在可用性方面，由于全共享型中的每个节点均能访问同一数据，相比无共享型确实更有优势，但无共享型也可以通过数据的复制功能来实现这种效果，同时也增强了容错性。

所以你明白为何这个问题如此"难以回答"了吧？重要的是，我们要以系统特性为基础，思考、想象其瓶颈与故障带来的影响。

中心思想如上所述，但不同的产品为了克服架构的缺点进行了各种各样的创新（这就是所谓的"卖点"）。在你想象的时候，也别忘了确认这些克服架构缺点的创新。

需要注意，对于云上的实现，绝大多数都采用的是无共享型。这是因为全共享型必须拥有共享磁盘，而对于地理环境被"黑盒化"的云来说，实现起来很难。如果一定要在云上实现的话，那必须使用能提供完全受控的物理服务器（裸金属服务器）的服务。最近，集群软件的设计正逐渐向无共享型转变，以支持上云。

缓存的转发

通过前文，我们已经对全共享与无共享两种架构有了初步认识，接下来再看看全共享型的重要机制：缓存的转发。

图 7.29 所示是一个 Oracle Real Application Clusters（RAC）中缓存转发的例子。像这样，RAC 能够直接通过网络获取缓存数据，从而减少对硬盘的访问，加快数据获取的速度。这种技术在 RAC 中被称为"缓存融合（Cache Fusion）"。

缓存融合尽管相比直接访问硬盘速度更快，但存在一个不可忽视的问题：当同一个块在服务器间不断来回传递时，响应速度会受到限制。这就是"块争用"的问题。明明系统资源还很充裕，响应速度却非常慢时，就要考虑是不是发生了块争用。这种现象通常会出现在多个服务器对同一个块进行更新的情形。

另外，RAC 为了保证缓存融合的动作正确无误，还包含相关状态管理机制，诸如确定最新的块在哪个节点中等。排他控制便根据这些状态执行对应操作。

对于全共享型数据库来说，即使上层应用设计合理，用于缓存融合的互连也是一个很容易成为瓶颈的地方。比较好的解决方案是使用大带宽的 Infiniband 网络替代传统的以太网进行互连。

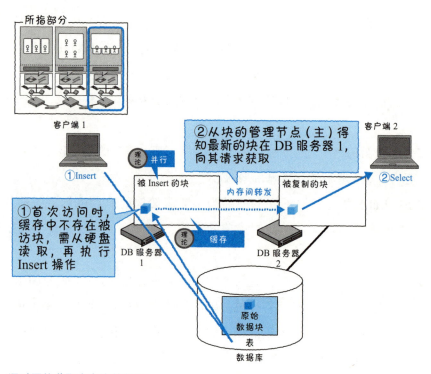

图 7.29　通过网络获取内存中的数据

接下来介绍一下无共享型的数据保护功能。从前文大家已经了解到，无共享型的数据是分散存储的，因此故障发生时存在数据丢失的可能。下面就以 Oracle MySQL Cluster 为例，讲讲其中的保护功能。

请看图 7.30。SQL 节点是负责接收从 AP 服务器发来的 SQL 命令的服务器，数据节点是负责存储实际数据的服务器。从图 7.30 中可以看出，无共享型数据库可以单独进行扩展。

其中数据的保护正是通过节点间的复制功能来实现的。数据节点中的数据又分为主数据与副本数据，同时在数据节点之间相互复制。像这样，尽管 Oracle MySQL Cluster 是无共享型架构，但通过复制功能保护了数据免受故障损害。

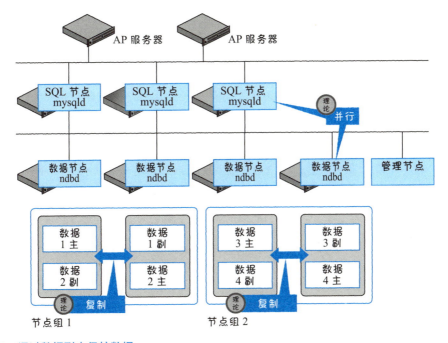

图 7.30　通过数据副本保护数据

这样的机制，有没有似曾相识的感觉？没错，AP 服务器的会话信息冗余化就与这个机制一模一样。那么，这种机制又有怎样的缺点呢？与会话信息冗余化相同，其缺点就是数据的复制交换所产生的网络资源消耗与磁盘容量枯竭（会话信息的交换是在内存中进行的，对应的就是内存容量）。

因此，请务必牢记：相同的机制，其优缺点也没多大差别。

> **小专栏**
>
> ### 故障百物语 2——因诊断而"真断"
>
> 抱歉，标题玩了个谐音梗（笑）。想问问大家，通常都会在什么时候执行诊断命令呢？我想大多都是在定期检查、分析系统状态或者系统出现故障的时候吧？
>
> 下面笔者讲讲自己的亲身经历，笔者的服务器内存开始时不时出现校验错误了。这是个拿不上台面的小问题，即便不去搭理它也不会影响服务的正常运行，错误检查和纠正（Error Checking and Correcting，ECC）技术会自动帮我们纠正错误。但我还是感觉"是时候更换了"，于是着手检查工作。
>
> 实际执行的命令是"vmstat"，一个确认内存使用量的 OS 命令，也是检查系统状态的初阶命令。在我敲下确认键的瞬间，服务器居然自动重启了！由于这台服务器是某个集群的成员，故障转移机制瞬间就生效了。结果是，在命令执行的瞬间，内存完全损坏，被服务器切断了连接。
>
> 通常，诊断命令会输出平常看不到的调试信息，这可能会直接导致系统负载上升。举例来讲，在执行 Linux 的"strace"、"tcpdump"命令查询 Oracle 数据库的"v$lock"视图等操作时，因为可选参数的影响，系统负载多多少少都会增加一点。所以，当系统处于高负载时，就要好好斟酌，到底有没有必要进行分析诊断。
>
> 尴尬的是，在定期收集系统统计信息进行容量规划时，要是没有考量哪些是必要数据，使得收集范围过广，往往这个信息收集本身就变成了资源消耗大户。
>
> 我想，大家有必要在日常工作中培养对命令的感觉，对其执行时所消耗的资源有个大致的印象。

7.7 网络设备冗余化

7.7.1 L2 交换机的冗余化

截至目前，我们已经对各类服务器的冗余化方式做了简单了解。这就结束了吗？并没有。而且我们还有一块重要的部分尚未涉及——服务器相互间连接必不可少的关键设备——对，那就是交换机。

请先思考一下，L2 交换机的冗余化可以怎样实现呢？通常，服务器与 L2 交换机之间的接线如图 7.31 所示。

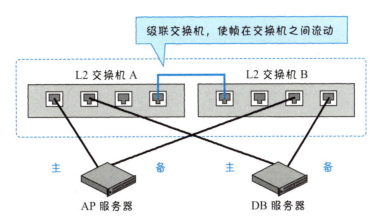

图 7.31　服务器与 L2 交换机之间的连线

在图 7.31 所示的结构中，服务器一侧的网络接口被 Bonding 等技术冗余化。这两个接口分别插在两台不同的交换机上，以防单台交换机出现故障。同时两台交换机互连，使帧在交换机之间流动。那么，这是如何实现的呢？

只要使用交叉电缆[※6]等将两台交换机连接起来，就可以进行跨交换机的通信。这种连接称作"级联"。

不过，现今的交换机并不仅限于承载单一网络流量，1 台交换机连接着多个网络，这就需要在交换机中划定不同的 VLAN。那它们之间是如何接线的呢？请看图 7.32。

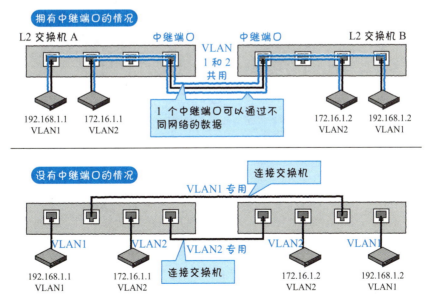

图 7.32　中继端口汇聚交换机间的通信

※6 如果端口支持 MDI-X，直通电缆也没问题。

跨交换机的 VLAN 通信需要将每个相同 VLAN 的成员都连接起来，如图 7.32 下方所示。不过，使用中继端口的话，可以让这个端口同时加入不同的 VLAN，如图 7.32 上方所示。现实中的网络基本都使用中继端口。

在使用中继端口时，必须要能够识别传输数据的所属 VLAN。当今主流的方式是通过采用 IEEE 802.1q 标准中定义的 VLAN 标签技术来实现。VLAN 的细节如第 6 章所述。

使用中继端口时的必要措施

也许有读者抱有以下疑问："一旦中继端口出现故障，那是不是就代表整个交换机出故障了？""中继端口的通信不会成为瓶颈吗？"

是的，正如你担忧的那样。这就需要我们制订应对措施。

比如可以采用作为网络冗余化方式之一的"链路聚合（Link Aggregation）"。请看图 7.33。

在服务器、网络附属存储（Network Attached Storage，NAS）等设备中，可以将多个端口捆绑成一个以太网端口来使用，就连 Linux 的 Bonding 功能同样也能做到，这种技术称作"链路聚合"。链路聚合通常使用两个端口，可以在某个端口发生故障时回退，使通信能够持续。同时，因为使用两个端口，通信带宽也随之翻倍，不失为消除瓶颈的一种办法。常规情况下，最多可以捆绑 4 个端口（聚合 4 条链路）。

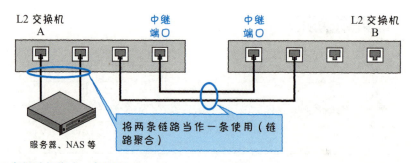

图 7.33　2 条链路捆绑成一条使用

需要注意的是，在服务器一侧捆绑端口时，交换机一侧相连的对应端口也必须采用相同的方式进行捆绑。对于思科公司的交换机，这种功能称作"EtherChannel"。EtherChannel 甚至支持捆绑多条中继端口。中继端口利用此功能，将多个端口捆绑起来使用，降低了成为通信瓶颈的概率、提高了容错性。

怎样使用被捆绑起来的多个网络端口？根据负载均衡的不同，存在多种方式。比如，Bonding 里有轮询方式。EtherChannel 的话，有根据源或目标 MAC 地址决定使用哪个端口的方式。比如，根据目标 MAC 地址负载均衡时，若目标服务器只有一台，会直接导致通信集中在一个端口上，所以设置的时候应多加考虑。

链路聚合用在系统的哪个地方更合适呢？这又是需要我们注意的。假设有如下情形：客户端在访问 Web 时内容加载缓慢，确定是网络问题导致。此时，以带宽扩容为目的，即便是将 Web 服务器的网络接口链路聚合，要是互联网出入口的线路比 Web 服务器网络接口的线路还窄，那对消除网络瓶颈也毫无效果。

通常，链路聚合用在交换机的中继端口、NAS 的连接端口等地方。使用链路聚合是个好方法，当我们在研讨网络带宽时，重点在于先厘清通信源与目标之间所有通路的带宽，锁定具体瓶颈处，再进行扩容。这与第 2 章讲过的服务器内部总线的思路一样。

7.7.2 L3 交换机的冗余化

L3 交换机的冗余化基本采用的是主备架构。虽说近年来思科等公司开发出的虚拟交换系统（Virtual Switching System，VSS）等功能实现了主主架构，但本小节仍以传统的主备架构为例来说明 L3 交换机的冗余化技术，这样更通俗易懂。

那么，将 L3 交换机冗余化，具体会给我们带来哪些好处呢？ L3 交换机是一种结合了交换机与简单路由器功能的设备。

请看图 7.34。不难看出，L3 交换机既可以作为 L2 交换机使用，也可以作为路由器来使用。其中最令人烦恼的是在 L2/L3 交换机与 L3 交换机接线的时候。像图 7.34 那样，根据目的来决定吧。

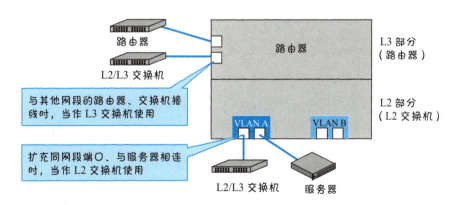

图 7.34　L3 交换机的概念

因此，L3 交换机也就成了服务器的默认网关、其他网络的网关。

对于 Web 系统，可以毫不夸张地讲，网关的正常与否直接关系到服务能否正常提供。所以 L3 交换机的冗余化尤其重要。

作为具体的实现，存在虚拟路由器协议（Virtual Router Redundancy Protocol，VRRP），用于实现 L3 交换机的主备冗余化。

请看图 7.35。该图稍微有些复杂，请着重注意"虚拟路由器地址 / 虚拟路由器 MAC 地址"白框的所在位置，以及从服务器伸出来的那条蓝色线条标识的网络路径。

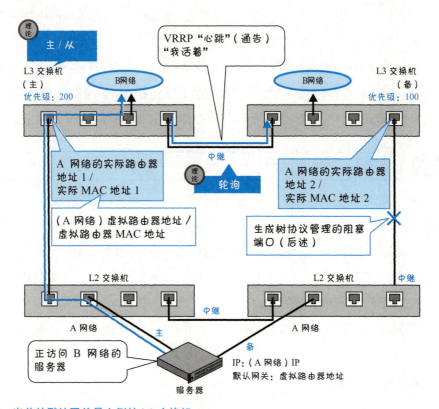

图 7.35　当前的默认网关是左侧的 L3 交换机

图 7.35 晃眼一看貌似很复杂，其运作核心总结如下。

①选举设备主（主路由器）次。

②定期发送"心跳"（通告），执行存活检测（自身活着的证明）。

③当次级设备（备份路由器）在一定时间内没有收到通告时，便接管主设备的角色与功能。

在 VRRP 中，主路由器选举是通过优先级值来决定的，值大的一方为主；定期通告由主路由器按数秒时间间隔向备份路由器发送。VRRP 不须要专用链路。当一个 VLAN 配置了 VRRP 后，其所有成员端口均成为存活检测的对象。设计时，通常会利用持续稳定连接的交换机间的中继端口。

当出现故障会变成什么样？

③的故障转移，通常是在丢失通告的 10 秒后进行。图 7.36 显示了主路由器在发生故障时的切换动作。与图 7.35 相比，可以明显看到"虚拟路由器地址/虚拟路由器 MAC 地址"的位置以及从服务器伸出来的那条蓝色线条标识的网络路径都改变了。

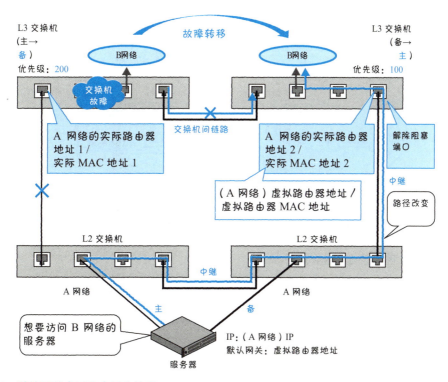

图 7.36 默认网关变更为右侧交换机

备份路由器升级为主路由器，虚拟路由器地址移动。看得出服务器访问 B 网络的路径改变了。

像这样，就实现了 L3 交换机的冗余化。另外，VRRP 不仅被用在 L3 交换机，还被广泛用在诸如负载均衡器、防火墙等设备的冗余化中，请务必熟记于心。

7.7.3 网络拓扑

前文中，我们就 L2 交换机、L3 交换机的冗余化方式进行了说明，组合搭配后，到底会变成一个怎样的结构呢？要是不经设计胡乱组配，难免会出现网络整体瘫痪这样的重大故障。

所以，对于网络来说，什么才是最重要的呢？那就是在特定时间点上，发送方到接收方的路径仅有一条。然而，一条路径本身就与防备故障实行冗余化完全背道而驰。

在现实网络中，该如何兼顾如此矛盾的要求呢？

请看图 7.37。L2 交换机与 L3 交换机搭配使用，左图包含一条路径、右图包含两条路径。

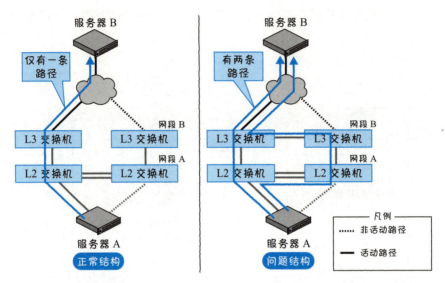

图 7.37　组合使用 L2/L3 交换机的网络

人们可以根据当天的心情决定乘地铁还是乘公交，但网络却不能如此"随性"，必须要提前定好规则，否则无法将信息正确送到目的地。

像这样，能够取得多条路径的网络结构称作"环路"。

多条路径的存在从容错性的角度来看是好事。作为解决这个矛盾的手段，生成树协议（Spanning Tree Protocol，STP）值得一提，如图 7.38 所示。

利用 STP 可以在逻辑层面切断端口（称作阻塞端口）。需切断的端口是由 STP 算法计算得出的，通过配置交换机，可以控制切断的对象。

发生故障时，STP 会重新进行计算，接通逻辑层面被切断的端口，使通信恢复正常。另外，对于网关外部一侧的路由路径冗余化，由于过于专业，本书就不再讨论了。

STP 的缺点是发生故障时切换时间过长，最多需要 50 秒。不过请放心，现在通常使用的是 STP 的改进版本 RSTP（Rapid-STP），故障切换的时间几乎可以忽略。

近来，还出现了诸如 L2 Fabric、Overlay Network 等新拓扑、新概念，有兴趣的读者可以检索研究一下。

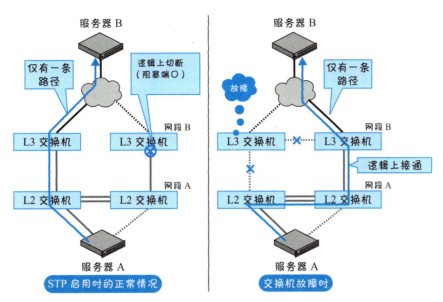

图 7.38　利用了 STP 的网络

具有代表性的网络结构

网络结构包含多种不同的组合形式。

首先，请看图 7.39。这种网络结构称作"梯子型"，其优点是物理层面的接线简单，图 7.39 右边是扩展后的形态。

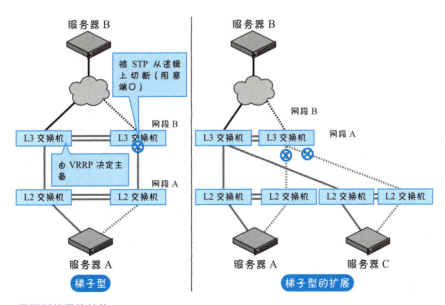

图 7.39　梯子型的网络结构

接着，请看图 7.40。这种网络结构称作"背带型"。右边是扩展后的形态。

不论是梯子型还是背带型，均通过 STP 实现对端口的阻塞。在背带型网络结构中，3 台交换机（梯子型为 4 台）就构成一个环路的情况也是有的，优点是调整 STP 算法容易。当前常用的还是背带型。

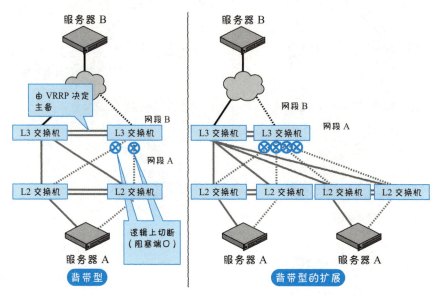

图 7.40　背带型的网络结构

像这样循序渐进地学习，原来网络也没我们想的那么难，如果这让你产生了兴趣的话，笔者的努力就没有白费。

小专栏

故障百物语 3——广播风暴

有一种称作广播风暴的恐怖现象。这种现象，是由于错误的网络结构设计，导致同一网段内能够传送帧的路径不止一条，形成了环路。请看图 7.A。

还记得前面讲过的同网段内的通信吗？要想把包发送出去，就必须知道对方的 MAC 地址。为了得知这个 MAC 地址，发送源服务器会执行 ARP 请求，这个请求就是一个广播。广播会向所有方向发送，接收到的交换机会进一步向其他交换机发送广播，造成通信量不断暴增。最终使得网络设备的 CPU 使用率飙升，没有余力再接收其他的网络处理请求，引起大范围的系统故障。在没有完整的网络拓扑图之前，很难掌握路径是如何相连的，稍不注意就会接成环路，这种情况还真不少。相比服务器故障，网络故障波及的范围更广。

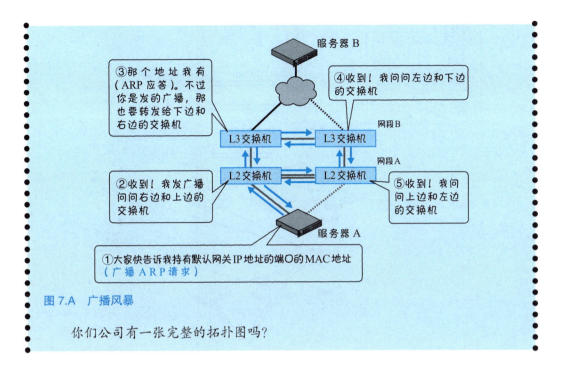

图 7.A 广播风暴

你们公司有一张完整的拓扑图吗?

7.8 站点冗余化

7.8.1 站点内部冗余化的整体图

截止到这里，有关冗余化技术的说明就告一段落了。接下来将所有技术进行融合，构成图 7.41 所示的站点。

图 7.41 通过结合大量技术建成了一个容错性很强的 Web 系统。你也许会想："这样站点根本不可能再崩掉啦！"理想很美好，但系统通常可不会让人称心如意。请一定牢记：不同的系统组件中都存在抵御故障的机制。

再补充一点，由于我们并未接触安全相关的内容，所以这次没有加入防火墙等设备，但在实际系统中，它们位于 L3 交换机的后端。

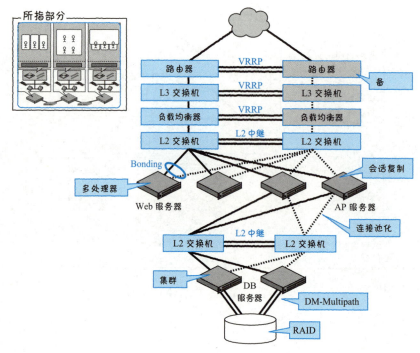

图 7.41 强容错性的 Web 系统

7.8.2 站点间的冗余化

在发生重大灾害时，整个数据中心都可能停止运作。为应对这种灾害，存在一种使本地与异地数据中心协作的技术——全局负载均衡（Global Senver Load Balance，GSLB），如图 7.42 所示。F5、A10 Networks 等公司都有对应的产品。

图 7.42 中的例子的冗余化是通过动态改变 DNS 返回的 IP 地址实现的。使用这样的功能可以抵御站点故障。

另外，对于站点间的数据冗余化，是像 5.6.2 节所举例那样，由 MySQL 的复制、存储间复制等实现的。复制技术是站点间的数据收发过程中不可缺少的关键技术。

这种以应对灾害为目的的异地数据转发技术，也被称为灾难恢复（Disaster Recovery）。在金融行业基干系统等关键业务系统中，均能看到这样的机制存在。

向异地发送数据时，重要的是选择采用同步还是异步方式。如果想要保证数据绝对完整，那必须将数据同时写入本地与异地，故采取同步方式。但这又牵涉到一个距离问题。如果相隔太远，同步带来的开销会很大，严重影响响应速度。要是采用异步方式的话，响应速度倒是保证了，却顾不上数据完整性。所以，请一定充分权衡两者的利弊。

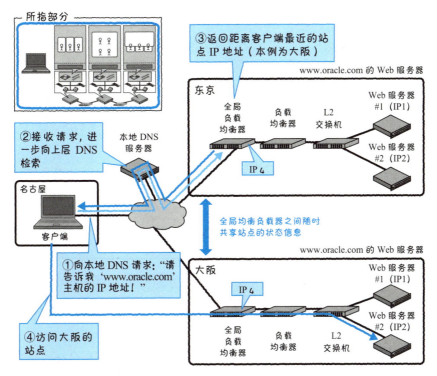

图 7.42　DNS 实现站点的分配

现在通常的做法是，远距离站点用异步，容许一定程度的数据差异。

7.9 监测

本节内容主要围绕"监测"来讲，它负责确认系统组件是否正常工作，对于系统服务，能够安全持续运行至关重要。

7.9.1 什么是监测

具有代表性的监测有以下 3 种。

- 存活监测。
- 日志（错误）监测。
- 性能监测。

除此之外，常见的还有硬件自身所带的硬件故障监测、集群软件实施的组件监测等。

监测的关键在于，要思考并意识到为什么需要监测、对某些组件的监测是否过分重复。就监测对象而言，考虑最极端的情况，对所有进程进行监测，甚至只是输出了一条日志也要立马监测到，这也不是不可能。然而，当警报响起却没有应对策略、后续没有具体的处置动作，那这个监测就没有意义。还有，如果监测对象数量过多，反而会造成重要警报被我们忽略，最终使监测变得毫无意义可言。

精简监测的对象是一件需要勇气的事。刚开始可以在一定程度上多监测一些项目，在随后的过程中将无意义的警报过滤掉，逐渐减少项目数量。

7.9.2 存活监测

存活监测作为主要的监测类型，又细分为服务器监测与进程监测。请看图 7.43。这是一个通常被称作服务器存活监测的例子，通过定期执行 ping 命令确认服务器接口的连通性。因为使用了 ping 命令，所以也被称作 ping 监测。

ping 监测的实现非常简单，所以可以用在各种系统，也推荐在全部设备中设置。

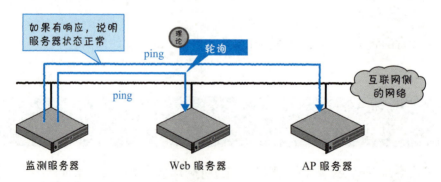

图 7.43　ping 实现的存活监测（ping 监测）

图 7.44 是进程的存活监测机制。大多数监测工具通过使用 OS 的 ps 命令来确认一个进程是否正常运行。

进程监测的要点就在于，不要监测所有运行中的进程，应当选取其中重要的进行监测。当这些重要进程发生故障时，要做到心中有数，即"会带来怎样的影响""必须采取怎样的措施"。例如，在 Linux 环境中默认启动的 cupsd（打印服务器）进程异常终止了，虽说终止了，但如果没有配置打印服务器就不会造成什么实质影响。

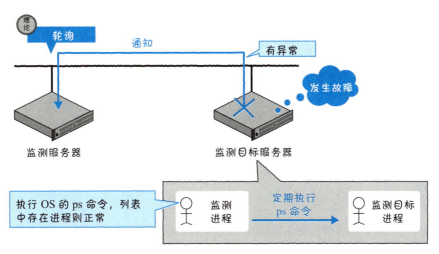

图 7.44 进程的存活监测

7.9.3 日志监测

OS 中间件等输出的日志文件中，包含保证系统持续运行的重要信息。像是中间件异常、空间耗尽等这种无法从存活监测中取得的信息，会被输出到日志文件里。日志还能帮助我们追溯故障原因。日志文件监测的机制如图 7.45 所示。

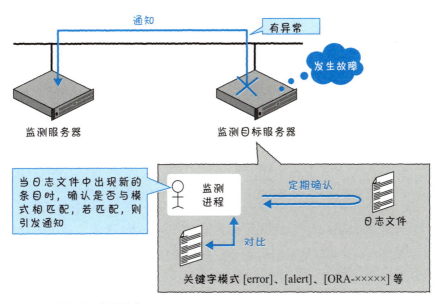

图 7.45 日志文件与关键字的模式匹配

日志监测进程会预先将已知的重要日志条目作为关键字进行缓存，并与实际日志文件中的输出内容进行对比。对比一致时，根据问题的严重程度向监测服务器报告。

报告的方式有多种，包括 syslogd、SNMP、邮件等。

大多数 OS、中间件与应用程序输出的日志都会包含 [alert]、[error]、[notice] 等字符串。由于不可能在关键字模式里注册每个错误的全文，所以仅注册 [alert]、[error] 这样的关键字。

Oracle 数据库的话，会附加上"ORA-"等关键字再输出到一个称作告警日志的日志文件中，因此使用"ORA-"这样的关键字进行模式注册。

7.9.4 性能监测

性能监测与前述两种监测相比，监测的内容更为复杂，包括对资源状况的掌握，如磁盘使用率、内存使用情况及磁盘剩余空间等；对响应情况的掌握，如网络访问延迟、磁盘访问时间等。性能监测实现的方式各不相同，如定期执行 df 等 OS 内置命令获取直观信息，或执行 vmstat、sar 等命令获取统计信息后综合判断。

监测项目如表 7.3 所示。

表 7.3 监测项目

监测对象	监测内容
CPU	CPU 使用率、CPU 等待队列
内存	可用内存
Disk	可用空间、磁盘访问时间
网络	I/F（接口）的入站 / 出站带宽使用率、丢包情况
HTTP（针对 Web 服务器）	HTTP 请求的响应时间、每秒处理的 HTTP 请求数量、每秒的 HTTP 会话数量
Java（针对 AP 服务器）	内存堆大小、垃圾回收次数
Database（针对 DB 服务器）	可用空间、缓存使用量、SQL 响应时间

本小节虽然没有讲解上述监测项目的具体细节，但对于性能监测中的监测项目选定、阈值设定以及对异常值的分析，需要在充分理解各种中间件及系统架构的基础上进行。

7.9.5 SNMP

截至目前，我们已经对监测的概要进行了说明。那么，在实际的系统中，有哪些实现方式与通知手段呢？商用产品中存在许多整合监测工具，如日立公司的 JP1、IBM 公司的 Tivoli。最近，Zabbix、Nagios 等开源监测软件也逐渐被用于商用环境。功能各式各样，但是作为基础的监测专用协议是一样的，下面就来介绍一下简单网络管理协议（Simple Network Maragement Protocol，SNMP）。

利用 SNMP 可以实现的主要监测内容如下，也可以通过扩展来实现更多类型的监测。

- 网络设备与服务器的运行状况。
- 服务的运行状况。
- 系统资源（系统性能）。
- 网络流量。

SNMP 的一大特征便是，无论是网络设备还是服务器，都可以进行集中监测与管理，如图 7.46 所示。

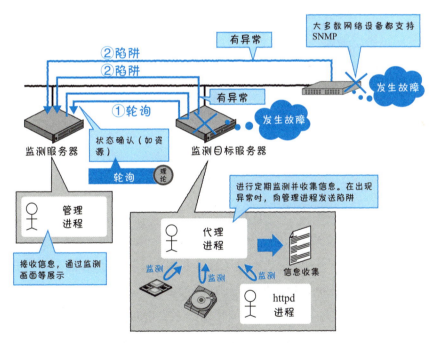

图 7.46 SNMP 是用于监测的协议

在 SNMP 的结构中，监测服务器具有管理端，监测目标服务器与网络设备具有代理端。

监测线路有两条，一条是管理端定期发起询问的"轮询"，另一条是发生异常时代理端发起通知的"陷阱"。"轮询"主要用于监测资源的状况。默认使用 UDP 的 161、

162 端口进行通信。

　　SNMP 的主要特征是拥有一个管理信息库（Management Information Base，MIB）。MIB 是监测对象的定义集。代理端负责收集 MIB 中规定的信息并通知管理端。管理端与代理端因为需要交互，所以双方拥有相同的 MIB，如图 7.47 所示。

　　图 7.47 是一个 Listener 故障的例子。管理进程与代理进程基于共同的 MIB 收集信息，通过 OID 进行交互。所谓 OID，指的是 MIB 中定义的唯一对象标识符。

　　那么，MIB 又是怎样的构造呢？MIB 内部采用的是树状的数据库结构。

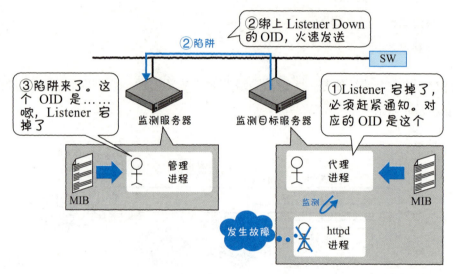

图 7.47　管理端与代理端通过 OID 对话

　　请看图 7.48。MIB 是由一连串这样的树组成的，图 7.48 左边的有色线框部分是与网络设备有关的统计信息群。

　　同时，MIB 也支持扩展。比如 Private 下面的部分（图 7.48 右边有色线框部分）是用于扩展的部分，各家厂商均在这里定义自家私有的监测项目。图 7.48 中的例子是 Oracle Enterprise Manager 的数据库与 Listener 的 MIB。

　　这个树状定义集的层级自上而下。例如，网络接口相关的 OID 值为 "1.3.6.1.2.1.2"。其下有着更多的细分定义。再如，Oracle Listener 的 OID 为 "1.3.6.1.4.1.111.5"，当 Listener 宕掉时的 OID 为 "1.3.6.1.4.1.111.5.1.1.1.11"。

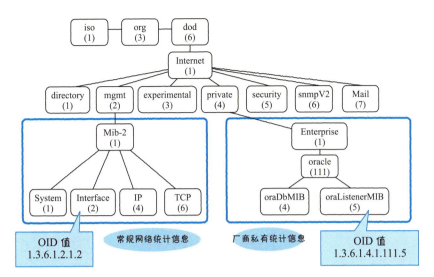

图 7.48　MIB 信息

由此可见，SNMP 是一个专用于监测的协议。对于 SNMP 监测需注意的是，原则上 SNMP 陷阱通知仅发送一次，在 SNMP 管理端因某些故障而无法再接收陷阱时，后续的陷阱就都丢失了。要想保证所有通知都能正确收到，可以考虑采用邮件的方式[※7]。邮件虽说收集、保存相对容易，但缺乏 MIB 那样的通用定义，而且只能进入邮箱查看内容，无法在综合监测控制台直观展示内容，在实现与运用上需要下更多功夫。

7.9.6　内容监测

内容监测是一种 Web 系统特有的监测方式，用于确认 Web 页面是否正常响应。如果能正常响应客户端请求，就认为 Web 系统的运行正常。所以，内容监测是端到端监测重要的一环，通常由负载均衡器负责，如图 7-49 所示。

从图 7.49 中可以看出，首先在负载均衡器中注册监测对象的 URL，然后负载均衡器通过 HTTP 的 GET 方法请求已注册 URL，如果能正常收到响应，就代表对应的 Web 服务器或 Web+AP 服务器运行正常。要是没有响应返回，负载均衡器就断定出现了某些故障，随后不再向故障服务器分配请求。

以上，Web 系统监测的相关概念就全部讲完了。

在监测的机制中大量采用了轮询的理论，我想各位读者也明白了轮询概念的重要性。这次虽然没有接触更深的定义，但应该对整体概念有了大概的理解。

※7　过去还存在称作 syslog 的方式，现在已经很少采用了。

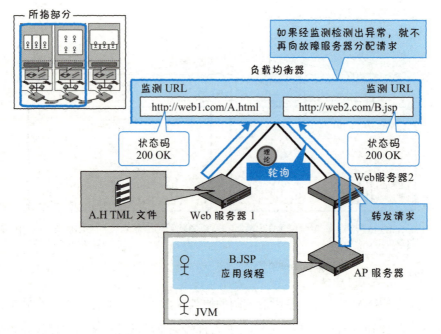

图 7.49　负载均衡器持续 GET 内容

7.10　备份

7.10.1　什么是备份

在考虑故障对策时，通过冗余化等手段确保服务的连续性固然重要，但更重要的是进行备份以防万一。

备份与冗余化的最大不同点就在于，数据的副本与本体分别存放在不同的位置。因此，在使用备份时需要进行"还原""恢复"等操作，将数据回归原处，以及需要相应的执行时间。这也是备份的特征。所以，备份并不仅仅是简单地复制数据而已。对于进行备份的频率与时机，应将还原时的各种因素考虑进去。具体来讲，设计备份时应确定以下恢复指标。

- 恢复时间目标（Recovery Time Objective，RTO）：恢复能接受的最大时间开销。
- 恢复点目标（Recovery Point Objective，RPO）：恢复能接受的最久时间点。

关于 RTO，能接受的时间长短取决于具体的系统。比如有要求必须在数小时内恢复正常，否则会对工作或业务造成重大影响的；也有能够不慌不忙花费数日还原，用备用手段支撑工作的。当然，设计难度也同 RTO 的长短有关，越短越难，相应的备份系统的花销也越贵。

关于 RPO，你可能会想，不还原最新的数据会很麻烦，但对于一个更新数据主要靠批处理作业的系统来说，如果能将数据还原到批处理作业执行完毕后的第一时间，也可能不会影响到工作。另外，预先设定一个保证关联系统全体数据完整性的时间，同时将这个时间作为 RPO，还能减少系统之间确认数据完整性的时间。

图 7.50 显示了 RTO 与 RPO 之间的关系。

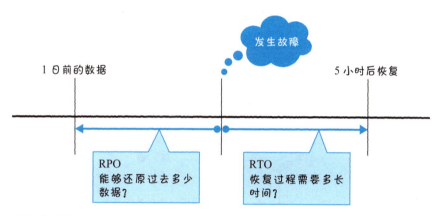

图 7.50　RTO 与 RPO

系统中的备份，主要有以下两种。

- 系统备份（OS、中间件等的备份）。
- 数据备份（数据库、用户文件等）。

下面让我们来具体看看。

7.10.2　系统备份

系统备份指的是 OS、中间件等的备份，其大小通常与服务器本地磁盘相当。

OS、中间件在首次安装、配置后，就不会再频繁地进行变更。因此，系统备份的频率相比数据备份要低。大家想象一下自家计算机备份的情形。我们会频繁地备份写好的文档、拍摄的照片等，但很少对 OS 这样，对吧？或许还有一些读者根本不会备份 OS，心想坏掉了重装不就行了。

应考虑在以下时间节点执行系统备份。

- 首次构建后。
- 更新补丁时。
- 有重大变更时。

备份的方法如下。

- 使用 OS 命令（tar、dump 等）。
- 使用备份软件。

保存介质有磁带、DVD、虚拟环境下的磁盘文件等，如图 7.51 所示。

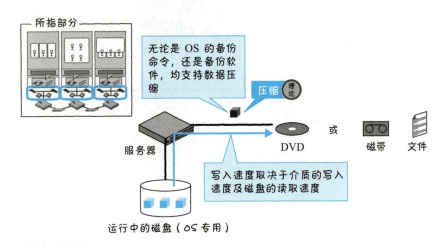

图 7.51　系统备份过程

备份是一个适合搭配压缩功能的处理。这是因为备份的数据是冷数据，你既不会去更新它，通常也不会去访问它。正如第 5 章所讲，压缩的好处是缩小数据占用的空间，但其缺点是在压缩和解压的过程中会增加 CPU 的使用率，以及具有相对于非压缩数据更慢的读写速度。如果能够控制在 RTO 时间内，请务必使用它。

同时，在进行系统备份的时候需要注意，必须先终止服务器上运行的服务，否则无法正确备份。这是因为，如果在中间件运行时进行备份，临时文件、进程运行状态等信息也会被收集进去，有可能导致在还原备份后无法正常启动的情况出现。因此，为保证系统备份的顺利进行，备份时机（如定期维护时）也是我们需要考虑的。

7.10.3 数据备份

数据备份与系统备份的差异在于执行的频率上，前者更高，因为前者的对象是每日更新的数据。能够频繁停机进行备份的系统固然很好，但对于无法随意停机的系统，可能会被要求进行联机备份。可越是这样的系统，越需要确保数据的完整性，在数据库中这个功能已成为标配。

正因如此，数据库的备份稍有不同，需要获取的内容分为两个部分，即数据本身与记录数据变更的事务日志，如图 7.52 所示。

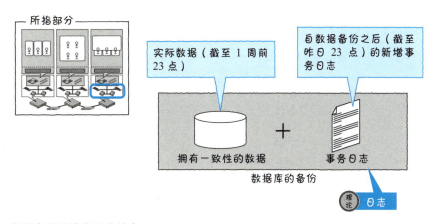

图 7.52　数据备份由事务日志补全

数据部分的获取是在停止服务后没有发生变更的状态下进行的。像 Oracle 等数据库，即使不用停止服务也能对数据部分进行备份，不过本书并不涉及具体内容。事务日志的内容是以追加形式写入的，不存在更新，所以可以在任何时间、在不停止服务的情况下备份。

当数据库损坏时，通过还原拥有一致性的数据及对应的事务日志，再根据事务日志记录对一致性数据重做事务来进行恢复。要是故障发生时事务已写入日志，就能够实现完整的数据恢复。

由于数据的量普遍较大，所以备份的方式也多种多样。例如，除了可以通过特定的数据库命令外，还可以通过 OS 的复制（copy）命令，以及第 5.6 节中讲到的类似存储的差分数据块复制功能来备份。选择复制差分数据块的方式，可以高速复制数据，从而缩短服务停止的时间。

无论是数据的备份，还是系统的备份，均适合进行压缩。大多数商业备份产品中已预置压缩功能。

7.11 总结

怎么样？有关 Web 系统基础设施的冗余化、监测、备份机制就全部讲完了。我想各位已经理解系统是如何通过大量基础技术的堆积建立起来的。开发人员、架构师和运维人员会在无意之中使用第 4 章、第 5 章中提到的那些基础技术，思考如何开发、设计、维护更加稳定的系统。因为系统就是从大家日常工作中的"突发奇想"演变而来。

> **小专栏**
>
> ### 故障百物语 4——被 RAID 甩飞了的 DB
>
> 由于笔者经常参与搭建由百台以上物理机构成的较大规模的数据库系统，所以下面讲讲其中有关磁盘和 RAID 的恐怖经历。
>
> **被 RAID5 甩飞了的 DB**
>
> RAID5 由多块磁盘组成，即使其中一块坏掉也能继续工作。但要是同时坏掉两块就会数据不保。在其中一块坏掉时，只要及时将坏盘用新的替换掉就好。同时坏掉两块的情况，一般不会出现吧？这就是奇怪的地方。
>
> 同期采购的磁盘，大多来自同一厂家的同批次货。于是乎，若碰巧送来的这批次的磁盘故障率高，实际上还真可能会同时坏掉。此外，磁盘什么时候坏掉完全就是概率问题，所以工作的磁盘数量越多，发生故障的概率也会增加。
>
> 笔者曾参与搭建过的一个系统，底层由多台物理机构成，同时工作的磁盘数共计 1000 块，每隔 1～两个月就会坏掉至少一块，当然发现后就换掉了。然后，就发生了一次同一服务器上同时坏掉两块磁盘的事。
>
> **被 RAID10 甩飞了的 DB**
>
> RAID5 无法应对两块磁盘同时发生故障的情况。对于强调高可用性的系统来说，通常采用 RAID10 来应对多个磁盘发生故障的问题。
>
> RAID10 由 RAID1 和 RAID0 构成，先 1 后 0，所以只要不是同时坏在一侧的 1 上，坏两块以上也没有问题，还可以继续工作。要真是坏在一侧上，那堪比中彩票了……不幸的是，刚好就被笔者撞上了。
>
> 再多讲两句。选择 RAID10 而不是 RAID5，不只是从可用性的角度出发。由于 RAID5 是通过奇偶校验来担保数据的冗余性与可用性，特别是当一块磁盘

损坏且必须从奇偶校验中恢复数据时，I/O 性能将受到非常大的影响。

而 RAID10 是以 1 为基础，不存在奇偶校验，即便是坏掉了对读写也没有附加操作，所以不存在 I/O 性能的损失。也就是说，选择 RAID10 的原因还包含对性能的重视，避免故障引起性能劣化。

和 RAID 控制器一起被甩飞了的 DB

RAID 的实现需要使用被称作 RAID 控制器的硬件，其实，控制器也会坏。RAID 控制器坏掉就意味着 RAID 的管理没了，无论磁盘采用的是哪种模式的 RAID，均无法幸免于难。尽管主观上 RAID 控制器比较皮实，虽没有磁盘坏的频率高，但还是时常听见其发生故障的事。

仅一个部分的问题（故障）引起整体出现问题叫作"单点故障（Single Point of Failure，SPOF）"。为了避免造成 SPOF，本章介绍了各种地方的冗余化。

但正如小专栏"让人苦恼的冗余化"中介绍的 CPU 无法冗余化一例那样，由于实现困难、成本过高等理由，也有几个通常不采取冗余化的部分。即便是不容易损坏的部件，构成它的物理硬件也会损坏。

第 8 章

确保提升性能的基础设施机制

通过基础设施架构图的绘制，我们能够分辨出容易成为瓶颈的地方，并进一步研讨具体的改进措施。本章将围绕瓶颈的概念及与之相关的各种示例进行讲解，注意抓住其中要点！

8.1 响应与吞吐量

8.1.1 造成性能问题的两类原因

系统性能问题往往是通过用户的抱怨才被发现的。

- "系统好慢。简直不行！"
- "点了鼠标就没反应了！"
- "这脚本怕是明早都跑不完……"
- "为什么系统一到中午就非常卡！"

大家的抱怨差不多都是这些吧。对从事基础设施相关工作的专业人士来讲，不能随口用"受规格所限"来解释。在收到这些抱怨的时候，从基础设施的角度来看，应与用户确认以下内容。

- "响应速度很慢吗？"
- "吞吐量很低吗？"
- "两种情况都有吗？"

在描述系统性能的时候，经常使用响应与吞吐量这两个指标。响应（Response）时间是指一个处理所需的时间；吞吐量（Throughput）是指每单位时间的处理量。两者经常被混用，因此，明确区分它们是很重要的[※1]。

例如，从我们在搜索引擎页面输入关键词并单击"搜索"按钮开始，到浏览器显示出搜索结果为止的这一段时间，就是响应时间。另一方面，吞吐量对应搜索引擎每秒接受的访问用户数量等。

※1 也有人使用周转时间（Turn-around Time）。响应时间是指从客户端请求到收到服务端返回的结果为止，而周转时间是到一整个处理结束为止。本书统一采用响应。

可以说，响应时间是从"接受服务的单个用户"的角度出发的指标，而吞吐量是从"服务提供方"的角度出发的指标。让我们用图 8.1 的便利店收银台的例子来更详细地说明这一点。假设该店有两台收银机，有两名收银员并且能力相当。假设顾客素质良好，大家均等地排在两个收银台前。这时，从排在结账队伍末端开始计算，到完成结账的这个时间就是响应时间。再假设一个收银台为一位顾客结账需要花费一分钟，由于有两台收银机，所以可以每一分钟为两位顾客结账。这就是所谓的吞吐量。

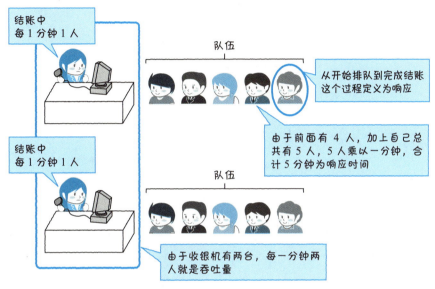

图 8.1 在便利店收银台看到的吞吐量和响应时间

接着我们再来看看图 8.2。这里把 Web/AP/DP 服务器合并看作一组系统，假设整个系统拥有的吞吐量为一分钟仅能处理 10 000 个 HTTP 请求。响应时间是从单个用户角度出发的指标，所以它指的是，从用户通过 Web 浏览器执行特定操作开始，到看见结果返回的这一段时间。请注意，这时的响应时间不仅包括 Web 服务器的响应，还包括 AP 服务器及 DB 服务器的响应。

在实际的系统中，从单个用户身上为响应时间取值是不够的，一般采取的是从多个用户身上计算平均值。这时会用上统计学中"百分位数"[※2]的概念。对于响应时间极长的用户，考虑其可能存在其他问题，因此会被当作误差排除掉，不加入平均值的计算。在计算平均响应时间时，通常做法是舍去 10% 时间过于极端的用户的值，留下 90% 相对集中的用户的值。

※2 百分位数是通过考虑数值的分布并将其分组来计算平均值的一种方法。这可以让我们获得更加接近用户角度的平均值。如 100 个人中，有 90 个人的响应时间是 1 秒，剩下 10 个人的是 5 秒。

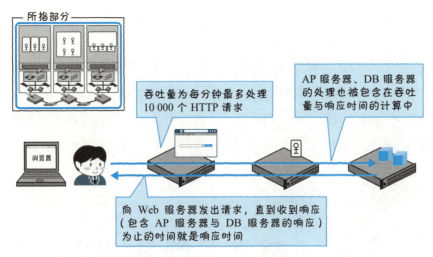

图 8.2　在三层架构系统中看到的吞吐量和响应时间

> **小专栏**
>
> ### 最应该重视的响应时间？
>
> 从系统的角度来看，相比单个用户的响应时间，前述的百分位数的数值更为重要。例如，仅仅保障前 5 位用户的高响应，却没有使其他大多数用户满意，是没有意义的。相反，如果只有一小部分用户感觉响应变慢的话，与其说是系统出问题，不如说是用户自己的计算机出现问题的可能性更大。
>
> 这对于一个项目的性能测试阶段来说是没有问题的，但在很多实际场景中，往往存在其他干扰因素，比如"某个大人物要实际上手试一试"，就是嘴里说着"哪个？让我看看"的家伙。即便是性能测试获得了满意的结果，但在那人眼里，这系统就是很慢，于是给系统贴上"不行"的标签。而且，这种居高临下的检查只看到了响应的一面，根本没有考虑吞吐量的问题，请一定要注意。
>
> 更有甚者，有时还会不切实际地宣告："页面完整显示的时间争取控制在 3 秒之内！"这发言完全无视了数据量与服务器的性能。对此，可以回答他："现架构下的每个查询都需要从总计多达 10 亿条的记录中累积汇总。要达到您说的目标值很不现实，要不给您生成一张汇总表看看？"想必对方也只能闭口了吧。
>
> 对此也有人认为，当能够将所有数据存储在内存中的时候，性能就不再是问题了。但笔者认为性能问题永远都存在，因为系统性能的提升与数据量的增加是同步的。

8.1.2 响应问题

试着将响应时间包含的所有时间进行图解，如图 8.3 所示。由于用户的体感时间包含了所有层的处理时间，所以在发生响应问题的时候，有必要通过日志、实际操作等分辨具体是哪一层发生了响应延迟。

收到用户反馈的系统问题后，通过分析发现，原来是用户使用的 Web 浏览器的处理速度（渲染速度）慢导致的。这绝不是笑话，现实中经常出现这样的情况。

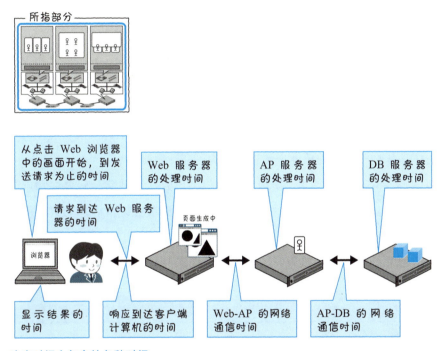

图 8.3 响应时间中包含的各种时间

至于每台服务器的响应时间，通过查看日志等信息能够发现一定程度的问题。网络时间作为响应时间的要素之一，又分为请求到达系统的时间与响应返回客户端的时间。由于是通过电路传输，你会不会觉得和光速没有区别呢？一秒可以绕地球 7 圈半？其实并不能。例如拿一个 Web 浏览器的访问来讲，这个请求在通过各种交换机与路由器后，最终才能到达系统，通过每个交换机的时间也并非为零。随着线路的复杂程度提高，延迟也会相应增加。这是因为信息的交换不是一条单行道，随着数据每次向前，必定需要某种应答机制进行回应。

无论是通过互联网还是公司内部系统，都会出现不同程度的延迟，如图 8.4 所示。要是有机会的话，请一定前往数据中心直接访问系统试试，你或许能够直观感受到速度上的差异。

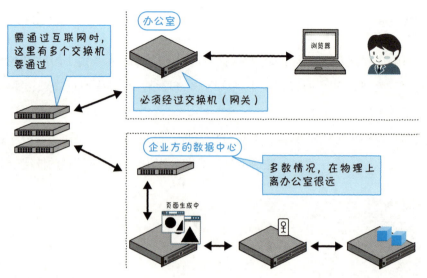

图 8.4　到达系统的距离

让我们回到本章开头的问题。像是"系统好慢""点了鼠标就没反应了"这样的抱怨，首先应该从响应问题的角度来调查，因为可能性很高。

所有的响应时间一定会受到物理定律的限制，数据这种信息只要在物理层面有去有来，必会如此。第 4 章介绍过的数据结构与搜索算法虽说可以作为改善手段，但也能力有限。

当响应时间的改善到达极限时，一般会退而求其次，通过改善吞吐量来改善系统整体的利用率。下面就来具体看看吞吐量。

8.1.3　吞吐量问题

那么，吞吐量又是怎样一个情况呢？拿第 2 章中那些物理结构来考虑的话，就是明明有大量数据需要交换，带宽却不够了。对于一个两车道来说，要是不"开挂"，是无法同时通过 3 辆车的。数据在物理层面上无法再通过更多时，就是吞吐量产生瓶颈了。

图 8.5 是第 2 章出现过的总线图，从中可以看出，CPU、内存周围的吞吐量很大，但到了磁盘、网络通信这边带宽就变小了，很容易成为瓶颈。通常情况下，离 CPU 越远，吞吐量就越低。

从软件的角度来看，要是 CPU 不断收到短时间无法完成的处理，就会出现"等待队列"，最终达到吞吐量的上限[※3]。换句话说，当大量请求同时发出时很容易堵起来。像是"脚本执行得好慢""就中午慢"这种抱怨，多半是那个时段的系统正忙着处理大量请求所致。

※3　这个等待队列的概念在第 4 章也介绍过，它在分析瓶颈这块也非常重要，本章随后还会多次出现。

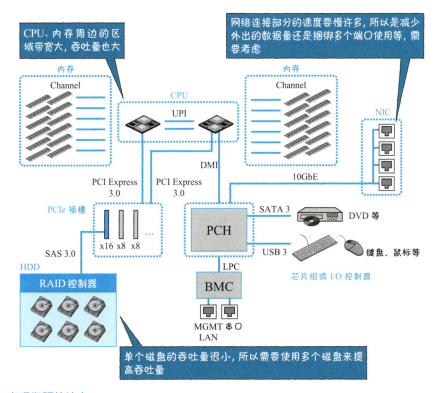

图 8.5　出现瓶颈的地方

这里需要我们注意，响应速度与吞吐量有着密切的关系。比如，当一个系统的响应变得非常慢时，是因为大量用户的请求积压在系统中，降低了整体的吞吐量。另一方面，吞吐量陷入饱和状态使得资源不足时，又会使响应速度进一步恶化。所以，想要消除性能瓶颈，请一定别忘记任何一方。

8.2　什么是瓶颈

8.2.1　瓶颈是制约处理速度的要因

前文就一直出现的"瓶颈"一词并没有被单独提出来说明过，这是因为它是一个很常见的用语，我想各位多多少少会有些了解。但从这里开始，有必要重新思考一下到底什么是瓶颈。对从事基础设施方面工作的人来说，不理解瓶颈就无法改善性能，这是一个非常重要的概念。

基础设施架构中的瓶颈，指的是限制吞吐量的主要因素。如同其字面含义，请想象一下瓶子的颈部，如图 8.6 所示。

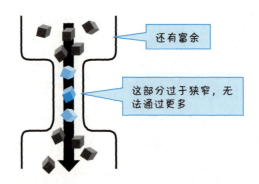

图 8.6　瓶颈一词的含义

瓶子的颈部很细，无论其他部分有多粗，能够流经的水量都会受到颈部粗细的限制。这样的颈部就被称作"瓶颈"。

那在系统中又是怎样的情况呢？让我们再次回到三层架构系统图上，如图 8.7 所示。AP 服务器里的 CPU 使用率正在飙升，紧接着吞吐量达到了极限，而吞吐量的饱和使得 AP 服务器的响应速度也随之恶化。从用户的角度来看，是整个系统的响应时间发生了延迟。这时的瓶颈就是 AP 服务器。

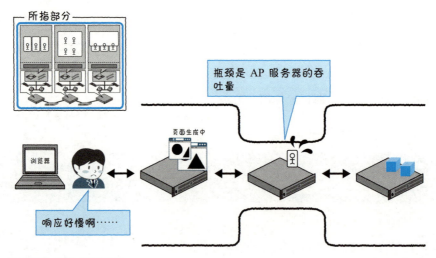

图 8.7　三层架构系统中的瓶颈

8.2.2　瓶颈应该如何消除

即使清楚存在瓶颈，由于它通常通过用户响应时间变长的形式显现出来，所以仍然无法直接确定问题所在。

性能分析的第一步是正确掌握瓶颈会出现在何处。这首先需要取得各台服务器中有关吞吐量与性能状况的日志，分析哪台服务器会成为瓶颈，从已判明的地方着手。在这个过程中，可以参考本书所用的三层架构图，这样不仅能够确定瓶颈所在之处，也有助于与他人共享信息。特别是在有性能问题发生的现场，基本会出现口舌之争。这时，要是谁能够冷静地在白板上画出三层架构图，列出可能的瓶颈位置，那这人就是现场的"英雄"。

消除瓶颈的方法

一旦确定了瓶颈，就需要将其消除，主要有两种方法。

一种是掌握瓶颈所在之处，再尽力而为。通过一种被称作调优的手段，将瓶颈的"面"以更细分的单位下钻（Drill Down），获得瓶颈的"线"，再从中将瓶颈具体定"点"（Pinpoint），最终确定瓶颈的具体所在。由于服务器中工作着大量不同的软硬件，所以有必要检查每个组件的日志。

另一种是限制系统使用人数。或许你会觉得"这就没意思了……"，可这的确是一种非常正经的办法，以至于它还有一个"流量控制"的称谓。多数瓶颈的发生是由于系统的负载超出了最初的估算。流量控制会在适当的层级控制用户的数量。

例如，在最普通的 Web 系统中，也能看到诸如"系统当前负载过高，请稍后再访问"的提示，这就是 Web 服务器这层的流量控制生效了。

有时并不显示消息，而是直接显示错误代码。这表明流量控制失败，导致 AP 服务器或 DB 服务器这一层的某些空间或资源溢出，显示以错误的形式限制的结果。

不过光靠流量控制无法解决根本问题，仅仅是向用户返回错误而已。因此，需要与第 1 章介绍过的"水平分布"相结合，通过增加服务器的数量来提高系统整体的性能。

8.2.3 瓶颈将永远存在

关于瓶颈，有一个重点不得不提，那就是系统中"必定"存在瓶颈。这是因为从理论上来讲，所有的服务器、软件和物理设备都不可能实现均等的吞吐量。哪怕是某个特定部位的吞吐量稍微偏低，都会成为瓶颈。这代表着什么呢？

在图 8.7 的例子中，AP 服务器是瓶颈，所以假设又增加了一台 AP 服务器，如图 8.8 所示。

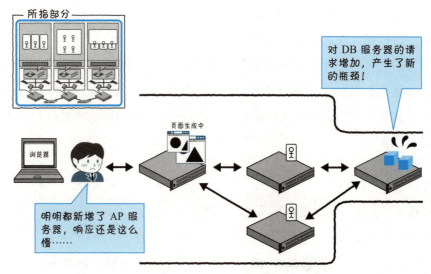

图 8.8　尝试增加 AP 服务器

Web 服务器将请求平均分配到两台 AP 服务器上。由于一台 AP 服务器接收的请求量减少了一半，因此消除了瓶颈、改善了吞吐量。这时 DB 服务器会接连不断地收到来自两台 AP 服务器的请求，正因为 AP 服务器一层的吞吐量改善了，将会收到比以前多得多的请求，使得 DB 服务器成为新的瓶颈。

因此，消除某一层的瓶颈必然会导致其他地方出现新的瓶颈。对于以"分解所有可见瓶颈"为目标的性能调优方法来说，永远也看不见尽头。所以这时的重点就在于，必须站在系统整体的高度而非基于片面的基础设施来制定一个目标，像是"将特定响应速度提高多少个百分点""追加 100 个用户访问的吞吐量"等就不合适。

> **小专栏**
>
> ### 瓶颈的终极 BOSS——数据库
>
> 用户一侧不进行流量控制、一个劲儿增强 Web 服务器和 AP 服务器，基本上最后 DB 服务器都会成为瓶颈。正因为如此，你总能见到每日忙着性能调优的 DB 工程师。
>
> 你可能听到过这样的话："难道不是改变几个参数就行了？"可哪里有如此魔法般的参数呢？而且，能够改变的参数也是在一开始设计时考虑进去的。所以，性能调优完全离不开应用开发人员的协助。要是大家碰见了被这样指责的 DB 工程师，请善待他……

8.3 从三层架构系统图上发现的瓶颈

前面讲了那么多理论上/概念上的内容，解决性能问题还是需要动手实践。无论读多少遍"应该论"，都无法真正学到内容。本节将着眼于三层架构系统图的一部分，针对这一部分在实际系统中出现的性能问题，逐一进行说明。对于确保引出性能的基础设施机制，将其划分为以下 5 类。

- CPU 瓶颈。
- 内存瓶颈。
- 磁盘 I/O 瓶颈。
- 网络 I/O 瓶颈。
- 应用程序瓶颈。

8.3.1 CPU 瓶颈的例子

大家会在什么时候断定 CPU 是瓶颈呢？是在 CPU 使用率高的时候吗？

不一定"CPU 使用率高 = 坏"，也不一定"CPU 使用率低 = 好"。事实上，CPU 的使用率只是代表处理的效率，并非表示是否存在瓶颈。这是很容易被弄错的地方，请一定注意。

请看图 8.9，假设有一家汉堡店。平常大家会将怎样的状况判定为"混乱中"呢？比如看着店员忙到快要崩溃的样子，或许就会觉得很混乱吧。相反，如果排队队伍井然有序，即使店员的工作有点忙碌，或许也不会觉得有多混乱。从顾客的角度来看，只要能够很快拿到汉堡，也就没有什么可抱怨的吧。

图 8.9　汉堡店很忙？

　　汉堡店的情况同样也可以套用在 CPU 的使用率上。当一个进程正高效地执行着处理时，CPU 的使用率可能会升至 100%[※4]。对于系统来说这并非处于低效状态，而是恰好相反，如图 8.10 所示。

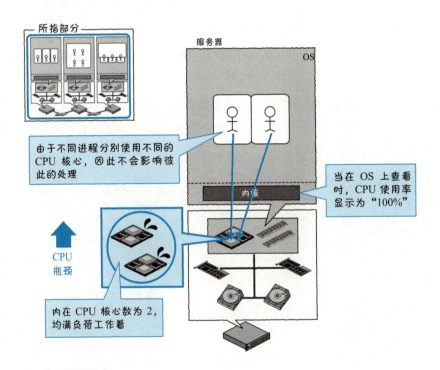

图 8.10　CPU 高使用率状态

※4 在本章中，"CPU 使用率 100%"指的是所有 CPU 内核的使用率均达到 100%。

图 8.10 的状态指的是，以其他层的吞吐量有非常好的值为前提，最终由 CPU 充当瓶颈的状态。只要能够充分利用 CPU 资源，提高系统的投资回报率，CIO 都应该嘉奖他。所以，即便瓶颈是 CPU，只要用户满意，这种状态也不算问题。

综上所述，CPU 的使用率只是一个状况指标。要想判断高 CPU 使用率是否是个问题，需要检查用户角度的响应情况，以及系统整体的吞吐量。要是用户不满意，不要将 CPU 使用率升高的事实本身作为问题关注，而是去调查升高的根本原因。

CPU 引起的性能问题主要分为以下两类。相关内容随后说明。

- 由于大量处理使用 CPU，导致出现等待队列（第 4 章介绍过的 Queue）。
- CPU 的响应慢。

小专栏

留有余地的系统

前面说过，CPU 使用率 100% 代表高效，但在实际的现场中，这是一种 "没有富余" 的状态，是一种需要关注的状况。要是系统是一个有些年头的老旧系统，用户数量不再增长，数据量也不再增加，或许没有问题。但绝大多数系统会不断成长，要是没有一定程度的富余，将无法应对增长带来的压力。

另外，对于为了保证高可用性将服务器分散的系统来说，还必须提前预想到会发生故障转移。例如，一个平常在两台服务器上运行的系统，产生了随时能够在一台上运行的需求。如果预计会出现这样的情况，应当提前将系统的用户控制在一定数量内，使 CPU 使用率不超过 50%。

上述情况都考虑到了，那必然就是有富余的系统。

等待队列的瓶颈

再让我们看看汉堡店的情况，如图 8.11 所示。假设有如下状况，明明店员正全力工作着，但顾客的队伍完全不见变短。这时，店员就成了等待队列的瓶颈。店员忙碌地工作着，没有让老板白发工资，但等待时间过长，不免会让顾客心生不满，没有人会为此感到高兴。

图 8.11　人气太旺的汉堡店

CPU 使用率的情况也基本相同，如第 4 章中等待队列的示意图（见图 4.10）。但要是如图 8.12 那样，不仅 CPU 使用率高，OS 上运行着的进程数量也多，就很容易出现等待队列的瓶颈。图 8.12 所示的内核空间里也含有队列，OS 用它管理等待 CPU 资源的进程。

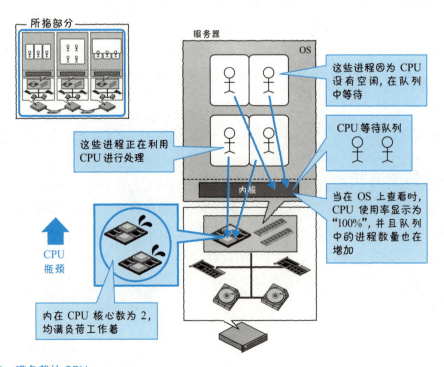

图 8.12　满负载的 CPU

如果队列中等待的进程数量不断地增加，可以通过 vmstat 等工具的 Run Queue 值确认。这是单看 CPU 使用率发现不了的点，请务必注意。

如果 CPU 稳步地完成一个个处理，等待队列将会逐渐缩短直至消失。然而，要是用户的请求超过了 CPU 的吞吐量，这个等待队列就会越来越长，最终变成"游乐园客满致歉"的状态。所以，无论是多么有趣的系统，要是点个鼠标得等 4 个小时后才有结果，任谁都无法接受。

等待队列瓶颈的出现，表明在吞吐量方面存在问题。在汉堡店的例子中，增加收银机的数量，可以提高吞吐量；也可以改进结算系统本身（例如将套餐符号化），缩短单个客户的处理时间。比如在现实中，要是队伍变得过长，通常会开放别的收银台分散压力。

回头再来看看系统，可以通过更换核心数更多的 CPU，或者追加多台服务器进行并行处理来提高吞吐量，如图 8.13 所示。同时，像性能调优这种加快处理本身的速度的办法也是可行的。

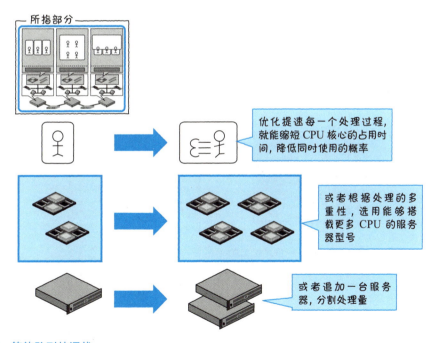

图 8.13　等待队列的调优

在这些对策中，增加 CPU 的核心数、通过水平分布增加服务器的台数的这种调优，被称作"横向扩展（Scale-Out）"。其中"Scale"指的是"规模"，"Scale-Out"连起来就是"扩大规模"。

在一些面向企业的系统中，也存在用户数量增减不多的情况。然而对于大型 Web 系统来说，由于能够被全世界范围的用户访问，用户数量呈现爆炸式增长，因此均采用支持横向扩展的架构，跟随用户数量的增长同步追加新的服务器。

响应的瓶颈

对等待队列进行调优能够解决吞吐量的问题。不过，即使解决了吞吐量的问题，也不见得一定能够解决响应的问题。

再拿汉堡店的情况来讲，要是收银员的动作或是汉堡的制作过程原本就很慢，那么无论有多少店员，从一位顾客的角度来看，响应时间都不会有太大的变化。

响应时间的改善主要从以下两个方面进行。

提高处理能力

第一个是提高处理能力。这被称作"纵向扩展（Scale-Up）"。汉堡店的例子中，解决办法就是雇用拥有超强能力的店员。将店员纵向扩展到两倍的处理能力，处理所需时间就能减半，因此响应时间也有望减半。

CPU 的话，与这个速度对等的就是"时钟数"。CPU 时钟数的单位是"赫兹（Hz）"，它关系到每秒能够执行的指令数量，常用的单位是吉赫兹（GHz）。如果将 CPU 时钟数提高一倍，响应时间就有望缩短一半，如图 8.14 所示。

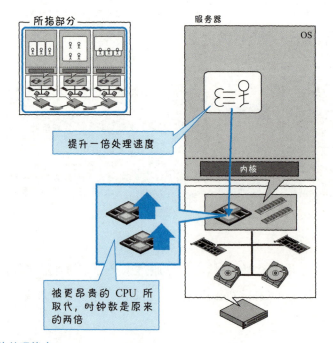

图 8.14　提高单体处理能力

然而，在纵向扩展上的性能提高是存在极限的。再看汉堡店收银台的例子，当顾客数量增多时，增加收银台及收银员比高薪雇用一名能手更加容易。而且，无论是有多强的能力的收银专家，在物理上都不可能把结账速度提升至通常的 10 倍。CPU 也是这样，当下 CPU 的时钟数与过去并没有显著差异，也就表示无法期待在时钟数方面能带来什么大的改进。

转为并行处理

第二是分割处理，让多个 CPU 核心同时执行部分处理。在汉堡店的例子中，就是把员工分为负责结账的、负责准备汉堡的、负责准备饮料的，及负责准备薯条的。这是一种让多个员工同时处理一位顾客的请求以提高单位顾客响应时间的办法。

系统也是通过将处理"并行化""多进程化""多线程化"，实现同时利用多个 CPU 核心完成处理，最终提高整体的响应速度，如图 8.15 所示。

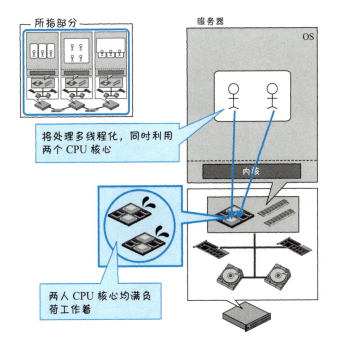

图 8.15　分割处理使其并行处理

处理能否并行化是一大要点。不同的处理实现并行化的难度不一，有难以实现的，更有无法实现的。有时，无论增加多少 CPU 核心数量、增加多少台服务器来横向扩展，最终都无法带来明显的效果。对于并行化的研讨，单靠基础设施一方带来的效果有限，所以必须同应用程序开发人员通力合作才行。

CPU 使用率没有上来

大多数的应用程序都无法充分利用 CPU，在使用率达到 100% 之前，磁盘 I/O 与网络 I/O 就先堵塞了。

正如 4.2 节所讲，同步 I/O 是以系统调用的方式向内核发出请求，但在请求处理完毕之前，进程无法进行下一步操作。这时的进程处于空闲状态，无法利用 CPU 资源，也就不会增加 CPU 利用率。在这种情况下，即使 CPU 使用率低，I/O 等待队列中的等待进程数量还是会增加[※5]，如图 8.16 所示。

这种状态是 CPU 瓶颈吗？倒不如说是 I/O 瓶颈。不过当你宣布"是 I/O 瓶颈"的那一刻，想必磁盘设备的负责人员立马会提出反对意见："磁盘方面的响应没有问题。"事实上，确实没有问题，因为负载不是来自磁盘一侧。

准确地说，主要是应用程序没有充分利用 CPU、内存、I/O 等硬件资源导致的问题。要说能够准确描述这种状态的词语还真没有，说它是应用程序瓶颈，下次又该应用开发人员发火了。这还真是个难题，或许说它是"并行度瓶颈"更好。

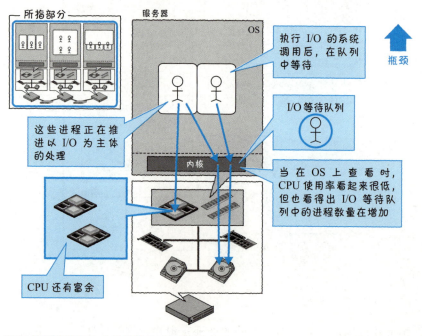

图 8.16　CPU 使用率低但产生了等待队列的例子

侧重使用 CPU 的处理与磁盘 I/O 处理两者相比，后者的处理完成时间相对更长，就会导致这样的情况出现。尤其在数据库中更甚，因为 I/O 很多。

※5 正如第 4 章所介绍的那样，内核中存在多个队列，根据 OS 的不同而异。

对于这种状态的改善，主要可以从以下两个方面入手。

处理的多重化

一是将处理多重化，使其能够充分利用 CPU 资源，如图 8.17 所示。这与前文的为提高响应速度将处理并行化的思路基本相同。比如启动多个线程，让每个线程并发执行同步 I/O 请求，相应地，CPU 使用率及 I/O 负载都会增加，这样就能改善服务器整体的资源使用情况。

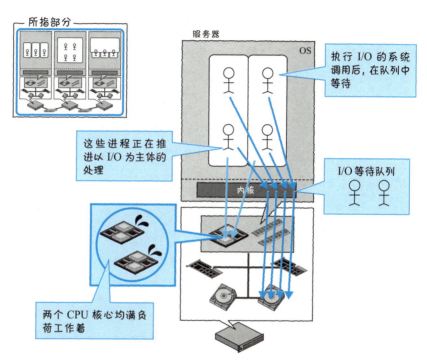

图 8.17　通过处理的多重化来增加 I/O 的负载

I/O 的异步化

二是将 I/O 异步化。使用异步 I/O，能够让进程无须再等待 I/O 处理完毕，直接进入下一步操作。由于 CPU 处理与 I/O 处理能够同时进行，资源的使用情况得到改善。相关细节已在 4.2 节中详细说明，具体请参阅前文。

小专栏

C 语言比 Java 更快？

笔者偶尔会在现场听到如此发言："Java 太慢，所以我用 C 语言编写批处理。"但这并不一定是正确的方法。例如，对于一个绝大多数的处理时间都花在数据库一侧执行 SQL 语句的情况，重要的不是选用何种编程语言，而是设计更合适的数据库模式、编写更高效的 SQL 语句。

在程序员的世界里有一句古老的格言，"不要猜测，要实测"，提示我们需要正确掌握真正耗费时间的是哪些处理，必须改善的又是哪些部分。笔者认为，无论是编程语言还是软件产品的灵活运用，都是建立在对其优缺点的完整认识之上的。即便是采用 C 语言，但要是写出的代码效率差，很容易就编写出比 Java 还慢的程序。再说，不管使用何种编程语言，最后都会被编译器或解释器翻译成机器语言后再执行，难道机器语言也分好坏吗？同时，执行的方式也分为是执行时再启动进程，还是执行前就预先启动。为提升系统性能，有必要掌握一定程度的硬件、OS 等底层相关知识。

归根结底，性能是一场与物理定律之间的战斗，因为最终处理的执行都如硬盘那样，需要借助物理结构及电信号来实现。所以，也就变成了如何改善内存访问、磁盘 I/O、CPU 指令等，以求最大限度地提升硬件性能。我想，能够在程序执行时意识到相关硬件的动作是一件很重要的事。

8.3.2 内存瓶颈的例子

内存空间的瓶颈大致分为以下两类。

- 空间不足。
- 对同一空间的争用。

空间不足导致的瓶颈

每个进程都需要有自身专用的内存空间来启动、执行处理，但服务器的内存空间并非无限的。理论上 64 位机器的寻址范围为 2 的 64 次方字节，相当于 16 艾字节（EB）的可用寻址空间。是不是感觉非常大？即便如此，它还是有限的。

为了避免这个有限的空间变得不足，OS 的内核通过对内存"分页（Paging）"或

"交换（Swapping）"来确保系统随时存在可用内存空间。简而言之，这是一种虚拟内存技术，通过磁盘空间来补充内存不足的部分，使其在逻辑层面上看起来比较大，实际上存在限制。这种溢出的信息会让它退避到磁盘中，当进程需要重新使用时，再让它回到内存中。第 2 章已经讲过，内存与磁盘之间存在巨大的性能差异，即使只有一丁点的退避或返回，都会导致性能明显恶化。

这个问题可能出现在任何地方，包括 Web/AP/DB 服务器及客户端 PC 等。特别是在 DB 服务器，要是没有正确理解这个内存的特性，将会导致特别严重的问题出现。

请看图 8.18，这是一个 Oracle 数据库的例子。

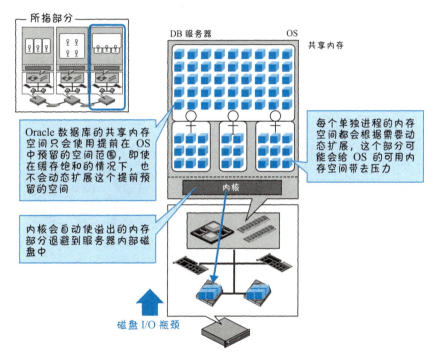

图 8.18　内存空间的耗尽

Oracle 会根据预先设定的值分配固定大小的 SGA，且不会进行二次扩展。这意味着，Oracle 所用的缓存等空间即便是出现了不足，也不会引起 OS 层面的过度分页。与之相反，单个 Oracle 进程使用的 PGA 会自动扩展以应对不足，比如当进程数量增加时，或是单个进程所需的内存空间增加时。这可能会给整个 OS 的内存空间带去压力，引起频繁的内存分页，导致性能大幅度下滑。

因此，在使用 Oracle 数据库时，不只是需要对 SGA 的大小进行规划，每个进程所需的 PGA 也是必须考虑的。除此之外，在别的软件中也是如此，请多注意。

对同一数据的瓶颈

截至目前,我们已经多次提及第 5 章介绍过的缓存的概念。在内存中配置数据的缓存,以缩短磁盘 I/O 的读取时间,这也是消除瓶颈的一个方法。由于本书中"缓存"一词多次出现,或许它已被视为万能的技术。可能有读者觉得:"全都缓存不就解决问题了?"

然而,盲目地在内存中缓存数据,不仅不会消除瓶颈,甚至还会导致内存中出现抢占数据的问题,如图 8.19 所示。

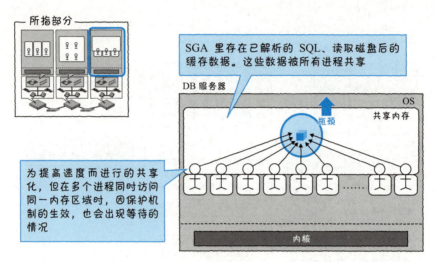

图 8.19　对特定内存区域的集中访问

这个例子中对内存空间的访问是非常快速的。比如 OS 中的进程或线程在访问时的速度通常是以纳秒(纳是微的百万分之一)为单位计数的。这样看来,即便是 1000 个进程同时发起访问,也能游刃有余地对待。明明如此高速,为何还会堵塞呢?

在一个特定区域被数个进程共享的情况下,若是要引用或更新这个区域,就必须提前检查是否有谁做过改动。图 8.20 显示了这个机制。

这个检查机制的内部相当简单。例如在 Oracle 数据库中,就使用了称作"闩锁"的管理机制,参见第 4 章内容。这个机制的实现,是通过让需要引用或更新的进程之间相互竞争,谁更快谁就独占这一区域。由于独占的属性,除了自身以外,没有别的进程会再次更新这个区域。

不过,要是谁快谁胜,又会导致每个进程或线程在相互竞争的过程中白白浪费 CPU 资源,非常低效。如果换作"等待队列"的话,大家都"礼貌"地整齐排列,可为何不这样?思考下列情形,比如需要管理的内存空间仅有 1 字节,但还是创建了对应的等待队列。此时，该空间会被当作数组（参照第 4 章）来管理，就很有可能需要 1 字节以上的队列空间。这样是不是反而使管理用的空间更大了？

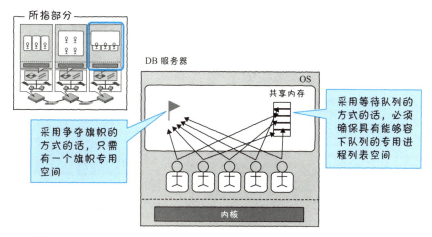

图 8.20　为何等待队列不行？

另外，Oracle 数据库里的这种等待队列机制被称作"Enqueue"，主要被用在行锁等排他处理中。对于等待队列等的锁管理，第 5 章介绍过的主 / 从概念同样重要，也请参照相关内容进行学习。

为防止这些问题的出现，有效的做法是建立一种新的机制，舍弃多个进程或线程对同一个内存空间的需求，从根本上杜绝竞争。例如 Oracle 数据库的某些特定数据块会引起竞争，那就将其分别放入不同的分区里，对应的内存空间自然也各不相同，也就避免了竞争问题。

8.3.3　磁盘 I/O 瓶颈的例子

I/O 瓶颈是指与磁盘等存储设备之间的 I/O 的瓶颈。正如我们在第 2 章及各章中穿插的内容所讲，与内存相比，磁盘的 I/O 非常慢。即便是 SSD 这样的高速磁盘，提升也有限。

如果瓶颈出在 I/O，那无论是增加 CPU 的数量还是提高时钟频率，都将无济于事。只能考虑是提高 I/O 的效率，还是减少 I/O 的频次。

外部存储

许多企业习惯将数据库的数据存放在外部存储设备中，比如基于专用网络的 SAN、基于通用网络的 NAS（Network Attached Storage）等。

图 8.21 表现了一个 DB 服务器访问 SAN 的过程。

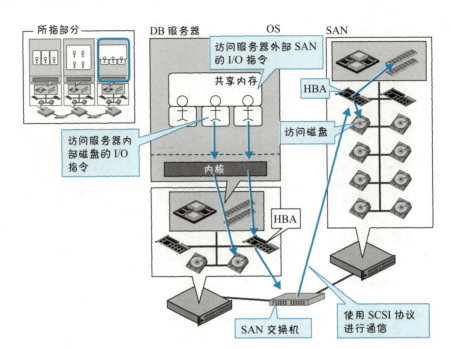

图 8.21　本地磁盘与 SAN

物理上，服务器的 HBA 接口通过 SAN 交换机与存储设备相连；逻辑上，通过系统调用发出 I/O 指令，下层使用 SCSI 协议传输数据。换作 NAS，情况也大致相同，只不过是物理上的 HBA 变为 NIC、SAN 交换机变为网络交换机，逻辑上的 SCSI 协议换成 NFS 等协议。

基本上，无论下层使用何种设备，对程序来说仍旧是通过系统调用发出磁盘 I/O 请求。不同的只是 OS 内核使用对应协议转换请求，再发送给磁盘或存储。无须特别考虑数据是写在本地还是外部存储中。不过作为一名基础设施相关技术人员，应意识到这类差异。

请看图 8.22。从性能上看，多数情况的本地磁盘是由 3~4 块磁盘组成的 RAID，同时缓存使用服务器内部 OS 管理下的内存。相比之下，外部存储设备中安装有十几块到几十块磁盘，而且缓存的驻留也是使用专用的内存空间。由于磁盘的数量关系到吞吐量的大小，所以从吞吐量的角度来看，外部存储具有压倒性优势。

使用同一个空间的用户越多，吞吐量就越小。能独占一个 RAID 组固然很好，但通常会与其他应用共享。这是应用程序无法自主的事，而是取决于 OS 或存储的配置，请务必注意。

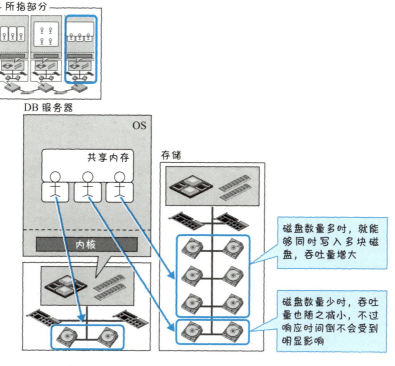

图 8.22　组成 RAID 的磁盘越多，吞吐量就越大

响应又是怎样一个情况呢？我们在第 2 章介绍过"越近越快"原则，是的，对于单设备的响应，本地磁盘的速度通常是最快的。所以外部存储为了缩小这一差距，通过活用自身拥有的内存空间（或是 SSD 等闪存），设计更高效的数据缓存机制，正不断地努力改善响应速度。

> **小专栏**
>
> ### 让孩子们去公园里玩耍吧
>
> 为何不多加利用本地磁盘呢？如今，容量也不再是问题，最重要的是服务器内部有更多的提速空间。要说为什么，主要还是存放的数据种类问题，通常本地磁盘还存有 OS 的二进制文件、内存分页、交换文件等。要是因用户一侧的数据导致磁盘负载过高的话，很可能会影响到 OS 本身的稳定性。出于这个原因，不建议在本地磁盘放置负载过高的数据。
>
> 打个比方，各位的孩子在外面的公园里尽情地来回奔跑，玩得不亦乐乎。这在公园就是好事，但要是在家里，必会让你捏一把冷汗，生怕孩子会打坏什么东西。本地磁盘也是如此。

顺序 I/O 与随机 I/O

通过观点验证程序（Proof of Concept，PoC）或基准测试来实机验证的读者想必不少。在动手前，有必要提前理解 I/O 的特性。

磁盘 I/O 存在顺序访问与随机访问两种。顺序代表"逐次（按照次序）"，顺序访问指的是一气呵成从头访问到尾（读取／写入）。随机访问指的是磁头不断在盘片上游走、分散访问（读取／写入）。

要是拿 DVD 这样的光盘来比喻的话，顺序访问就像是以最大倍速快进，随机访问就像是不断跳进寻找想看的内容，如图 8.23 所示。跳进时的停顿，是不是感觉那一瞬间屏住了呼吸？这是由于寻找目标内容时，探针（准确地说是磁头臂）在不断移动，消耗了时间。

如果是向单盘写入，顺序方式就快，随机方式就慢。例如 Oracle 数据库中的大文件交换——REDO 日志（事务日志）的归档处理、RMAN 的备份处理等，本身就具备顺序 I/O 的特性，所以执行效率高。第 5 章介绍过的日志相关文件就属于这一种。

由于普通数据文件的写入本身就具有随机特性，所以执行效率低。Oracle 为了消除随机性带来的低速，将负责数据写入的 DBWR 进程多重化，通过并行处理的方式来提高执行效率。

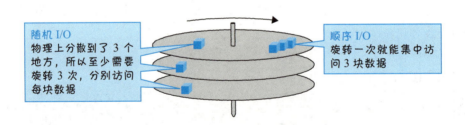

图 8.23　磁盘中的顺序 I/O 与随机 I/O

下面再来看看企业系统中使用的存储设备。设备内部包含大量的磁盘，如何才能发挥出它的 I/O 特性呢？请看图 8.24。

存储设备在进行大文件的批量读写时，通常会以顺序访问的形式同时读写多块磁盘。这样就实现了顺序且并行的访问，即便是大量数据也能够被高速处理。

然而，小文件的访问是单个磁盘的随机 I/O，没有太大的提速空间。为此，存储设备采取缓存机制，使用前述的内存、SSD 等随机 I/O 性能强的存储空间来缓存磁盘中的数据，以提高读写效率。

需要注意，顺序 / 随机的特性与文件大小并没有直接关系。例如访问两个相同大小的数据，其中一个数据的组成部分散落各处，为读取完整需要多次跳进（寻道），相比之下速度就会更慢。

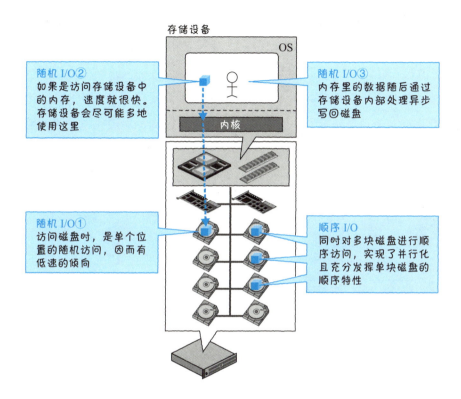

图 8.24　存储层中的顺序 I/O 与随机 I/O

各位有没有对自己的计算机进行过碎片整理呢？碎片整理会将磁盘中分散的数据集中到一处。即使是单个文件，其构成数据往往也不在一处，而是分散在不同的区块里。分散就意味着随机，要想打开文件，就得无数次跳进读出数据，速度也就慢了下来。要是都集中在一处，就只需要跳进一次，后续不停读取即可。

碎片整理的目的是尽可能多地减少随机访问。相关概念可以参照 4.6 节（可变长度和固定长度）。

> **小专栏**
>
> **大 O 记法**
>
> 　　有一种便于表示算法计算量的记法，称作"大 O 记法"或"ORDER 记法"。例如，在搜索文本文件的内容时，要是从头搜到尾，搜索速度便会随着

文本文件大小的增加而减慢。要是有 1 万条数据，就要搜索 1 万次。N 条数据需要 N 次搜索，所以被称作 "$O(n)$ 算法"。同时，这样的搜索也被称作 "线性搜索"。

散列表是 $O(1)$，总是能够以固定的计算量进行搜索，而与数据条数无关。这是搜索完全匹配的最快方法之一。二叉树是 $O(\log_2 n)$，B 树这种多叉树是 $O(\log_m n)$。

在编程或设计数据库时，建议大家思考如何用大 O 记法表示所选数据结构或索引类型，考虑数据量增大时的计算量变化。例如，被要求从海量数据中快速取得目标数据的大型 Web 服务，大多采用的是使用 $O(1)$ 算法的 KVS（Key-value Store，键-值存储）。$O(n)$ 算法的线性搜索应付少量数据还行，对于将来数据量会大幅增长的系统来说就不适合了，因为它的计算量增加与数据量增长成正比。

8.3.4 网络 I/O 瓶颈的例子

网络 I/O 的响应时间开销比 CPU 总线、内存间 I/O 要大，很难从根本上改善响应速度。不过，可以考虑改善吞吐量，或者一开始就尽量避免发生网络 I/O。

通信进程的瓶颈

前文讲到了与外部存储设备之间的带宽问题。对于网络线路，我们往往更重视带宽，误认为带宽大 = 通信速度快。但真的只要带宽够大，不管进行何种通信都能保证一定的吞吐量吗？

其实我们已经详细说明过响应与吞吐量，像图 8.25 那样只有一个进程在处理的情形，想要实现高吞吐量是非常困难的。究其原因，通信过程中必定会夹杂"数据传输""结果确认"等交互，无法保持数据的全速发送与接收。另外，随着通信速度的提高，CPU 反而可能会成为瓶颈。

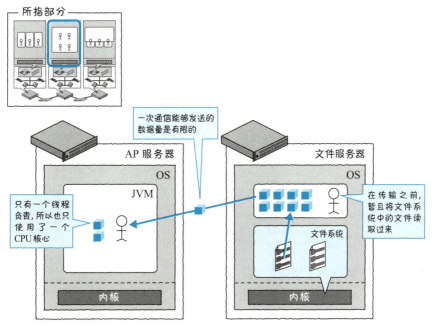

图 8.25　文件传输的瓶颈

要想用尽带宽，需要将处理多重化、并行化，如图 8.26 所示。多重化的程度越高，通信量就越大，吞吐量就越接近带宽极限。一些 OS 和应用软件已经内置了自动多重化机制，请确认一下身边的设备是否拥有这样的特性。

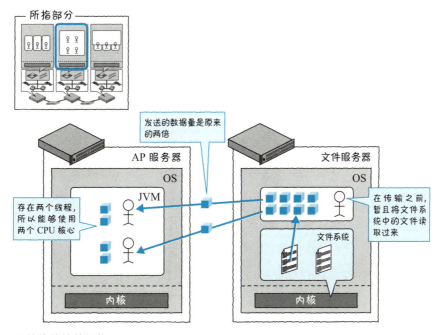

图 8.26　文件传输的并行化

并行化这一想法，我们在 CPU 瓶颈的例子中也有接触，它在用尽带宽方面是一种非常有效的办法。特别是随着 CPU 的多核化演变，处理并行化的作用也凸显了出来。我们在平常调优时，可别忘了并行化的存在。

同时，使用第 5 章介绍过的"压缩"来削减传输量也是一种思路。不过，这需要权衡伴随压缩和解压出现的 CPU 开销。

> **小专栏**
>
> **带宽是一切吗？**
>
> 我们将话题临时切换回存储。SAN 与 NAS 哪个更快？从带宽上看，比如 NAS 的网络连接带宽就有 10Gb/s、25Gb/s、100Gb/s 等规格。而且提高带宽的研究也从未间断过，这些数值想必多年后还会更大。进一步，还能将多条线路捆绑起来同时使用。那么，真的带宽越大，速度越快吗？
>
> 好吧，当这样问的时候，得到的回答不会是 Yes。或许会觉得是 No？要我说是 Maybe。
>
> 与在网络处理并行化中说明过的相同，单靠一个进程很难用尽带宽。不过，要是处理能够并行化，更大的带宽从吞吐量的角度来看是有利的。
>
> 然而，存储还存在一个需要注意的地方，在其之上使用的协议也是需要确认的。例如，与旨在供单个用户使用的文件系统相比，以网络共享为前提的 NFS 因文件共享而产生的开销，足以使其速度更慢。
>
> 在比较存储设备的时候，最好综合考虑"带宽""所用协议""存储侧的缓存结构"和"存储侧的磁盘块数"等，同时也别忘记进行实机验证。

网络路径的瓶颈

网络中，不容易被察觉的部分也有可能成为瓶颈。下面介绍其中一例。

假设当前使用的分析系统已经过时，决定更换新的分析系统。正因为是分析系统，考虑到数据库 I/O 压力重，输出一张表单就需要执行大量的 SQL，所以主要预算都花在了磁盘上。另外，分析系统的 AP 服务器支持并行扩展。

项目进展顺利，性能测试已经完成，系统已经发布。可是，响应的情况却没有达到预期。查看负载，发现 DB 服务器的资源还有富余，AP 服务器相对使用较多。故认为定是 AP 服务器有了瓶颈，随即增设了更多的 AP 服务器。然而，性能却没有一丁点改变。到底是什么地方出了问题呢？

问题就出在了默认网关身上，如图 8.27 所示。从 AP 服务器到客户端 PC、从 DB 服务器到 AP 服务器的所有大流量都要经过它，作为默认网关的路由器已经达到处理极限。同时，它还充当了公司其他各种内部系统与客户端之间的网关，这也是因素之一。

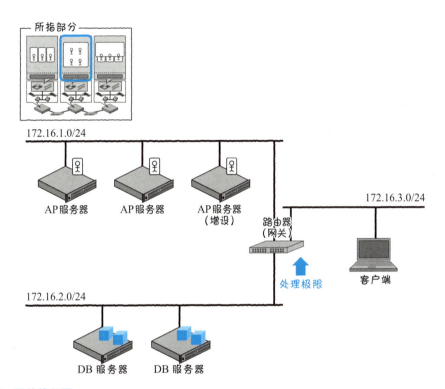

图 8.27　网关的瓶颈

增设 AP 服务器与 DB 服务器的专用网络来分割流量，如图 8.28 所示。最终，默认网关只需要处理 AP 服务器与客户端之间的通信，顺利解决了响应的问题。

一些高阶型号的路由器还包含多种额外功能，比如防火墙功能，监测会话，强制终止长时间空闲会话连接的功能等。在构建一个新系统时，不光要考虑 IP 地址的数量是否够用，还要考虑网络路径的规划及后期流量的增长。

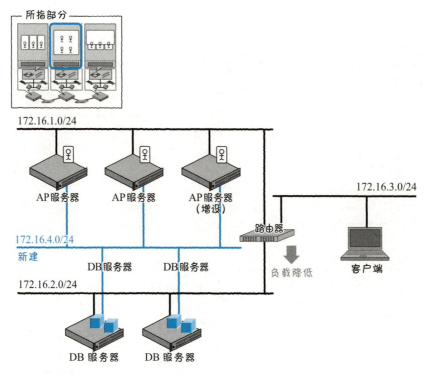

图 8.28 改善网关的瓶颈

8.3.5 应用程序瓶颈的例子

究竟什么是应用程序瓶颈？

基础设施可以通过前文中多次出现的"纵向扩展""横向扩展"等实现扩容。可是，如果应用程序无法实现相同的扩展，就有可能成为瓶颈。

当问题出现在逻辑面上时，无论怎样增加基础设施的资源，均无法提高应用程序处理的吞吐量，更无法改善响应的情况。

数据更新的瓶颈

对于一个有使用数据库的系统来说，瓶颈常常发生在依赖特定数据的处理上。

比如有这样一种需求，记录销售数量的同时还必须从库存数量中减去一个值。通常，这种处理是通过修改某张表的特定行的值来实现的，如图 8.29 所示，这是特定行的瓶颈。相关特性可以参考 4.3 节的 Queue、4.4 节的排他控制。

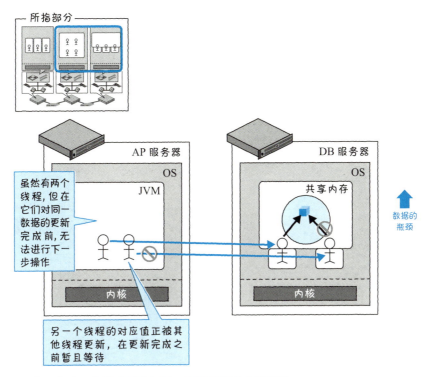

图 8.29 只有在所有处理完成对同张表同一行的更新后才能继续

要想实时并且严格地确认库存数量，只能通过这种形式实现。不过，可以从两个地方加以改进。

值的缓存化

首先，可以像图 8.30 那样将值缓存化。同先前的许多例子一样，向其他服务器的查询成为瓶颈时，常规做法是尽可能地在近的地方缓存数据。虽然这样减少了通过网络的查询，有望提高处理效率，但瓶颈仍旧存在，并没有从根本上解决问题。

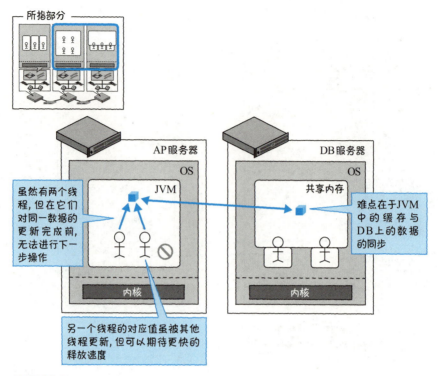

图 8.30　值的缓存化

瓶颈的分割

其次，可以像图 8.31 那样，不进行严格的库存确认，将行一分为二。例如，当前库存数量为 200 个，分别分割为两个 100 个的行。在这种情况下，两个线程能同时进行处理，实现处理的多重执行。不过，这又引发了新的问题，即最终库存是多少的数据完整性问题、单方先耗尽时的数据最新性问题。关于最新性，可以参考第 5 章的复制等内容。

需要注意，后端是 Oracle 数据库的话，即使将行分割，分割后的数据也有可能存储在同一个数据块里。要是不管的话，没有消除瓶颈的案例也是存在的。这时就要考虑是不是将表自身分割，像内存瓶颈的例子那样，使用分区功能将行分别放入不同分区里。这样的调优单靠基础设施技术人员是没法实施的，当应用程序自身就是瓶颈时，需要应用开发人员与基础设施相关人员协力解决问题。不过在现场，"全都让基础设施的人去搞"这样的情况并不少见……

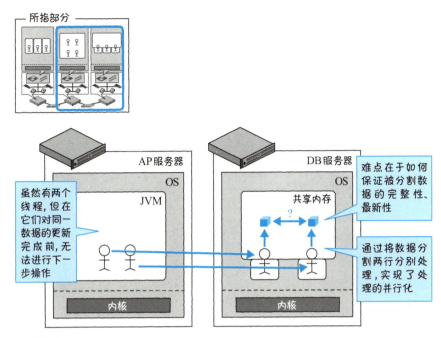

图 8.31　分割瓶颈

外部查询的瓶颈

系统很少只由一个独立个体构成。许多系统都需要与其他系统进行数据关联，协力完成处理。恰恰就是这个部分很容易成为瓶颈。

例如，假设立了一个基干系统用户集中管理的项，通过活动目录（Active Directory）与 LDAP（Lightweight Directory Access Protocol，轻型目录访问协议）来管理与使用用户信息，实现 Windows 与 Linux/UNIX 用户账户信息的统一。然而，在新旧用户管理切换过后，业务批处理出现了大幅度的延迟，无法在预定时间内完成。原因何在？

这个业务批处理在内部每个事务执行时，都要检查用户信息。在切换之前，用户信息是存储在系统本地的，所以查询并不会耗费时间。可是在切换之后，每次都需要通过 LDAP 向外部查询，因此也就造成了瓶颈，如图 8.32 所示。这是第 5 章介绍过的 I/O 大小的例子。

在执行一次查询取得一个批处理内所有用户信息、在应用程序中将其作为临时文件缓存并通过差分确认是否有更改时，本现象就消失了。

类似处理的检查方法，通常都是比较笨拙烦琐的。所以在设计处理时，始终要留心其扩展性。

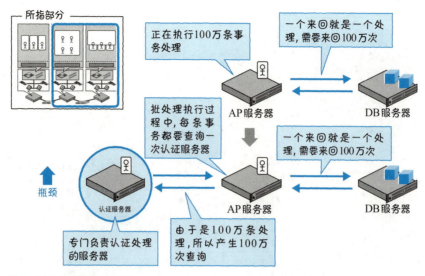

图 8.32　增加对认证服务器的查询

8.4　总结

本章主要说明了响应速度与吞吐量的区别，以及瓶颈的解决思路，结合三层架构系统中的瓶颈实例与对应消除方法，希望能够加深各位的理解。

系统即便性能不好也能工作，但用户或许不会买账。请时常留意性能，建立一个用户满意度高的系统吧！

小专栏

过度承诺不仅是销售干的事

"没问题！你的需求全都能实现！""我们公司 3 个月就能搞定这个项目！"销售的这种夸夸其谈常常被称作"过度承诺"。

过度承诺还包含其他的意思。比如在虚拟环境下，指宿主机所承载的虚拟服务器完全超出了物理资源的能力。由于虚拟服务器并不总是 100% 地使用被分配到的资源，所以即使超量分配，也不会引起性能问题，而是会照常运转。

有时将这种虚拟服务器的填塞程度称作整合率，常常被用于展示虚拟化所带来的成本效益。比如将业务上低服务级别协议（Service Level Agreement，SLA）的服务器尽可能多地整合在一起,利润就会更高。

为了安全地提高整合率,必须加强对物理资源争用及整体性能的监测。换句话说,这是运营商展现自身能力的方式。不过,运营商的任务是确保稳定运行,恰好与过度承诺的营销要求完全相反。

笔者认为,孰好孰坏并无定论,重要的是要知道存在这样的技术,能够在合适的地方使用。

版 权 声 明

絵で見てわかる IT インフラの仕組み　新装版
(E de Mite Wakaru IT infura no Shikumi: 5846-4)
© 2019 Yasushi Yamazaki, Keiko Minawa, Yohei Azekatsu, Takahiko Sato, Keiji Oda
Original Japanese edition published by SHOEISHA Co.,Ltd.
Simplified Chinese Character translation rights arranged
with SHOEISHA Co.,Ltd. through CREEK & RIVER Co.,Ltd. and CREEK & RIVER SHANGHAI
Co., Ltd.
Simplified Chinese Character translation copyright © 2023 by Posts & Telecom Press Co., Ltd.

　　本书中文简体字版由 SHOEISHA Co., Ltd. 授权人民邮电出版社有限公司独家出版。未经出版者书面许可，不得以任何方式复制或抄袭本书内容。
　　版权所有，侵权必究。